JN050948

●コンパクト 法学ライブラリ-11●

コンパクト
刑法各論

只木 誠

新 世 社

はしがき

　本書は，すでに刊行している『コンパクト　刑法総論』に，刑法各論の分野において対応するものです。

　刑法各論は，刑法典の各則規定中の犯罪類型につき考察する学問分野です。そこでは，具体的には，殺人罪や窃盗罪などのいわゆる「個人的法益に対する罪」，放火罪や文書偽造罪などの「社会的法益に対する罪」，公務執行妨害罪や収賄罪などの「国家的法益に対する罪」に分類される各犯罪の主体・客体，犯罪行為といった成立要件について，それぞれの保護法益との関係において，また，刑法の社会的機能に照らしてどのように解釈すべきかを考えていくことになります。

　このような刑法各論の学修においては，まずは，従来の判例・通説的見解についての理解に取り組み，その定着を図ることが目標ですが，これを基礎として，それらがよってたつところの理念や視座といったものへの考察をさらに深めていったなら，その先には，新たな解釈の可能性を探る道の入り口もみえてくるかもしれません。体系的な思考という基礎を足場として問題解決的な思考を組み上げていくこと，換言すれば，刑法各論上の主要なテーマ・問題点について，学修において得た正しい知識と理解をもとに学修者の各々が自身で考察，検証し，自らの説を導き出せるようになることを目標に，まず，基本的な知識の定着を図る，これが本書の大きな目的です。

　本書は，学内誌において連載していた内容を基礎にしています。当該連載は，刑法各論の科目を選択した皆さんの日々の学修に向き合い，その助けとなることを主眼に据えたものです。その点をふまえて，本書は，上記のような刑法各論の授業の趣旨に則りつつ，しかし，すべての犯罪規程を総花的に俯瞰するのではなく，解釈論上重要な論点を

含んでいる諸問題（生命・身体に対する罪，財産に対する罪，また，社会的法益・国家的法益に対する罪の中で重要な問題など）について取り上げ，まずは刑法各論の学修において必須かつ基本となる判例・通説の考え方を示しました。そして，対立する有力説がある場合には，その争点の背景にまで遡り解説しています。それゆえ，本書を読み進め，これを検討することで，読者のそれぞれにおいて「考える刑法各論」となるような内容を目指したものとなっています。

　本書の刊行にあたっては，多くの方々の助力を得ました。とりわけ，親しくしている若い研究者や研究室の院生，私のゼミ出身の法曹，司法修習生の皆さん，また，法科大学院で学ぶ学生諸君には学内誌での連載中また本書の校正にあたって有益な援助をいただいたことに感謝したいと思います。

　そして，最後に，本書の刊行に際して，『コンパクト 刑法総論』同様に多大な労をいただいた新世社の御園生晴彦さん，編集作業を担ってくださった菅野翔太さんに心より御礼申し上げます。長年にわたる御園生さんのご高配とご支援がなければ本書の完成はなかったものと，また菅野さんの的確かつ綿密な作業のもと本書が形をなすことができたと深く思い致す次第です。

　2022 年 2 月

　　　　　　　　　　　　　　　　　　　　　　只木　誠

目　次

I　個人的法益に対する罪（1）——生命，身体，自由，秘密・名誉，信用・業務に対する罪

II　個人的法益に対する罪（2）—— 財産に対する罪

III　社会的法益に対する罪

IV　国家的法益に対する罪

凡　例

【**本書の構成について**】　　本書は各論の内容を,「Ⅰ　個人的法益に対する罪（1）―生命，身体，自由，秘密・名誉，信用・業務に対する罪」「Ⅱ　個人的法益に対する罪（2）―財産に対する罪」「Ⅲ　社会的法益に対する罪」「Ⅳ　国家的法益に対する罪」の4つに分け，それぞれを章で区切り，さらに，28のテーマを設けて解説している。

【**法令**】　　原則として，2021年9月現在の法令に基づいている。法令の略称は『ポケット六法』など一般的な六法の用法に従った。（刑法については法令名を略している箇所もある。）

【**判例**】　　判例集・法律雑誌については，以下の通り略している。

刑集	大審院刑事判例集・最高裁判所刑事判例集
集刑	最高裁判所裁判集刑事
刑録	大審院刑事判決録
高刑集	高等裁判所刑事判例集
高刑裁特	高等裁判所刑事判決特報
下刑集	下級裁判所刑事裁判例集
判時	判例時報
判タ	判例タイムズ

【**裁判例の表記**】　判決・決定は下記のように表記している。

　最高裁判所大法廷判決昭和 44 年 6 月 18 日最高裁判所刑事判例集 23 巻
　　7 号 950 頁＝最大判昭和 44・6・18 刑集 23・7・950
　最高裁判所判決平成 29 年 11 月 29 日最高裁判所刑事判例集 71 巻 9 号 467 頁
　　＝最判平成 29・11・29 刑集 71・9・467
　最高裁判所決定昭和 27 年 2 月 21 日最高裁判所刑事判例集 6 巻 2 号 275 頁
　　＝最決昭和 27・2・21 刑集 6・2・275

I 個人的法益に対する罪(1)
──生命，身体，自由，秘密・名誉，信用・業務に対する罪

Theme 1

人は，いつから「人」であって，いつまでが「人」なのか。

【設問 1】

　A は 1 月 1 日に X の頭部を激しく殴りつけたところ，翌日，脳損傷により X が脳死状態に陥っていることが判明し，それを受けて，X の家族の承諾にもとづき医師により人工呼吸器が取り外され，1 月 3 日，X の心臓停止が確認された。A の罪責を論ぜよ。

第1章　生命に対する罪

　本章では，殺人罪，自殺関与罪および同意殺人罪，堕胎罪，そして遺棄罪と呼ばれる，人の生命に関する犯罪を扱う。

　人の生命はすべての価値の根源であり，あらゆる法益の中でもっとも重要なものであることはいうまでもない。判例においても，「生命は尊貴である。一人の生命は，全地球よりも重い」（最大判昭和 23・3・12 刑集 2・3・191）とされている。したがって，生命の保護は刑法のもっとも基本的な役割である。そこで，刑法では，これを侵害した場合はもちろん，侵害にいたらず未遂に終わった場合や予備の段階でとどまった場合をも犯罪として処罰の対象とし，また，生命の侵害に対する危険犯としての性質を有する堕胎罪，遺棄罪を規定することによって，これを厚く保護している。また，202 条の自殺関与罪・同意殺人罪

は，本人の同意（承諾）があったとしても，人の生命を断絶する，もしくは，人の自殺に関与することは犯罪となり違法である旨を示しているが，これも同様の趣旨にもとづくものである。

I-1-1　「人」の意義

　殺人罪，自殺関与罪および同意殺人罪は「人」の生命に対する侵害犯であり，そして遺棄罪は，「人」の生命に対する危険犯であり，いずれも犯罪行為の客体は「人」である。

　「人」とは自己以外の自然人の意味である。したがって，自分を殺害する自殺は殺人とはならず，また，法人に対する殺人ということも観念しえない。争いが顕著なのは，とりわけ人の始期と終期が問題となる場面においてである。

(1)　人の始期

　ヒトの生命のプロセスは受精卵によって始まり，この受精卵は母体の子宮に着床して以降，器官未分化の胎芽，器官分化後の胎児（狭義）の段階を経て出生にいたる。この着床から出生にいたるまでの段階にあるヒトの生命の存在を「胎児」と呼び，それ以降の存在を「人」と称している。

受精→胚の形成→母胎への着床→(分化・8週間)→胎芽→胎児→出生
└─────────── 胎児 ───────────┘　└ 人 ─

❖受精卵の保護

　　受精卵の廃棄・損壊については，器物損壊説と不可罰説との間に争いがあるが，人の萌芽である生命体を「物」として扱い，財産罪規定によって保護することについては批判があり，不可罰説が多数説である。もっとも，人の生

命の萌芽を，せめて財物と同程度に保護しようという考え方はありうると思われる。

人の始期，すなわち，出生の時期をどの時点と定めるかについては，見解が分かれる。出生の時期の確定は，胎児と人を区別し，したがって，胎児を客体とする堕胎罪と人を客体とする殺人罪などとを区別する意味で重要である。

出生の時期に関しては，①独立生存可能性説，②陣痛（出産）開始説，③一部露出説，④全部露出説，⑤独立呼吸説の各説が主張されている。①の独立生存可能性説は独立して生存可能な段階に入れば，胎児は人として保護に値するとし，また，この解釈は，母体保護法が，「胎児が，母体外において，生命を保持することのできない時期」に人工妊娠中絶を許容していることにも合致するが，この説には，独立して生存することができない未熟児は人に含まれないことになるという批判がある。②の陣痛開始説はドイツにおける判例・通説であるが，「母体内でのヒトの殺害」が殺人罪となってしまい，また，陣痛開始の基準が不明確であるという欠点が指摘されている。④の全部露出説は，胎児は，出産の最後の過程を経たうえで殺人罪において「人」として保護されるに値する存在となったと考えるものである（民法では，全部露出した段階で権利能力を付与すれば足りるとしてこの説によっている）が，刑法においては，全部露出した段階で初めて人として保護されるとするのでは遅すぎるとの反論がなされている。わが国の判例・通説は③の一部露出説を採っているが，これは，出産にあたって，胎児が母体から一部でも露出すれば，これに対する直接的な侵害は可能であり，すでにその時点において人として保護されるべきであるとする考え方からである。この説にも，攻撃可能性によって区別すべきではないという批判はあるが，基準が明確であり，出産によって人となるという社会通念にも整合性があるといえよう。

❖母体保護法

「優生上の見地から不良な子孫の出生を防止する」ことを目的として 1948
（昭和 23）年に制定され，一定の適応事由がある場合に人工妊娠中絶を許容
することを規定していた優生保護法は，1996（平成 8）年に，母体の生命健康
を保護することを目的とする趣旨から全面的に改正され，名称も母体保護法
と改められた。

(2)　人の終期

　人の終期，すなわち，人の死亡時期はいつであるのかに関しては，①
脈拍停止説，②（自発）呼吸停止説，③総合判断説（三兆候説，心臓死説），
④脳死説（脳の（全）機能の不可逆的停止説）の各説が存するが，現在で
は，③の総合判断説と④の脳死説とが有力となっている。脳死説は，
ⓐ心臓はその機能を器械によって代替することが可能であるのに対し
て，脳こそ生命現象を司るもっとも中枢的な器官であること，ⓑ医学
上は脳死説が定説であること，そして，ⓒ臓器移植などの医学的必要
性をその根拠としており，一方，総合判断説は，心臓，肺，脳の機能
のいずれも不可逆的に停止した時点で人の個体死とする，わが国で伝
統的に採用されてきた基準であり，その根拠として，ⓐ脳死判定は恣
意の介入のない確実なものであるとはいえないこと，ⓑ脳死をもって
死とすることはいまだわが国では社会的コンセンサスを得ているとは
いえないことなどを挙げている。

　人の終期の確定を判じた最高裁判例はまだ現れていないが，裁判例
として，大阪地判平成 5・7・9 判時 1473・156 は，A は某年 8 月 29 日
の夜，X の眉間部を右手げん骨で殴りつける等の暴行を加えたところ，
X は，同年 9 月 5 日午後 6 時ごろ，脳損傷により死亡したという事案
につき，その経緯としては，脳損傷により脳死状態に陥った X に対し
て，9 月 4 日午後 7 時半ごろ脳死判定が行われて脳死が確定したのを
受けて，X の家族の承諾にもとづき医師によって人工呼吸器が取り外
され，翌 5 日午後 6 時ごろ，心臓停止が確認されたものであるところ，

「心臓死が確実に切迫してこれを回避することが全く不可能な状態に立ち至っているのであるから，人工呼吸器の取り外し措置によって被害者の心臓死の時期が多少なりとも早められたとしても，Ａの眉間部打撲と被害者の心臓死との間の因果関係を肯定することができる」と判示した。この事案で，裁判所は，眉間部打撲と心臓死との間の因果関係を問題としたうえで，因果関係を肯定し傷害致死罪の成立を肯定していることから，人の終期につき総合判断説を採用しているといえる（したがって，第三者である医師の行為が介入していることから因果関係の存否が問題となり―Ａの暴行によって心臓死が確実に切迫しているのであるから，行為の危険性が結果に現実化しているといえよう―，また，家族による患者の推定的意思の確認を通した違法性阻却が問題となる）。かりに脳死説にたてば，眉間部打撲と脳死との間の因果関係は明白であることから，脳死が確定した時点で傷害致死罪の成立が肯定されるからである。この裁判例における判断は，臓器移植法施行後もなお維持しうるとされている。

❖「生命の質」の比較

　　脳死説の掲げる医学上の必要性，すなわち臓器移植という点について，総合判断説のなかには，緊急避難として正当化しうるとする説もあるが，これに対しては，「生命の質」を比較し，人の価値に差異を認めることにつながるとの批判がある。

❖臓器移植法

　　1997（平成9）年に制定された臓器移植法（臓器の移植に関する法律）は，脳死を人の個体死であることを前提とせず，臓器移植にかぎって脳死も人の死とすることを規定し，そのうえで，臓器提供者が書面により提供の意思表示をし，遺族がそれを拒否しない場合に臓器移植を認めていた。もっとも，このような「妥協的立法」については，もっとも根源的な法益である人の死について，二重の定義を行うものであるとの批判が存した。その後，当初の同法の要件が厳しく移植数が伸びないことから，2009（平成21）年改正において，臓器摘出を予定するか否かにかかわらず，「脳死判定」をされた者の身体はすべて「脳死した者の身体」とされることになり，また，本人の書面による意思表示がない場合でも，提供者の反対の意思表明がないかぎり，提供者の年齢に

かかわらず家族の書面による同意で臓器が摘出できるようになり，これによって，意思表示能力の下限である 15 歳という制限が撤廃され，子どもから子どもへの臓器移植も可能になった（そのほか，家族（配偶者・親子）への臓器の優先提供も認められた）。もっとも，この改正によって，人の終期を画する定義として，人の個体死を脳死とする脳死説が採用されたかについては，依然，明確ではなく，解釈に争いがあるところである。臓器移植法によって死の定義が左右されるべきではないとすれば（脳死者の身体は死体に「含む」とされていることも脳死説と相容れない），現在でも，総合判断説が死の判定基準として支持されることになる。なお，法改正後も移植数はそれほど増加していないのが現状である。

【設問1】を考えてみよう

　本問については，前掲大阪地判平成 5・7・9 のように人の終期に関する総合判断説を前提として，また，因果関係に関する危険の現実化説によれば，医師の行為の介入によって死期がわずかに早められたとしても A の行為と X の死亡との因果関係が肯定され，A には 1 月 3 日の段階で傷害致死罪（205 条）が成立することになる。なお，医師の行為については，被害者の推定的承諾により承諾殺人罪（202 条）の成立が認められるが，正当な治療行為の中止の事例として違法性が阻却されよう。これに対して，脳死説にたてば，脳死が確定した時点で，A には傷害致死罪の成立が認められることになる。

Theme 2

有形力を行使せずに，人を殺害することは可能か。なぜ，自殺は殺人にならないのか。自殺が不可罰であるにもかかわらず，なぜ，それへの関与は可罰的とされるのか。

【設問 2】

A は，追死の意思がまったくないのに，これを装って X 女を欺き，A も追死するものと誤信させ，同女を自殺するに至らせた。A の罪責を論ぜよ。

I-1-2 殺人罪（199 条）

殺人とは，故意に他人を殺害する行為をいう。殺人罪の客体は，自己以外の自然人である。

殺人罪にいう行為，すなわち殺害行為は，殺意をもって，自然の死期に先立って，他人の生命を断絶することである。その方法は，撲殺，刺殺，絞殺などの有形的（物理的）方法のほか，精神的な衝撃を与えて死亡させるなどの無形的（心理的）方法によるものでもよく，また，自ら直接に生命を侵害する場合（直接正犯）のほか，自殺の意味を理解しない被害者に縊死（いし：首をくくって死ぬこと）の方法を教えて死亡させる（最決昭和 27・2・21 刑集 6・2・275），虚構の事実にもとづく欺罔と威迫の結果，自殺する以外に方法がないと誤信させ，農薬を嚥下させて死亡させる（福岡高宮崎支平成元・3・24 高刑集 42・2・103），自己のいいなりになっていた被害者に命じて車ごと海中に転落させ，死亡させる（最決平成 16・1・20 刑集 58・1・1）など，他人あるいは被害者を道具として行う場合（間接正犯）も殺人罪の対象となり，通常の作為によるもののほか，親が子を餓死させるといった不作為による場合もまた

含まれる。不作為による殺人罪を認めた最高裁判例として，重篤な患者に必要な医療措置を受けさせないままに放置して死亡させた事案に，自己の責めに帰すべき先行行為と排他的支配の存在を理由に殺人罪を認めた最決平成 17・7・4 刑集 59・6・403〔シャクティ治療事件〕（→〔総論〕51 頁以下）がある。なお，最決令和 2・8・24 刑集 74・5・517 は，生命維持のためにインスリンの投与が必要な 1 型糖尿病にり患した幼年の被害者の治療をその両親から依頼された者が，両親に指示してインスリンの投与をさせず，被害者が死亡したという事案について，母親を道具として利用するとともに不保護の故意のある父親と共謀した殺人罪が成立するとした。

　殺人罪の主観的要件，すなわち，殺人の故意とは，客体が人であることの認識，および，その行為によって死が惹起される可能性があることの認識をいう。

　殺人罪は，未遂（203 条），予備（201 条）を処罰している。凶器を準備する，待ち伏せするなど，実行の危険性を顕在化させる準備行為があれば殺人予備にあたることになる。

　殺人罪については，生命の一身専属的法益という特殊性によって，被害者の数だけの犯罪が成立する。殺人罪と死体損壊罪・死体遺棄罪とは併合罪の関係にある。

❖尊属殺人罪規定の削除

　　刑法 200 条の尊属殺人罪の規定は，1996（平成 7）年刑法改正で削除されるにいたった。同規定を違憲・無効とした最判大昭和 48・4・4 刑集 27・3・265 の多数意見は，普通殺人に比較しての同規定の法定刑が重すぎるというものであったのに対して，少数意見は同規定そのものが憲法 14 条 1 項の「法の下の平等」に違反するとした。1996 年改正は，この少数意見に与したものである（→〔総論〕31 頁）。

I-1-3　自殺関与罪・同意殺人罪（202 条）

(1)　自殺関与罪・同意殺人罪

　202 条は，前段において**自殺教唆，自殺幇助**という**自殺関与罪**の類型，後段において**嘱託殺人，承諾殺人**という**同意殺人罪**の類型という，4 つの構成要件を規定する。ドイツのように，自殺関与罪を処罰しない立法例もあるが，わが国では，教唆・幇助による自殺関与罪も，同意殺人罪と同じ法定刑で処罰している。

　自殺教唆とは，自殺の決意を有しない者に自殺の決意を促し，自殺させることであり，自殺幇助とは，自殺の決意を有する者に自殺行為についての援助を与えて自殺させることである。もっとも，自殺の決意を促すといっても，行為者の威迫・欺罔の程度が高じると，殺人罪の間接正犯となる。

　他方，同意殺人は，被殺者の嘱託を得て，または，その承諾を得て殺すことである。同意殺人が成立するための要件は，ⓐ嘱託，承諾はいずれも被殺者自身がなしたものであること，ⓑ事理弁識能力を有する者の自由かつ真摯な嘱託，承諾であること（最決平成 21・12・7 刑集 63・11・1899 → ［総論］100 頁），ⓒ明示的になされたこと，ⓓ実行行為時に存すること，である。

　自殺関与罪と同意殺人罪との区別は，死を実現する行為（短刀を突き刺す，毒を口に入れる）を被害者と行為者のどちらが行ったかによって決せられる。被害者自身であればその行為は自殺であり，行為者であればその行為は殺人となるのである。

(2)　202 条の減軽処罰の根拠

　自殺，自殺未遂は現行法上処罰されない。では，自殺への関与行為はなぜ処罰され，また，殺人罪よりも軽く処罰されるのであろうか。

　自殺の不可罰性について，①自殺は違法であるが，行為者にその違

法な行為を行わないことの期待可能性が欠けるとする責任阻却説，②可罰的違法性が欠けるとする可罰的違法性阻却説，③自己の法益の処分行為はそもそも不可罰であるとする違法性阻却説の3つの説が唱えられている。そして，202条前段において自殺関与行為の可罰性が減少する理由については，①の責任阻却説，②の可罰的違法性阻却説によれば，制限従属性説によって，違法である正犯行為に関与する者も共犯者として可罰的となるところ，責任阻却説ではその責任が，可罰的違法性阻却説ではその違法性が，正犯者の不可罰性の根拠である正犯者，すなわち自殺者における期待可能性の欠如や可罰的違法性の欠如といった事情と連動して，そのような事情の存しない場合と比較して減少すると説明される。これに対して，③の違法性阻却説は，自殺は違法ではないという前提にあっては共犯の従属性という観点から自殺関与行為の可罰性を導くことはできないものの，刑法のもつパターナリズム（正しい判断ができない状況にある者を後見的に救済する態度）の見地から，自殺に加功しようとする第三者の行為に介入しその関与の当罰性を規定したものとして同条前段を理解する。責任阻却説の立場は，個人的法益は自己決定権のもと各自が自由に処分できるものであるとしても，（安楽死などの例外的極限状態での事例を除き）自己決定権がその主体の生命の処分権にまで及ぶことはないとしているのであり，判例もこのような立場にたっているものと思われる。

　また，承諾殺人について，多数説は，生命の侵害に対する承諾はそもそも無効であるとしても，承諾があることに照らして，通常の殺人罪よりも行為者の違法性と責任が減少しているものとして，これを理解している。

(3)　自殺関与罪の未遂

　自殺関与罪と同意殺人罪の未遂は処罰されるが，その成立範囲については争いがある。まず，自殺関与罪については，その特殊性に照ら

して，刑法総論における共犯ではなく，独立の犯罪類型であると解する説がある。この説によれば，自殺教唆を受けて一旦決意した自殺者が翻意した場合でも，教唆者には202条の未遂罪が成立することになる。これに対して，多数説は，自殺関与罪の共犯についても実行従属性を認めて，自殺者が教唆行為にもとづき自殺行為の実行に着手した段階で，はじめて202条の未遂罪が成立しうると解している。つぎに，同意殺人罪については，行為者が被害者に対する殺害行為を開始した段階で未遂の可能性が生じる。

(4)　殺人罪と自殺関与罪の区別

　自殺関与罪の成立には，あくまで自殺行為者の行為が自由な意思決定にもとづいていることを要する。上述のように，教唆行為の手段として用いられる暴行・脅迫，欺罔が，被害者の自殺についての意思の自由を失わせ，もはや「自殺」とは認められない程度にいたれば，殺人罪が成立する。

　殺人罪か自殺関与罪かが問題となるのは，偽装心中の事例，すなわち，追死の意思がないのに，これがあるように装って相手を欺き，自らも追死するものと誤信させて，相手を自殺させるという事例である。判例（最判昭和33・11・21刑集12・15・3519→［総論］96頁）は，偽装心中における被殺者の承諾は，死の意味を理解しない幼児や精神障害者における承諾や偽言による承諾と同じく「真意に添わない重大な瑕疵ある意思」であり，真摯な承諾にあたらないとして無効であると解している。これは，欺罔によって自殺者の意思決定の自由が本質的に奪われたとの理解（殺人の間接正犯）によっている。これに対して，自殺者には死ぬこと自体については錯誤はなく，それゆえ自殺行為につきいまだ選択が可能であり，その死の決意は自由意思にもとづくものであるとする理解がある。その意味では被害者は道具とはいえず，「間接正犯」の理論構成には無理があるというのである。この立場による

と，死のうという意思につき錯誤があるのではなく，ただその動機に錯誤が介在したにすぎないことになり，したがって，法益関係的錯誤が存しない以上，承諾は有効であるということになる。意思決定の自由を完全に失わせた場合には，間接正犯として理解することができるから，殺人罪をもって妥当と解すべきとするのが多数説である。

　また，教唆行為に欺罔が用いられても，被害者に意思決定の自由がなお残っているかぎり自殺教唆にとどまることはあるが（広島高判昭和 29・6・30 高刑集 7・6・944），前掲福岡高宮崎支判平成元・3・24 のように，高齢の女性を欺罔し，心理的に追い詰め，自殺を決意させるなど，欺罔によってなされた被害者の自殺の決意が真意に沿わない重大な瑕疵のあるものであった場合には，間接正犯として殺人罪にあたる。同様に，暴行・脅迫を加えて執拗に自殺を迫った場合には殺人の実行の着手を認めることができ（前掲最決平成 16・1・20），また，死ぬ意思がない者を追いつめて，川に転落するのやむなきにいたらしめて溺死させた場合には，殺人罪の成立を肯定することができる（最決昭和 59・3・27 刑集 38・5・2064）。

(5) 錯　誤

　同意殺人は，相手の真意にもとづく嘱託，承諾の存在を要件としている。では，相手の嘱託，承諾がないのに，これがあると誤信して行為した場合，反対に，相手の承諾・嘱託はあるのに，その存在を知らないで行為した場合はどうか。その法的な取り扱いについては説が分かれている。前者について，通説は，38 条 2 項を適用して，199 条の殺人罪ではなく軽い 202 条の罪の成立を認めているが，後者については，①38 条 2 項を準用して同じく 202 条の罪の成立を認める説と，②法益主体の承諾がある以上法益侵害はないが行為無価値はあるとして殺人未遂罪を認める説と，③被害者の承諾についての認識という主観的正当化要素が欠ける以上，殺人行為の正当化はできないとして，殺

人罪の成立を肯定する説とに分かれている。犯罪行為の違法性を複数の罰条によってあますところなく評価するためには，②の立場にたちつつ，殺人未遂罪と本罪との包括一罪と解する説が支持されよう。

【設問2】を考えてみよう

1. 自殺する意思がないのに追死を装って他人を自殺させる偽装心中の擬律については，殺人罪説と自殺関与罪（ないし同意殺人罪）説との間に争いが存する。殺人罪は被殺者の意思に反してこれを殺す場合であり，自殺関与罪はこれに対し，判断能力ある被害者の自殺の意思，または，自由な意思決定にもとづく真摯な承諾がある場合に成立する（判例・多数説）。そこで，偽装心中における被害者の承諾は，死の意味を理解しない幼児や精神障害者における承諾や偽言による承諾と同じく重大な瑕疵ある意思であるとして，これを無効と解すべきか否かが両罪を分かつメルクマールとなるとされている。

2. 偽装心中につき殺人罪を肯定する見解は，設問のＡの行為によってＸ女の意思決定の自由が本質的に奪われたものと解し，これを根拠とする。また，この瑕疵ある意思決定という点を捉えて，判例・多数説は，間接正犯の理論中とりわけ「故意ある道具」の理論を援用して，当該行為の実行行為性を認容する。

3. 他方，殺人罪の成立につき消極に解する立場は，Ｘ女は自己の死の意味を明白に理解しており，それゆえ自殺行為につきいまだ選択が可能であり，死の決意は自由意思にもとづくものと解されるとしている。この立場によると，死のうという意思につき錯誤があるのではなく，ただその動機に錯誤が介在したにすぎないことになる。また，間接正犯にあっては，被利用者は犯罪実現につきなんら主体的立場にたつものではなく，その行為は利用者によって完全に支配され，犯罪の直接的実現は利用者に依存しているところ，本件のようなＸ女の死の決意については錯誤はなく，Ｘ女に規範的障害がまったく存在し

ないとはいえないので，結論として殺人の間接正犯の成立を否定する。

　4.　上述両説の争点は，殺人罪説が X 女の意思決定を重大な瑕疵あるものとみなすのに対して，自殺関与罪説は，X 女の意思の相対的自律を認める点に存する。絶対的強制下にある被害者，あるいは幼児や精神障害者などの意思無能力者に比して，偽装心中における被殺者の意思にはなお自由なものがあると思われ，そのかぎりでは自殺関与罪説は説得的である。しかし翻って考えるに，被害者の意思の自由は殺人罪を否定するにつき十分であろうか。本件のように相手の決意を利用して相手の死を惹起する行為においては，欺かれなければ死を決意しなかったという関係にあれば，自由な意思決定にもとづく真摯な承諾とはいえないと理解すべきであろう。したがって，A の行為を全体的に考察すると，被害者の意思を利用した殺人というべきである。

Theme 3

> 胎児に対する侵害行為は，母体に対する侵害行為といえるか。

【設問3】

　Aは，業務上の過失により胎児に病変（胎児性水俣病）を発生させ，これに起因する脱水症により，出生後，その人を死亡させた。Aの罪責を論ぜよ。

I-1-4　堕胎罪（212条以下）

(1)　堕胎罪

　「人」の生命を保護するためには，その萌芽，潜在的な生命に対しても周到な保護が求められる。わが国では，このような趣旨から，212条以下において，胎児に対する侵害である堕胎罪を規定している（わが国における堕胎を処罰する法制度は，近代法整備の流れの中で，1880（明治13）年にはじめて誕生した。なお，堕胎罪をめぐっては，人口の維持や性道徳，女性の権利の捉え方が影響しているといえよう）。もっとも，特別法である母体保護法によって，一定の要件のもと堕胎の違法性が阻却されるとされていることから，わが国では，堕胎罪による処罰はほとんどみられない状況である。とはいえ，堕胎罪の法的性質をめぐっては争いがあり，これに連動する堕胎罪の成立範囲の問題は，今日でも重要な議論のテーマとなっている。また，特殊な問題としては胎児性傷害の問題があり，学説と判例とが真っ向から対立している状況である。

　1.　保護法益

　堕胎の罪の保護法益については，これを，①胎児の生命・身体の安全および母体の生命・身体の安全，②胎児の生命・身体の安全，③胎児

の生命および母体の身体の安全，④胎児の生命・身体の安全および母体の身体の安全，と解する説に分かれている。これについて，②説をもっては，現行法が自己堕胎を軽く処罰し，妊婦に対する致死傷罪を加重していることを説明できず，③説では，現行法においては堕胎の罪の成立に胎児の死亡したことは要件とされていないことを説明できず，さらに，④説にも，妊婦に対する致死罪を加重していることを説明することが困難であるとの批判があり，後に検討するように，①の説を妥当と解するのが有力である。

2. 堕胎罪の性質

堕胎罪の性質に関しては，危険犯であるか侵害犯であるかが争点となっている。判例・多数説は，堕胎の罪を危険犯と理解しているため，胎児を排出した後，胎児を殺害したり，放置して死亡させた場合には，堕胎罪が成立するほかに殺人罪や保護責任者遺棄致死罪の成立を認めている（最決昭和 63・1・19 刑集 42・1・1）。

これに対して，未熟児医療の発達に伴い，排出された胎児の生存可能性が高まっている今日では，堕胎罪を侵害犯として捉えるべきであるとする見解が有力になりつつあり，この説によれば，堕胎行為の実行後，胎児が死亡するにいたった場合には堕胎罪が成立するが，堕胎行為の後に翻意し胎児を救助・保育した結果，その生存が継続可能であった場合には，堕胎については未遂となることになる。この点で，危険犯説と結論を異にする。

3. 堕胎の意義

堕胎とは，判例・多数説によれば，胎児を，自然の分娩期に先立ち，あるいは分娩中に，人為的に母体から分離・排出すること，および母体内で殺害することである。妊娠期間の長短および発育程度のいかんを問わず，母体外で生存を継続しうる程度に発育している場合もまた対象に含まれる。これに対して，上述のように，侵害犯として堕胎の罪を理解する立場によれば，堕胎とは，胎児に攻撃を加えて母体内ま

たは母体外で死亡させる行為と理解されることになる。

　なお，過失による堕胎は不可罰である。また，懐胎（妊娠）していない女子を懐胎しているものと誤信して堕胎の施術をしたときには，不能犯ではなく未遂犯となりうる（客体の不能事例）。

　4．母体保護法と違法性阻却事由

　母体保護法は，堕胎において，刑法 35 条の法令行為としてその違法性が阻却される要件として，ⓐ妊娠満 22 週未満という期限の限定（2 条 2 項）と，ⓑ一定の適応事由の限定（14 条 1 項）を規定している。後者はすなわち，ⓑ′妊娠の継続または分娩が身体的または経済的理由により母体の健康を著しく害するおそれのある場合（医学的適応事由），ⓑ″暴行もしくは脅迫によって抵抗もしくは拒絶することができない状況において姦淫（性交）されて妊娠した場合（倫理的適応事由）である。このほか，緊急避難や社会的相当性の範囲内にあるとして，あるいは期待可能性が欠けるとして不可罰となる場合もあると理解されている。

　わが国では，医学的適応事由が拡張的に運用されていることから，堕胎罪による処罰はほとんど行われていないのが実情であり，堕胎罪は事実上非犯罪化されている，ということができる。これが，胚・受精卵，胎児の保護に関わる生命倫理の問題を論じるに際して，わが国固有の事情となっており，たとえば，出生前診断や着床前診断の法的・倫理的問題がそれほど深く議論されないことは，胎児がより成長した段階での堕胎そのものが事実上許容されていることに原因の一つがあるといえよう。

　5．排出された胎児の法的保護

　堕胎によって排出された，生命保持（生育）可能性のない時期の胎児は「人」であるかについては，①その時点で生命機能を有している以上人であるとする見解と，②生育可能性がない以上人ではないとする見解に分かれる。①の見解によれば，その後，胎児の生命を断絶させ

た場合, 作為によるものであればさらに殺人罪となるが, 不作為による結果である場合にはその生育可能性の低さから殺人罪については不可罰の可能性があることになる。これに対しては, 母体保護法によって正当化される強制性交等を理由とした中絶においては母体外での胎児殺も許容されると解すべきであるから, 作為による生命断絶の場合であっても, 胎児において生育可能性がないことを考慮すべきであるとの批判がある。一方, ②説によれば先の批判は回避できるが, 早産の場合に, 無関係の第三者による殺害の可能性を許容することになるとの難点が指摘されている。そこで, 現在では, ③人であることを肯定し, 堕胎が生命の断絶に先行する場合には堕胎罪の限度でのみ処罰するとする見解も唱えられている。

　つぎに, 堕胎によって排出された生命保持可能性のある時期の胎児については, 上述の①の, 生命機能を有している以上, 排出された胎児も人である（前掲最決昭和63・1・19）とする説が一般であり, これに対する侵害は殺人罪（遺棄致死罪）を構成すると解するのが一般であるが, 堕胎を胎児殺, すなわち侵害犯として理解する侵害犯説のなかの多数説によれば, この場合, 堕胎罪のみが成立することになる。

(2)　犯罪類型

1.　自己堕胎罪（212条）

　本罪の主体は, 妊娠中の女子, すなわち妊婦である（真正身分犯）。行為は, 堕胎行為であり, 妊娠中の女子自身が直接行っても, 他人に依頼して実施させても, また, 他人と共同して行ってもよい。本罪の刑が他の堕胎罪の犯罪類型と比較して軽いのは, 一種の自損行為としての違法性の減少と心理状態を斟酌した非難可能性・責任の減少に求められるとするのが一般である。

　妊婦が同意堕胎罪および業務上堕胎罪を嘱託, 承諾し, あるいは共同して行った場合については, 妊婦には本罪が成立し, 上記犯罪の共

犯とした場合よりも軽く処罰される（他の者には，上記犯罪の共同正犯，教唆犯，幇助犯が成立する）。その理由づけについては，①65条2項を根拠とする説も有力であるが，②本条にいう「その他の方法」にあたることを理由とする説が，条文に根拠を求めることができることから多数説となっている。

2.　同意堕胎罪（213条前段）・同意堕胎致死傷罪（同条後段）

同意堕胎罪は，妊娠中の女子の自由かつ真摯な嘱託，承諾のもとに行われる堕胎であり，「堕胎させる」とは，妊婦以外の行為者が堕胎行為を行うことをいう。同意堕胎致死傷罪が規定され，刑が加重されていることから，本罪は自己堕胎罪とは異なり，妊婦自身の生命・身体についても保護法益としている。

女子の嘱託を得た者が，他人に嘱託して堕胎を行わせた場合には，その他人が業務者でないかぎり，本罪の教唆となる。他人が妊婦の自己堕胎に関与した場合には，①212条の身分を責任身分と解して，65条2項により重い同意堕胎罪の共犯とする説もあるが，②自己堕胎罪の共犯とするのが判例の立場である。自己堕胎の幇助は胎児の法益のみを侵害するにすぎず，213条の射程外であるので，②の立場が支持されよう。

同意堕胎致死傷罪は，同意堕胎罪を基本犯とする結果的加重犯規定である。これについて，①堕胎は既遂に達したことを要するとする説（判例）と，②堕胎そのものの未遂・既遂を問わないとする説がある。同意堕胎が未遂に終わった場合には不処罰なのであるから，①の立場が正しく，したがって，堕胎が未遂であれば致死傷の結果が生じても過失致死傷罪の限度で犯罪の成否を問うべきである。

3.　業務上堕胎罪（214条前段）・業務上堕胎致死傷罪（同条後段）

本罪の主体は，業務者，すなわち，医師，助産師，薬剤師または医薬品販売業者である（不真正身分犯）。妊婦を教唆して承諾を得て，そして，業務者を教唆して堕胎手術を行わせたときは困難な問題となる。

この場合には，212条の教唆犯と214条の教唆犯が成立し，前者は後者に吸収されるが，教唆者が業務者でない場合には，さらに65条2項の規定によって処理され，213条の教唆犯が成立するというのが一般的な理解である。

4. 不同意堕胎罪（215条1項）

本罪の主体には制限がない。不同意とは，妊婦の嘱託も承諾もない場合であり，したがって，法文の「又は」は，「かつ」の意味である。本罪については，未遂も処罰される（同2項）。

5. 不同意堕胎致死傷罪（216条）

本罪は，不同意堕胎罪・同未遂罪を基本犯とする結果的加重犯規定である。「傷害の罪と比較して，重い刑により処断する」とは，不同意堕胎罪の法定刑と傷害罪・傷害致死罪の法定刑を比較し，上限・下限とも重い法定刑によって処断するという趣旨である（このような規定は，219条（遺棄等致死傷），221条（逮捕等致死），260条（建造物損壊致死傷）などにもみられる）。不同意堕胎罪の法定刑は「6月以上7年以下の拘禁刑」であり，傷害罪の法定刑は「1月以上15年以下の拘禁刑または千円以上50万円以下の罰金・科料」，傷害致死罪の法定刑は「3年以上20年以下の拘禁刑」であるところ，それぞれの法定刑を比較してその上限と下限のいずれも重い方にしたがって処断される。すなわち，不同意堕胎致傷の場合には「6月以上15年以下の拘禁刑」，同致死の場合には「3年以上20年以下の拘禁刑」となる。

(3)　胎児性傷害

胎児性傷害とは，母体を通じて胎児に故意または過失により侵害を加えた結果，障害を有する子を出生させ，傷害・死亡の結果が発生する場合をいうが，この場合，（業務上過失）傷害罪等（殺人罪，傷害致死罪，過失致死罪等）の適用は認められるのであろうか。

まず，肯定説には，①胎児に対する傷害罪とする説があり，これに

対しては，胎児は人ではないとの批判がある。また，②母体に対する傷害とする説があり，これは，さらに②′母体一部傷害説と，②″健康な子を産む機能傷害説に分かれる。前者は，行為は「人」―ここでは胎児を身体の一部とする母体―に向けられ，結果は「人」―ここでは出生した胎児―の傷害または死であると理解している。さらに，③生まれてきた「人」に対する侵害作用が及ぼされる段階では客体が人である必要はないとの説がある。

　いわゆる熊本水俣病事件判決（最決昭和63・2・29刑集42・2・314）は，A，Bが，チッソ水俣工場で有機水銀を含む排水を水俣川河口海域に排出したことにより同海域の魚介類を汚染させ，これを摂取した妊婦Xの胎内においてXが摂取した右魚介類の影響を受け，いわゆる胎児性水俣病にり患して出生したYを死亡させたという事案につき，胎児性傷害を肯定し，業務上過失致死罪の成立を認めている。その論理は，②′の母体一部傷害説の立場にたち，また，侵害行為の作用が出生した以降にも人に継続していなければならないとする立場を前提に，事実の錯誤論における法定的符合説的な考え方を採用したものである。すなわち，侵害行為は（子宮や，内臓などと同じく）母親の一部としての胎児，したがって，身体の一部として胎児を宿している「人」（母体）に加えられ，結果は生まれてきた「人」に発生している以上，業務上過失致死罪は成立するというのである。しかし，この母体一部傷害説に対しては，ⓐ胎児が母親の一部であるとすれば，現行法上可罰的な自己堕胎が自傷行為として不可罰となってしまう，ⓑ傷害を加えた「人」以外に死の結果を発生させた場合には（業務上過失）傷害罪等を認めえない（このことは，侵害作用が及ぶ段階で「人」でなければならないということを示している），ⓒ胎児は堕胎罪で（母体とは）独立に保護されている，ⓓ過失堕胎が不可罰なのに，それよりも程度が軽いために生きたまま出生したときは過失致死傷罪として処罰することは均衡を失する，ⓔ妊婦が誤って胎児に傷害を与え，障害をもって出生させた

場合にも過失致死傷罪となってしまう，⑥故意がある場合に母体外で
死亡すれば自己堕胎等の堕胎罪ではなく，殺人罪となってしまう，な
どと批判されている。

　一方，②″健康な子を産む機能傷害説に対しても，直截に胎児が侵害
されているとしない点などが批判されており，③の生まれてきた「人」
に対する傷害説に対しても，結果的には胎児に対する傷害を認めるこ
とになるなどとの批判があり，そこで，現在では，④胎児性傷害否定
説（過失・故意を問わず犯罪不成立）が学説では多数説となっている。
もっとも，その後も，胎児を母体の一部であるとして，業務上過失傷
害罪の成立を肯定する判決が続いている。鹿児島地判平成 15・9・
2LEX/DB28095497 は，交通事故により妊婦に傷害を負わせ，それを
原因として出生した胎児にも傷害を負わせた場合には，胎児に対して
も業務上過失傷害罪が成立する，としている。

【設問3】を考えてみよう

　判例の採用する母体一部傷害説，すなわち，「胎児は母体の一部であ
るから胎児に侵害を加えることは母親という人に対する傷害となる」
とする説を前提とし，錯誤論における一種の法定的符合説的な考え方
に立てば，作用が加えられたのも「人」であり，死亡したのも「人」
であることから，業務上過失致死罪の成立が肯定されるであろう。
もっとも，この立論に対しては，多くの批判がなされていることは，
上述のとおりである。

Theme 4

> 産婦人科の待合室の椅子の上に新生児を置き去りにする行為は，遺棄罪にあたるか。

【設問4】

　Aは，道路を横断中のXに過失によって自車を接触させてXを転倒させ，加療約3か月の傷害を負わせた後，Xを自車に乗せると，現場からかなり離れた人通りの少ない地点まで車を走らせ，医者を呼んでくると欺いてXを車から降ろしたうえ，夕暮れで薄暗く雪も降っている路上に放置して立ち去ったが，Xは結果的には早期に発見されて大事に至らなかった。Aの罪責を論ぜよ。

I-1-5　遺棄罪（217条以下）

　扶助を要すべき者を保護のない状態において，その生命を危険にさらす行為である遺棄の罪に関しては，わが国では姨捨山の伝説もあるように，古来より広く各地で行われていた犯罪でありながら，これを一般に処罰するようになったのは比較的近年のことである。しかも，当初は，本罪は遺棄者の保護義務懈怠を内容とする罪であるとされていた。遺棄の罪については，保護法益のほか，とりわけ遺棄の概念について見解の対立が顕著であり，この対立は，法益論や不作為論そのものに対する理解の相違に起因している。

(1)　保護法益

　遺棄罪とは，扶助を要する者を従来の場所から生命に危険な場所に移転させるなど，保護されない状態に置くことにより，その生命・身体を危険にさらす罪である。そして，217条は単純遺棄罪を規定し，

218 条は保護責任者遺棄罪と不保護罪を規定している。

　遺棄罪の保護法益について，有力説は，218 条が「生存に必要な保護をしなかったとき」と規定していることを根拠として，また，身体に対する危険をも含むとすると本罪の成立範囲が無限定になることを理由として，生命に対する危険犯と理解しているが，判例・多数説は，219 条において結果的加重犯として遺棄致傷罪が規定されていること，法定刑が傷害罪のそれよりも低いこと，遺棄罪の構成要件が殺人罪の直後ではなく傷害罪の罪よりも後置されていることなどから，生命・身体に対する危険犯として理解している（下記大阪高判平成 27・8・6 も同趣旨である）。

(2)　遺棄罪の性質

　遺棄罪の性質として，判例・多数説は，本罪がその成立要件に「具体的危険の発生」を要求していないことから，抽象的危険犯と理解しているが，具体的危険犯と理解する有力説もある（いずれの見解によっても，本罪は危険犯であることから，遺棄した後に思い直して被害者を助けても，構成要件該当行為を行っている以上，中止犯の成立はない）。もっとも，犯罪成立要件としての危険の程度に関して，前者によれば，たとえば，産院のベッドに生まれたばかりの乳児を置き去りにする行為は，確実に救助される可能性が高いので遺棄にあたらないとされ，後者によれば，たとえば老人ホームの玄関に老人を連れ置いてそのまま立ち去る行為など，単に救助が予想されるにすぎないときには遺棄にあたるとしているところからすると，両者の相違はそれほど大きいものではない。大阪高判平成 27・8・6 裁判所ウェブサイトは，教員である A が小学校の敷地内で自らの交通事故で負傷した児童を校舎出入り口まで引きずっていって放置した事案に，具体的危険説にたちつつ，「被害者の生命・身体に直ちに具体的な危険を生じさせうるものとは認め難く，保護責任者遺棄罪にいう『遺棄』には当たらない」として，同罪

の成立を否定している。

(3) 遺棄罪の客体

遺棄罪の客体は，老年，幼年，身体障害または疾病のために扶助を必要とする者，すなわち，そのまま放置すれば生命・身体に対して危険が生じうる者である。「扶助を必要とする」とは，他人の助力がなければ，自ら日常生活を営む動作をすることが不可能な者をいう。

保護責任者遺棄罪の構成要件では，その対象は老年者・幼年者・身体障害者または病者となっているが，217 条と 218 条で客体を異なって理解する必要はないとされている。したがって，217 条には「扶助を必要とする者」とあり，218 条にはかかる要件がないが，危険犯としての遺棄罪の性質に照らせば，218 条の客体も扶助を必要とする者と解すべきである。

(4) 「遺棄」の意義

1. 問題の所在

判例・通説は，217 条の遺棄は作為に限定され，218 条にいう遺棄には作為と不作為が含まれるとしている。しかし，このような解釈によると，同一の用語を異なって理解せざるをえなくなってしまう。そこで，不真正不作為犯を一般に肯定するならば，217 条の遺棄にも不真正不作為犯が存在することを肯定して，218 条との統一を図るべきではないか，あるいは，218 条にいう遺棄も作為犯に限定することで，両罪における「遺棄」概念をパラレルに理解するなどして，217 条と 218 条の整合性を図るべきではないか，との見解が有力に主張されるようになった。

2. 「遺棄」の概念

①判例・多数説は，**遺棄**とは，場所的離隔を生じさせることにより要扶助者を保護のない状態に置くこと，**不保護**とは場所的離隔によら

ずに要扶助者を保護のない状態に置くことをいうと解している。その
うえで，遺棄を広義の遺棄と狭義の遺棄に二分して，狭義の遺棄は**移
置**（要扶助者を安全な場所から危険な場所に移転させるという作為犯）を
意味し，広義の遺棄は狭義の移置のほかに，**置き去り**（要扶助者を危険
な場所に放置したまま立ち去るという不作為犯）の形態の遺棄を含むと
理解し，217条の遺棄は狭義の遺棄を，218条の遺棄は広義の遺棄を意
味するとしている。

判例・通説の特徴は，不作為犯における作為義務と保護責任とを同
視することにあるが，この立場は，不作為による遺棄については，218
条の保護責任者遺棄罪においてのみ，すなわち行為者に保護義務のあ
る場合のみ可罰的であるとしている。たとえば，自分の庭に放置され
た病人を救助しないことは軽犯罪法1条18号の罪に該当しても，不
作為による遺棄罪は成立しないというように，そのことをもって一般
的な不救助の犯罪成立を限定する意図があったものと思われる。

最判昭和34・7・24刑集13・8・1163は，Aが，午後8時ごろ，過
失によって歩行者Xに自車を接触・転倒させ，骨折等の傷害を負わせ
たが，その後，自車でXをかなり離れた地点まで運び，降雪中の薄暗
い車道上に放置して立ち去ったという事例に，「かかる自動車操縦者
は法令により『病者ヲ保護ス可キ責任アル者』に該当する。……刑法

218 条にいう遺棄には単なる置去りをも包含すと解すべく，本件の如く，自動車の操縦者が過失に因り通行人に前示のような歩行不能の重傷を負わしめながら道路交通取締法（現在の「道路交通法」），同法施行令に定むる救護その他必要な措置を講ずることなく，被害者を自動車に乗せて事故現場を離れ，折柄降雪中の薄暗い車道上まで運び，医者を呼んで来てやる旨申欺いて被害者を自動車から下ろし，同人を同所に放置したまま自動車の操縦を継続して同所を立去つたときは，正に『病者ヲ遺棄シタルトキ』に該当する」と判示した。この判決に示されるように，遺棄の意義に関する判例の立場は，通説と同様の理解にあるといえる。このような判例・通説の見解に対しては，ⓐ 217 条と 218 条で同じく「遺棄」という用語が用いられているのに，その内容を異なって理解することは不合理であり，一般に不真正不作為犯は認められていながら，217 条にかぎってこれを否定する理由はない，また，ⓑ 218 条の保護義務と不作為による遺棄の作為義務とを同一視することはできないとの批判がなされた。

　そこで，②判例・通説と同じく，遺棄とは場所的離隔の存する場合であるとしつつも，218 条の遺棄だけでなく 217 条の遺棄にも，不作為による遺棄（置き去り）が含まれると解し，また，218 条の保護責任と不作為犯における作為義務は異なるものであると解する説が唱えられた。

　さらに，遺棄とは，217 条，218 条を通じて同一の意味，すなわち要扶助者を危険な場所に移転させる行為（移置）を指すのであり，要扶助者を危険な場所に置いたまま立ち去る行為（作為による置き去り）および要扶助者が危険な場所に行くのを放置する行為（不作為による置き去り），要扶助者が保護者に接近するのを妨げる行為（接近の遮断＝作為による置き去り）はすべて 218 条の不保護に含まれるとする第③説は，これにより遺棄の統一的な解釈が可能となるばかりか，218 条の作為と不作為の区別および遺棄と不保護の区別が明確になると説くのであ

る。

しかし，②説，③説の説明もかならずしも成功しているとはいえず，互いに批判がなされているのが現状であり，近時，判例・通説の理解を支持する見解が再び勢いを増している。その実質的な理由を推測すれば，刑法上同一の文言を目的論的に内容を異にして理解することは珍しいことではないこと，判例・通説による理解は，遺棄の一般用語例に合致し，これまでの実務において確定した判例として，いわば「生ける法」として定着しており，判断の安定性もあるということである。

(5)　主観的要件

遺棄罪の故意は，単純遺棄罪では，要扶助者をその生命に危険な場所に移転させることの認識である。保護責任者遺棄罪では，それに加えて，行為者自らが要扶助者に対する保護責任者であることの認識が必要であり，不保護罪にあっては，生存に必要な保護をしないで，要扶助者の保護状態を不良に変更することの認識が必要である。

(6)　犯罪類型

1.　遺棄罪（217条）

老年，幼年，身体障害または疾病のために扶助を必要とする者を遺棄することである。「**疾病**」には，精神的な疾患をもつ者も含まれる。

2.　保護責任者遺棄罪（218条）

老年者，幼年者，身体障害者または病者を保護する責任のある者が，これらの者を**遺棄**し，または，その生存に必要な保護をしないことである。保護責任者に対し要扶助者の保護を義務づけ，この義務に違反した者につき重い責任非難を加える趣旨で法定刑が加重されている。その意味で，保護責任は責任要素と解するのが有力説である。保護すべき義務は，法令に直接規定がある場合（前掲最決昭和34・7・24）のほか，契約・事務管理，慣習・条理（先行行為）（前掲最決昭和63・1・19,

最決平成元・12・15 刑集 43・13・879）によって生じる。もっとも，具体的事案において，保護の引受けや排他的支配を考慮して本罪の保護責任の発生の有無を決するべきであるとするのが多数説の理解である。

判例・多数説によれば，上述のように，本罪の遺棄は広義の遺棄を意味する。**不保護**とは，遺棄以外で，人の生命・身体に対する危険状態を生じさせることをいう（真正不作為犯）。前掲最決 63・1・19 は，妊婦の依頼を受けて未熟児を堕胎させた産婦人科医が，出生した未熟児を医院内に放置して死亡させたという事案に，保護責任者遺棄致死罪の成立を認めている。

〈保護義務の根拠〉
(1) **法令の規定にもとづく保護義務―具体的に保護すべき公法・私法上の義務**
　　　　　　　　　　　　　　　　例：警職法 3 条，親権者の子に対する保護義務
　　　　　　　　　　　　　　　　（民法 820 条）
(2) **契約にもとづく保護義務**　　例：看護・雇傭契約
　　　事務管理にもとづく保護義務　例：病者の引き受け
(3) **慣習・条理にもとづく保護義務**　例：先行行為にもとづく作為義務（例：胎児放置事例（前掲最決昭和 63・1・19），少女置き去り事例（前掲最決平成元・12・15），シャクティ治療事件（前掲最決平成 17・7・4））

3.　遺棄等致死傷罪（219 条）

本罪は，単純遺棄罪または保護責任者遺棄罪等の結果的加重犯であり，それらの罪を犯し，よって人を死傷させたときに成立する。傷害の罪と比較して，重い刑によって処断されることになる（→前述 20 頁参照）。

保護責任者遺棄罪において保護責任を肯定するための救命可能性については結果回避（救命）確実性までは必要でなく，履行可能性を含めた結果回避可能性で足りる。一方，保護責任者遺棄致死罪が成立するための因果関係については，判例・通説によれば，100％確実な救命可能性までは必要ではないとしても，救命されたことがほぼ間違いとい

う程度の高い可能性（合法的な疑いを超える程度の確実性。十中八九の救命可能性）が必要であるとされている（前掲最決平成元・12・15。不作為による殺人罪についても同様である）。このような考え方は，実母の暴行によって重傷を負った妻を救助しなかった事例に，保護責任者遺棄罪の成立を肯定しつつも，同致死罪の成立を否定した札幌地判平成15・11・27判タ1159・292でも確認されている。

(7)　保護責任者遺棄致死罪と不真性不作為による殺人罪との区別

　わが国では，不真性不作為による殺人罪が判例・通説によって認められているところ，理論上も，実務上も，この不真性不作為による殺人罪と保護責任者遺棄致死罪の区別は困難であるとされている。たしかに，「親が幼児に食事を与えずに餓死させたような場合」（大判大正4・2・10刑録21・90）や「死亡するまでに虐待行為が行われ」たような事例（東京地八王子支判昭和57・12・22判タ494・142）では，殺人罪の成立が認められよう。しかし，いわゆるひき逃げの事例においては，両者の線引きがしばしば問題となる。

　保護責任者遺棄致死罪と不真性不作為による殺人罪の区別に関しては，①殺意の有無によるとする見解，②客観的な危険性の有無を重視する見解，③作為義務の内容・程度によって区別する説，に分かれる。多数説である①説に対しては，両者の区別が主観的要件のみにかかってくることになり妥当でなく，未必的故意によるひき逃げの事例がすべて殺人罪となりかねないという批判が存する。行為者の行った先行行為，行為者の立場，被害者との関係などを基礎に行為者に向けられる作為義務の内容・程度によって，被害者を救助する（保護責任者遺棄致死罪とは異なる強度の）作為義務が認められ，他方で，死という結果に向かって直線的に因果の流れが設定され，殺人罪の実行行為としての具体的な危険性があり，行為者においてこれを認識している場合には，保護責任者遺棄致死罪ではなく不作為による殺人罪を肯定してよ

いと思われる。

　具体的には，単純なひき逃げではなく，危険な対応での移置を伴う
ひき逃げの事例である場合には，支配領域性（排他的支配）と作為との
等価値性が認められて，不真性不作為の殺人罪の成立が肯定されるこ
とになろう。

　前掲最判昭和34・7・24の事案は，以上のような視点からみると，
不真正不作為による殺人罪ではなく，保護責任者遺棄致死罪の成立が
肯定されるであろう。一方，東京地判昭和40・9・30下刑集7・9・1828
は，Aは，過失による自動車事故によりXに重傷を負わせたため，当
初Xを最寄りの病院へ搬送すべく，自ら自動車の助手席に乗せ出発
したが，交通事故が発覚し刑事責任を問われることをおそれ，途中で
翻意して，Xを適当な場所に遺棄しようとして，殺人の未必の故意を
もって走行したため，Xを死亡させたという事案につき，不真性不作
為による殺人罪を肯定したが，妥当な判断であると評価されている。
死亡結果発生の現実的危険性，「引受け」や「排他的支配」が認められ
るからである。

【設問4】を考えてみよう

　本問については，まず，保護義務の存否が問題となる。保護義務の
発生根拠としては，法令，契約，慣習・条理が挙げられるが，本件で
は，道路交通法の定める救護義務違反，過失による先行行為によって
保護責任が根拠づけられうる。Aには，Xをいったん自車に運び込む
という「引受け」行為があることから保護責任が認められ，また，人
通りの少ない危険な場所にXを放置しているので，218条前段にいう
「遺棄した」ことになる。殺人未遂罪と保護責任者遺棄罪のいずれの
罪が成立するかについては，客観的には，殺人罪を基礎づけるような
現実的危険性がないこと，また，Aに殺人の故意までは認められない
と思われることから，保護責任者遺棄罪が成立することになる。この

点で，前掲東京地判昭和 40・9・30 とは事情を異にすることに注意すべ
きである。

Theme 5

精神的ショックを与えることは傷害罪となるか。ウイルス感染者が介護施設に侵入し，施設内の高齢者に咳を浴びせかける行為は暴行となるか。

【設問5】

　Aは，深夜，X運転の自動車へ自車で執拗に幅寄せを行い，X車を停車させたあと，X車に対して激しく足蹴りを加えたところ，Xは恐怖心から車外に逃走しガードレールの外に飛び出したが，そこは崖であったためXは転落して死亡するに至った。Aの罪責を論ぜよ。

第2章　身体に対する罪

　本章では，刑法27章「傷害の罪」が規定する「身体に対する罪」を扱う。

　身体に対する罪の保護法益は，身体の安全である。身体は生命に次いで重要な法益であり，刑法ではこれを傷害罪（204条），傷害致死罪（205条），暴行罪（208条）において保護するほか，保護法益の重要性から過失致死傷罪（209条，210条），業務上過失致死傷罪（211条）を規定して過失による身体傷害をも処罰しており，これらの犯罪に加えて，現場助成罪（206条），同時傷害の特例（207条）の規定が置かれている。また，悪質かつ危険な自動車運転による事故が後を絶たないことから，2001（平成13）年には危険運転致死傷罪の規定が新設されたが，その後，法改正により法定刑の上限が引き上げられ，さらに，2013（平成25）年，「自動車の運転により人を死傷させる行為等の処罰に関する法律（自動車運転死傷行為処罰法）」の成立に伴い，同罪は刑法典から同法

にまとめられるにいたっている。

　なお，2004（平成16）年の刑法の一部改正で，傷害罪の法定刑の上限が，拘禁刑では10年から15年に，罰金刑では30万円から50万円に引き上げられ，また，傷害致死罪の法定刑の下限が2年から3年に引き上げられた。さらに，飲酒運転対策などを立法事実として，平成19（2007）年に**自動車運転過失致死傷罪**の規定（7年以下の拘禁刑または100万円以下の罰金）が新設されたが，その後，同罪も上記自動車運転死傷行為処罰法に移された。

I-2-1　傷害罪（204条以下）

(1)　客体，法益および行為

　傷害罪の客体は，他人の身体である。自分で自分の身体に傷害を加える自傷行為は，わが国の刑法では，自殺が処罰されない以上不可罰となる。本罪の保護法益は，人の身体の安全である。傷害罪の実行行為は傷害することであり，本罪は結果犯である。そして，後述のように，通説によれば，暴行（＝不法な有形力の行使）の故意で傷害の結果を生じさせた場合も傷害罪が成立するので，その意味では，本罪は暴行罪の結果的加重犯でもある。

(2)　傷害の意義

　傷害の意義に関しては，これを，①人の身体の完全性を害すること，②人の生理的機能を害すること（人の健康状態の不良変更），③人の生理的機能を害すること，および身体の外形（外貌）に重要な変化を加えること，とする3つの説がある。

　このうち，判例の主流であり多数説である②説は，頭髪を切除し外貌に大きな変更を加えてもそれはせいぜい暴行にあたるにすぎないとして傷害罪の成立を否定している。これに対して③説は，頭髪やひげ

を切除して，人の身体の外貌に著しい変化を生じさせる行為も傷害罪に該当すると解すべきであるとして，これを否定する②説を批判し，他方で，毛髪一本，爪の端の切断等は傷害にあたらないと解すべきであるとして①説を批判している。

女性の髪の毛を切除する行為は，判例および多数説である②説によればせいぜい暴行罪にあたるにすぎないことになるが，①，③説によれば傷害罪が成立することになる。なお，髪の毛1本の切断のような軽微な外見の変更は，暴行にあたるとして傷害罪を構成しないとするのが一般的な理解である。

判例によれば，傷害の例には，皮膚の表皮の剥離，中毒症状・めまい・嘔吐の惹起，病菌の感染などが挙げられる（東京地判昭和38・3・23判タ147・92は，女性の頭髪を根元から切除したという事案に，③説の立場から，傷害罪の成立を肯定している。身体の完全性の侵害のほか，頭髪は人体の中枢をなす頭部を外力から防護する生活機能を有していることが根拠とされている）。そのほか，後述の，医師など保護義務のある者が，義務に違反して患者に適切な治療を施さずに病気をさらに悪化させることなども，不作為による傷害となる。

(3) PTSD（心的外傷後ストレス障害）

上述のように，傷害とは，一般には人の生理的機能を害することであると理解されることから，これまで，嫌がらせ電話によって被害者を精神衰弱症（ノイローゼ）に陥らせた事例や，騒音などの嫌がらせ行為によって抑うつ状態に陥らせた事例についても，裁判例において，傷害罪の成立が肯定されてきた。では，いわゆるPTSDは傷害といいうるか，が近時新たな問題となってきている。

まず，福岡高判平成12・5・9判時1728・159は，Aが，Xに暴行を加えたところ，その結果として，Xに精神的ショックを与え，心理的ストレス状態に陥らせたという事案について，前記②説，すなわち人

の生理的機能障害説を前提に，精神的機能に障害を生ぜしめることも人の生理的機能に障害を生ぜしめる場合に含まれるとしつつ，「本件のように，ある程度のストレス状態になること（は）……それぞれの犯罪の本来の構成要件自体にそのような結果がある程度予想されていて，それがいわばその中に織り込み済みになっている」として，本件で問題となっている心理的ストレス症状は，「いわゆる犯罪の被害者としての恐怖による二次的かつ一般的なストレス状態を超えたもの」ではないから，傷害罪の成立はないとした。この判例は，結論として傷害罪の成立を否定してはいるものの，心理的ストレスの程度が高い場合には PTSD の発症を傷害とみることを肯定したものと理解することができる。

　他方，富山地判平成 13・4・19 判タ 1081・291 は，A が，約 3 年半にわたり，X の居住先等に，合計 1 万回以上，無言電話や被害者を中傷するなどの嫌がらせ電話をかけ続けたという事案に，PTSD は独立した疾患概念として認知されているほか，自律神経の機能障害が生じることが指摘されており，このような医学上承認された精神的・身体的症状を生じさせることは傷害にあたるとした。また，東京地判平成 16・4・20 判時 1877・154 も，被害者方へ 1 か月半程度の期間に約 2000 回に及ぶ無言電話等をかけ続けた結果，被害者に対し全治不明の PTSD を発症させ，これを悪化させたとして，傷害罪の成立を肯定している。さらに，最決平成 24・7・24 刑集 66・8・709 は，不法に監禁した結果，被害者に，一次的な精神的苦痛やストレスを感じたという程度にとどまらない「（PTSD の発症のような）精神的機能の障害を惹起した場合」も傷害罪に該当するとして，監禁致傷罪の成立を肯定している。

(4)　実行行為

　傷害罪の実行行為は傷害することであり，これは，有形・無形，作

為・不作為，直接・間接によるを問わない。暴行，すなわち，殴る，蹴るなど「他人の身体に対する有形力（物理力）の行使」による場合が通例であるが，そのほか，以下で示す無形的方法による場合，また，積極的な作為による場合のほか，作為義務ある者が作為義務を果たさずに傷害の結果を生じさせる不作為による場合，さらには，直接的方法による場合のほか，事情を知らない第三者を道具として使う間接正犯の形態による場合も含まれる。

　無形的方法，すなわち暴行によらない傷害による例としては，恐怖させる意思表示，騙して落とし穴へ誘導するなどの詐称誘導（被害者を利用した間接正犯），驚かすこと，催眠術などがあり，このほか投薬しないこと，幼児が階段から転落するのを止めないこと，などの不作為によって引き起こされる傷害があり，また，脅迫による精神病の惹起，嫌がらせにより精神衰弱症を発症させる場合もまた傷害に含まれる。最決平成24・1・30刑集66・1・36は，睡眠薬を摂取させて6時間にわたり意識障害および筋弛緩作用を伴う急性薬物中毒の症状を生じさせたという事案に，健康状態を不良変更させたとして傷害罪の成立を肯定している（このような場合，睡眠薬を摂取させて行う昏酔強盗や準強制性交等罪における織り込み済みの意識障害との区別が問題となる）。無形的方法による傷害にあっては，基本となる行為は暴行ではないので，結果的加重犯としての傷害罪は存在せず，常に傷害の故意が必要となる。それゆえ，傷害の結果が発生しない場合には不可罰となる。

　争いがあるのは，たとえば，性病を秘して性交すること，あるいは，欺罔により服毒させることは暴行にあたるかということである。これについては，①物理力・有形力の行使があるとして暴行にあたるとする説と，②物理力の行使は認められず，暴行にあたらないとする説に分かれる。②説によれば，性病を秘して性交しても，発病にいたらなければ，基本行為が暴行にあたらない以上不可罰であり，また，たとえば，服毒による腹痛を起こさせてその隙に財物を奪った場合には，

傷害罪と窃盗罪は成立するが，暴行を犯罪成立の要件としている強盗致傷罪は成立しないことになる。これに対して，①説は，前者では，発病しなくても，そのような性交自体が有形力の行使であり，暴行罪を認めるべきであるとし，また，後者では，服毒させることが暴行にあたる以上，強盗致傷罪の成立を肯定すべきであるとする。

　さらに争いがあるのは，（騒）音による傷害はありうるか，大音量を発生させ続ける行為が傷害罪の実行行為にあたるかという点である。最決平成17・3・29刑集59・2・54は，Aが，1年半にわたり，自宅から隣家のXに向けて，精神的ストレスによる傷害を生じさせるかもしれないことを認識しながら，連日連夜，ラジオの音声および目覚まし時計のアラーム音を大音量で鳴らし続けるなどして，Xに精神的ストレスを与え，慢性頭痛症等を生じさせたという事案について，Aの行為は暴行にはあたらないが，このような事実関係のもとでは，Aの行為は傷害罪の実行行為に該当するとした。音や光が被害者に直接に物理的影響を与えている場合には暴行といえようが，そうでない場合には，無形的方法による傷害罪の問題が生じる。判例は，生理的機能を害する手段には制限はなく，無形的方法によることも含むとし，傷害の故意があれば，傷害罪の成立を肯定できるとしたのである。

(5)　傷害の故意

　傷害罪成立の主観的要件である傷害の故意については，説が分かれている。①暴行の認識で足りるとする結果的加重犯説，②傷害の故意が必要であるとする故意犯説，そして，③無形的方法による場合にのみ傷害の故意は必要だが，それ以外では暴行の故意があればよいとする折衷説である。これらの学説を検討すると，まず，②の故意犯説については，208条は，暴行を加えて傷害の結果が生じないときには暴行罪が成立するとしているところ，この208条の文言の反対解釈からすれば，暴行の意思で暴行を加えたところ，結果として，人を傷害し

たという場合には傷害罪の適用が想定されているという文理解釈が可能となることから，理論的な難点が指摘されうる。また，故意犯説によると暴行の意思で誤って傷害の結果を生ぜしめたときには過失傷害罪とされて罰金刑の範囲にとどまることになり，暴行の意思で行為し，傷害の結果を生ぜしめなかったときには暴行罪として2年以下の拘禁刑等が科されることになるのに比して刑が軽い結果になってしまうとして，刑の権衡論の観点からも故意犯説は今日では少数説となっている。そこで，結果的加重犯説と折衷説が基本的に支持される中，暴行によらない傷害罪，たとえば無形的方法による傷害の惹起，具体的には，行為者が脅迫の意思で脅迫したところ相手が恐怖のあまり逃走しようとして誤って転倒してけがをしたような場合にあっては，故意犯処罰の原則に立ち返れば，傷害罪の成立には傷害の故意が必要であり，傷害の故意が欠ける以上は傷害罪は成立しないと理解すべきであって，そのような理由で，③説が現在の通説となっている。

(6) 傷害致死罪（205条）

205条は**傷害致死罪**を規定している。傷害致死罪は，傷害罪の結果的加重犯であり，傷害の故意で人に傷害を加え，その結果として死にいたらせたことを内容とする犯罪である。暴行によって被害者を死にいたらせた場合には，二重の結果的加重犯となる。傷害致死罪は，ⓐ暴行・傷害の結果，被害者が死にいたったこと，ⓑ死の結果について行為者に認識がないことのほか，通説によれば，ⓒ暴行行為・傷害行為と死の結果との間に法的因果関係があり，また，ⓓ死という結果を発生させたことに行為者に過失があること（死の結果に予見可能性があること）を成立要件として要求している。もっとも，判例は，おおむね，暴行・傷害と死という結果について因果関係，しかも条件関係があれば足りるとし，また，死という結果の発生には予見可能性を不要としている。そして，近時，判例においては，因果関係に関しては，いわ

ゆる危険の現実化説によって結果的加重犯の成立が肯定されている。

I-2-2 暴行罪（208 条）

(1) 暴行概念

　暴行とは，他人の身体に対する不法な有形力・物理力の行使をいう（暴行罪の特別法として，「暴力行為等処罰ニ関スル法律」がある）。保護法益は，傷害罪と同様に，人の「身体の安全」であると解されている（児童虐待防止法は，保護者からの身体的ならびに精神的な暴行・傷害，わいせつな行為への関与の強要，保護者における養育・監護の怠慢・放棄等からの児童の適切な保護を図ろうとするものである）。刑法上では，各犯罪の性質に応じて，暴行概念は 4 種類に分類されている。ⓐ最広義の暴行は，有形力が不法に行使されるすべての場合を含み，その対象は人，物，そのいずれであるかを問わない。騒乱罪等にいう暴行は，これにあたる（106 条，107 条参照）。ⓑ広義の暴行は，人に対する不法な有形力の行使をいうが，物に対する有形力でも，人に対する強度の物理的影響を与えうるもの（間接暴行）であればこれに含まれる。公務執行妨害罪の暴行はこれにあたる（95 条，98 条，223 条 1 項参照）。ⓒ**狭義の暴行**は，不法な有形力が人の身体に対して加えられた場合を指し，本罪の暴行はこれにあたる。ⓓ最狭義の暴行は，人の反抗を抑圧し，または著しく困難にする程度に強度の不法な有形力の行使をいう。強盗罪等の暴行は，これにあたる（236 条，177 条参照）。

(2) 暴行罪における「暴行」の意義

　本罪の暴行は，狭義の暴行を意味する。すなわち，人の身体に対する不法な有形力の行使をいうが，前述のように，暴行を手段とする傷害未遂は暴行であるが，暴行によらない傷害，たとえば，驚かし，侮辱，催眠術，無言・嫌がらせ電話，騒音（前掲最決平 17・3・29），詐称

誘導，精神的加害行為にあっては，傷害罪の成否のみが問題となり，傷害結果が発生していない場合，暴行罪の成否は問題とならない。病毒，光，熱，電気，臭気，音波などの，無形ではあるが物理的な作用を有するものを用いる場合については，傷害の故意がある場合にのみ可罰的であるとする説が有力であるが，反対説も有力である。たんやつばを吐きかける行為，タバコの煙を吹きかける行為は，それが物理力の行使である以上，暴行にあたると解するのが多数説である一方，物理力の行使であってもせいぜい侮辱にすぎないとする説もある。

　判例では，殴る，蹴る，手で他人の肩を押して土間に転落させる，他人の衣服をひっぱって電車に乗るのを妨げる，つばを吐きかける，食塩をふりかけるなどの行為は暴行にあたるとされている。また，人を驚かす目的で被害者の数歩手前を狙って投石する行為，人に椅子を投げつける行為，怒鳴りながら鍬を振り上げて追いかける気勢を示す行為，狭い部屋の中で，脅す目的で日本刀を突きつけ，また振り回す行為，不法に強烈な音波を用いる行為，嫌がらせのため併走中の自動車に幅寄せする行為，割り込み行為，追跡行為なども暴行に含まれるとされている。

(3)　暴行概念の限定——身体への接触の要否

　このように暴行概念は拡大されていることから，人に対する有形力の行使をすべて暴行罪にあたるとするのは要件としては広きに失するとして，暴行概念を限定する試みもなされている。たとえば，物理力が相手の身体に及んだこと，傷害を引き起こす危険があること，あるいは，身体への接触の現実的・具体的な危険があることなどを暴行の要件として概念を限定しようとしているのである。もっとも，いずれの基準も明確性と合理性の点で，いまだ決定的とはいえない状況である。

　暴行概念の限定が試みられる中，現在問題となっているのは，有形

力は身体に接触することを要するか，接触しない場合にもなお暴行罪は成立するかという点であり，以下の各見解がある。

①接触不要説（危険犯説：多数説・判例）は，暴行は人の身体に対して加えられ，身辺を脅かしうるものであれば足り，接触は不要であるとして，上述の投石，椅子の投げつけ，鍬の振り上げ，日本刀の振り回し，自動車の幅寄せなどの行為は暴行にあたると解している。しかし，この説に対しては，身体の安全を「害した」行為ばかりか，「害し得た」行為，すなわち暴行未遂をも処罰することになるとか，これでは，身体の「安全感」が保護法益となってしまう，との批判がある。

②接触必要説（結果犯説）は，暴行は結果犯であり，被害者の身体の周囲の空間への侵入行為は暴行未遂であって，暴行ではないとする。この説は，接触を要件とすることで暴行概念の拡大を阻止しようとするものである。もっとも，この説に対しては，208条との関係から考えると，暴行罪は傷害未遂罪としての性質を有し，そのかぎりで危険犯であると解さざるをえないとか，傷害の結果がたまたま生じなかった場合（投石したが命中しなかった事例）をも不処罰とせざるをえなくなる，などの批判がある。

③折衷説（主観面限定説）は，客観的に身体的接触により傷害の結果発生の可能性があり，行為者が身体的接触を意図していた（目的としていた）場合，すなわち傷害の故意がある場合には，傷害未遂として暴行罪を認め，身体的接触を意図していない場合には，脅迫罪が成立するにとどまり，結果的に傷害や致死の結果が生じたとしても過失犯が成立するにすぎないとする。この説に対しては，暴行罪はかならずしも傷害罪の未遂ではないから，傷害の故意を要求することはできないとか，身体的接触の有無により主観的要件の理解を異にすることになる，との批判がある。

暴行罪は傷害未遂罪としての性質を有しており，そのかぎりで危険犯としての性格を有していること，有形力を用いた脅迫と暴行を区別

することは事実上不可能であることから，判例は，①の接触不要説を採用している。たとえば，最決昭和39・1・28刑集18・1・31は，Aが，Xの行動をやめさせるために，Xを脅そうとして，4畳半の部屋の中で日本刀の抜き身を振り回しているうちに，力が入ってその日本刀がXの腹に突き刺さり，Xを死亡させたという事案につき，（重）過失致死罪ではなく傷害致死罪が認められるとしたが，その理由として，最高裁は，「原判決が，判示のような事情のもとに，狭い四畳半の室内で被害者を脅かすために日本刀の抜き身を数回振り廻すが如きは，とりもなおさずXに対する暴行というべきである旨判断したことは正当である」と判示した。

　また，東京高判平成16・12・1判時1920・154は，Aが，X運転の自動車へ執拗な追跡行為および幅寄せ行為を行い，また，X車を停車させた後は，X車に対して殴打，足蹴りなど激しい攻撃を加えたところ，それによって興奮，狼狽したXは隙をみて逃走し，その結果，道路から10数メートル下に転落し死亡するにいたったという事案につき，Xが乗車していた被害車両に対する殴打，足蹴り行為は，それが直接には被害車両に対する攻撃であっても，Xに対する暴行にあたるとし，また，いわゆる幅寄せ行為，追い越し・割り込み行為などを伴う執拗な追跡行為等は，被害車両に直接接触しなくても暴行にあたると判示し，そのうえで，暴行とXの死との因果関係を肯定し，Aに傷害致死罪の成立を認めている。この判例では，被告人の追跡等の行為や，その後に行われた車両に対する暴行は，いずれも身体に直接接触するものではなくとも「暴行」として認められたが，その点に判例としての意義がある。というのも，上述のように，通説は，無形的暴行による傷害罪の成立に関しては，傷害の故意が必要であると解しているところ，もし，かりに暴行が観念できないとするならば，最終的なXの死亡という結果は，暴行からではなく脅迫から生じたことになり，傷害（致死）罪の成立を肯定することは困難になるからである。

　また,大阪高判平成24・3・13判タ1387・376は,被害者を威嚇し後ずさりさせたところ,被害者が転倒し傷害を負ったという事案に,傷害罪の成立を認めているが,これも上記の判例と同様,接触不要説の立場に立つものである(なお,大阪高判昭和60・2・6高刑集38・1・50(後掲173頁)参照)。

【設問5】を考えてみよう

　本問については,通説の採る接触不要説によれば,AのX車に対する幅寄せ行為も,足蹴り行為も,Xの身体に直接接触するものでなくとも暴行にあたることになる。そして,この暴行とXの死亡との因果関係が問題となるが,介在事情の異常性が小さいこと,Aの激しい暴行がXの転落を誘発したものであることから,Aの暴行とXの死亡との間には因果関係が肯定され,Aには傷害致死罪が成立することになる。他方,接触必要説によれば,Aには,脅迫罪と(重)過失致死罪が成立するにとどまることになろう。

Theme 6

一連の暴行に加わったが，それが被害者の死亡結果につながったとは断定できなかったとしても，その結果について責任を負うか。自動車の事故は，遊覧船の事故よりもなぜ刑罰が重いのか。タオルは凶器にあたるか。

【設問 6】

① AとBは，意思の連絡なくXに石を投げつけ，Xは傷害を負ったが，いずれの行為によって傷害が生じたかは明らかにならなかった。A, Bの罪責を論ぜよ。

② CがYに石を投げつけた直後，Cの友人Dが現場に現れ，Cと意思を通じ，2人でYに投石し，Yに傷害を負わせたが，その傷害結果を発生させたのは，Cの単独での投石行為からか，CとDとの共同して行った投石からかは明らかにならなかった。C, Dの罪責を論ぜよ。

I-2-3 　現場助勢罪（206 条）

(1)　現場助勢罪の性質

　本罪は，傷害の現場で，当事者をけしかけるなど「勢いを助けた者」を，傷害罪の幇助犯よりも軽く処罰しようとするものである。

　本罪の性質については，①傷害現場であおるなどの幇助行為は群集心理にもとづく行動であるとの理由などから，これをとくに軽く処罰しようとした趣旨であると解する多数説と，②一般の傷害の幇助行為と区別される扇動的行為を独立に処罰する規定であるとする説に分かれている。①説は②説に対して，現場であおる行為は傷害罪の精神的幇助行為であるとされるべきであることを，②説は①説に対して，現場における幇助だけが軽いとはいえないことを批判の根拠としている。

判例は，現場助勢は特定の正犯者を幇助する従犯とは区別されるべきものであり，特定の正犯者を精神的に幇助した場合は傷害罪の従犯になるとして，②説に立っている。

(2) 要 件

「犯罪が行われるに当たり」とは，「傷害または傷害致死を惹起すべき暴行が行われている際に」，の意味である。「現場」とは，その暴行が行われている時および場所をいう。「勢を助ける」とは野次馬的に扇動し，はやしたてて行為者の気勢を高め，その犯罪意思を強める意味であると理解されている。

I-2-4 同時傷害の特例 (207 条)

(1) 同時傷害の特例の意義

たとえば，AとBが，殺人の共謀にもとづき，互いに意思を通じてXに発砲したところ，どちらかの弾が命中しXが死亡した場合，かりにどちらの弾が命中してXが死亡したのか因果関係が立証されなくとも，AとBには，殺人の共同正犯が成立する。これに対して，AとBが，互いに意思の連絡なく同時に発砲し，どちらの弾が命中したのかが立証できない場合には，「疑わしくは被告人の利益に」の原則（利益原則）にもとづき，AもBも殺人未遂罪の限度で処罰されることになる。このような考え方からすると，たとえば，AとBが意思の連絡なくXに向けて投石したところ，いずれかの石がXに命中し，Xに傷害を負わせたが，命中したのがどちらの石であるかが特定できない場合には，AとBに暴行罪の刑事責任のみが問われることになる。**同時傷害の特例**は，このような傷害罪の同時犯の場合に処罰の特例を定めて，共犯関係のないAとBに共犯関係を認めて，両者とも傷害罪の責めを負うとしている。

　本条の性質については，一般には，①傷害の同時犯を暴行罪，ない
し軽い傷害罪の限度で処罰するのは行為者への非難という点で軽すぎ
て妥当性を欠いており，とはいえ，いずれの行為によるものであるか
の立証は困難であることから，これを救済するために因果関係を推定
し，その点の挙証責任を被告人側に転換するとともに，共同正犯では
なくとも共同正犯とするとして，共同正犯について法律上の擬制を定
めたものであると理解されている。もっとも，そのほか，②法律上の
推定を認めたものであるとする説，また，③行為者間の意思疎通・共
同正犯関係の存在を推定する規定であり，したがって，意思疎通のな
いことを証明すれば本条の適用が除外されるとする説も有力である。

(2)　要　件

　本条の適用の要件は，ⓐ暴行が当該具体的な傷害を惹起しうるもの
であったこと，ⓑ同一機会に暴行の意思で行われたこと，ⓒ関与者に
意思の連絡がないこと，さらに，ⓓ傷害の主体，軽重についての証明
が得られないことである（最決平成 28・3・24 刑集 70・3・1 参照）。さら
に，近時，例外規定については厳格に解釈すべきであるとの視点から，
時間的・場所的密接性など，外形的に共同実行行為類似の形態でなさ
れたことを要するとされている。なお，行為者が当該傷害は自己の暴
行によるものではないことを立証できたならば，本特例の適用はない。

(3)　適用の射程

　本罪はいかなる犯罪まで適用されるかについては，争いがある。①
説は，条文に「傷害した場合」とされており，また，死という結果を
発生させた場合には，それを惹起した暴行については立証はかならず
しも困難ではないとして，傷害罪についてのみ適用されるとしている。
②説は，暴行の結果，被害者が死亡した場合，すなわち傷害致死罪に
ついても適用を肯定できるとしている（前掲最決平成 28・3・24）。③説

は，さらに広く，傷害致死罪のほか，強盗致傷，強制性交致傷にも及ぶとしている。①説が多数説であるが，致傷の結果が生じているのに行為者らに傷害罪の罪責しか問うことができないということでは被害者を保護する本罪の趣旨に反するとする②説も有力であり，判例もこの立場にたっている。

　ところで，本条の特例は傷害致死罪において死亡結果に対して罪責を負うことが明らかな者が存在するが，死因である傷害結果を発生させた暴行を行った者が不明である場合にも適用されるであろうか。学説では，本特例は，傷害の結果につき誰も責任を問われない不都合の回避のための規定であるから，誰かが死亡結果に責任を負うのであれば本特例の適用はないとする説も有力であったが，前掲最決平成28・3・24は，ⓐ各暴行が，当該傷害を生じさせうる危険性を有し，かつ，ⓑ同一の機会に行われたという関係があれば本条の適用は可能であるとの本条についての一般的な要件を示したうえで，死亡結果につき罪責を負う者の存在が明らかである事案についても207条の適用は可能であるとして，被告人全員に傷害致死罪の成立を肯定している。

　また，本条は承継的共犯の事例についても適用されるであろうか。たとえば，AがXに暴行を加えていたとき，その途中からAの友人BもAと意思を通じて加わり，互いにXに暴行を加えたところ，Xは傷害を負ったが，その傷害はBの介入の前後いずれの暴行によるものであるかが不明であったという場合，Bはどの範囲で罪責を負うのか。かりに，承継的共同正犯の場合において，後行者に傷害の刑責を問えない場合に，本特例の適用を認めれば，AもBも傷害罪の責任を負うことになるが，適用を認めない場合には，Bには暴行罪のみ成立することが考えられる。下級審判例および学説は，①承継的共犯にも本条の適用が可能であるとする説と，反対に，②本条は誰も傷害結果について責任を負わなくなるおそれのある場合の規定であり，Aに責任を負わせることが可能である以上，本条の適用を承継的共犯にまで

広げる必要はないとする説に分かれている。最判令和 2・9・30 刑集
74・6・669 は，後行者には傷害罪の承継的共同正犯は認められないと
する一般的な理解を示しつつ，そのうえで，後行者に（207 条適用の要
件が満たされるかぎり）本特例の適用があるとしている。

I-2-5　凶器準備集合罪（208 条の 2 第 1 項）・同結集罪（同 2 項）

(1)　凶器準備集合罪・同結集罪の意義

　本罪は，暴力団の抗争が激化し，多くの暴力団員が凶器を携えて集
合するという事態が社会の治安を害したことから，これを事前に検
挙・鎮圧することを目的として，1958（昭和 33）年に制定された規定で
ある。暴力団ではなくとも，本罪の要件を満たす以上，過激派集団な
ど他の集団にもその適用は認められるが，立法の沿革に照らして慎重
な解釈適用が求められてきた。

　本罪は，複数人が共同して他人の生命・身体または財産に対して害
を加える目的で，凶器を準備しまたはその準備があることを知って集
合すること，集合させることにより成立する。暴力組織の加害行為の
準備的段階である集合を未然に防止しようとするものであり，保護法
益は，個人の生命，身体，財産であるとともに公共的な社会生活の平
穏である。

　もっとも，保護法益については，個人的法益および社会的法益と解
されているが，本罪につき個人的法益（生命，身体，財産）に対する共
同加害行為の予備罪的性格を重視する見解によれば，実際に実行行為
である抗争・加害行為が開始されると，本罪はその罪に吸収され，成
立しないことになるが，本罪につき公共危険犯的性格を重視する見解
によれば，集団が存続するかぎり本罪は成立し続け，実行行為たる犯
罪とは併合罪になる。また，前者の見解によれば，本罪の性質は具体

的危険犯であり，本罪の成立には，襲撃の客観的可能性が要求される
のに対して，後者の見解によれば，抽象的危険犯であり，右可能性は
不要となり，これらの点でも，両見解の結論には差異があることにな
る。多くの無関係の一般人の生命，身体，財産に危害が及ぶことをも
防止するという立法趣旨に照らせば，後者の見解が妥当であろう。

(2)　成立要件

1.　凶器準備集合罪（208条の2第1項）

　本罪の成立要件は，2人以上の者が，共同加害の目的，すなわち人の
生命，身体または財産に対して共同して害を加える目的で凶器を準備
し，または，準備のあることを知って集合することである。加害目的
が必要であるため，「害を加える」に詐欺や窃盗，自由剥奪などは含ま
れないが，強盗や公務執行妨害については，加害目的に含まれるとす
るのが多数説である。相手の攻撃があれば迎撃するという受動的な目
的であってもよい。

　「共同して害を加える目的（共同加害目的）」とは，①2人以上の者が
一体となって共同実行の形で実現する目的をいうと解する説のほか，
②加害行為を共謀し，その一部の者に実行させる目的をいい，かなら
ずしも行為者自ら行う意思は不要であるとする説に分かれる。当該目
的は2人以上の者に存在すれば足り，集合者各人がこれを有している
ことは要しないとするのが判例・多数説である。本罪の公共危険犯的
性格を重視すれば，いずれについても，①説は要件として厳格にすぎ
ることになる。

　「凶器」の意義については，銃砲や刀剣類など，性質上の凶器に加え
て，ハンマー，包丁等の用法上の凶器も含まれる。しかし，用法上の
凶器については無制限に認められうることになり，ⓐ性質上の凶器と
同程度の殺傷力を有するとともに，ⓑ社会通念上人に脅威を与えるに
足りるものを指すと解するのが一般的な理解である。したがって，角

棒や石塊は凶器に含まれても，旗竿や手拭，ベルトなどは，含まれないことになろう。

　判例では，他人を殺傷する用具として利用する意思で準備されたダンプカーにつき，エンジンをかけていつでも発進できる状態で待機していたとしても，それだけでは本罪にいう凶器にはあたらないとされている（最判昭和 47・3・14 刑集 26・2・187）。

　2. 凶器準備結集罪（同 2 項）

　本罪の成立要件は，2 人以上の者が共同して他人の生命，身体，財産に害を加える目的で集合した場合に，自ら凶器を準備して人を集合させること，または準備があることを知って人を集合させることである。

　なお，凶器準備集合罪と凶器準備結集罪については，原則として共犯規定の適用がある。もっとも，共謀共同正犯については，肯定説（判例）と否定説に分かれている。

I-2-6　過失傷害の罪（209 条，210 条，211 条）

　過失傷害の罪には，過失傷害罪，過失致死罪，業務上過失致死傷罪，重過失致死傷罪の規定が含まれる。

(1)　過失傷害罪（209 条）・過失致死罪（210 条）

　過失傷害罪は，傷害の故意も暴行の故意も存在せず，過失によって他人を傷害した場合に，**過失致死罪**は，殺人の故意も傷害および暴行の故意も存在せず，過失によって他人を死亡させた場合に成立する。いずれも罰金刑にとどまり，過失傷害罪は親告罪である。過失の実行行為は，客観的注意義務に違反する行為，すなわち，結果予見義務と結果回避義務に違反する行為である。

(2)　業務上過失致死傷罪（211条前段）・重過失致死傷罪（211条後段）

業務上過失致死傷罪は，行為者の過失が業務上のものであることにもとづく過失傷害罪および過失致死罪の加重類型である。加重の根拠については，①行為主体が業務者であるために危険防止の要請が強度である，すなわち「高度な注意義務」が政策的に課されているためとする説（義務加重説。判例・多数説）と，②注意義務は一般人においてと同じだが，業務者は一般的・類型的に高度の注意能力を有し，認識の範囲は広くかつ確実だから「注意義務違反の程度が大きい」ためとする説（重大過失説）に分かれている。前者に対しては，注意義務に差異はないという批判，後者には，注意能力に差異はなく，能力が確実なのではなく，確実であるべきなのだという批判がある。この点については，いずれの根拠も排他的なものとみるべきではなく，それらに加えて，業務上の注意義務違反が類型的に重大な危険を伴い，また，客観的な被害法益が比較的重大であることも根拠となろう。

業務とは，「各人が，ⓐ社会生活上の地位にもとづき，ⓑ反復継続して行う行為であって，かつ，ⓒその行為は他人の生命・身体に危害を加えるおそれのあるものであることを必要とする」とされている。したがって，業務の内容は，家事，炊事，散歩など個人的に行われる生活活動では足りないが，かならずしも，収入・営利を得るための活動，すなわち職業・営業上の活動でなくてもよい。また，反復継続性が要件とされるから，一回的に行われるものでは足りないが，継続して従事する意思があればただ1回の行為でも業務上の行為となりうる。そして，本罪の業務は，とくに人の生命・身体に対する危険を含むものであることを要するので，たとえば自転車での出前中の事故は，本罪にあたらない。

重過失致死傷罪は，注意義務違反の程度が著しい場合を指し，行為者として，きわめてわずかの注意を払うことによって，結果を予見し，これを回避することができた場合をいう。判例には，相当数の通行人

の往来する道路上で，ゴルフクラブの素振りをして通行人の胸を強打して死亡させた事例（大阪地判昭和61・10・3判タ630・228），闘犬用の大型の犬を放し飼いにしていたため，犬が2名の幼女に噛みつきこれにけがをさせた事例（那覇地沖縄支判平成7・10・31判時1571・153）などがある。

❖過失犯の処罰範囲の拡大

　1947（昭和22）年の刑法の一部改正によって重過失致死傷罪が加えられ，1968（昭和43）年の改正の際には業務上過失致死傷罪・重過失致死傷罪の拘禁刑の上限が3年から5年に引き上げられ，加えて，拘禁刑が選択刑として加えられた。さらに，2001（平成13）年改正では，208条の2に危険運転致死傷罪の規定が新設され，その後，悪質な自動車運転による重大な死傷事故に対して厳しい処罰を求める世論を背景として，2006（平成18）年には業務上過失致死傷罪・重過失致死傷罪の罰金刑の上限が50万円から100万円に引き上げられ，さらには，2007（平成19）年の刑法の一部改正によって，業務上過失致死傷罪・重過失致死傷罪のなかに，自動車運転過失致死傷罪の規定が新設され，その法定刑の上限は5年から7年の拘禁刑に引き上げられた。その後，同規定は，2013（平成25）年成立の自動車運転死傷行為処罰法に過失運転致死傷罪として移され，また，208条の2の危険運転致死傷罪は，同法において15年以下の拘禁刑，同致死罪は1年以上20年以下の拘禁刑となっている。危険運転致死傷罪にあってもその加重の立法理由の妥当性がかつてより問われているが，純粋な過失犯である自動車運転過失致死傷罪にあっては，なぜに自動車運転を原因とする死傷事故にかぎって刑が加重されるのか（他の交通システムと比較して，事故回避は，運転者の個人の注意力に依存せざるをえず，それゆえとくに重い注意義務が課されているからと説明されている），比例原則に比して，あるいは，「犯罪に応じた刑罰」を求める責任主義に照らして，妥当な刑罰であるのかが問われているといえよう。

I-2-7　自動車運転死傷行為処罰法

　危険運転致死傷罪の立法趣旨は，アルコールや薬物等の影響で正常な運転ができない状態で故意に危険な運転行為を行い，それによって人を死傷するにいたらしめたときには，暴行によって人を死傷した場

合に準じて，業務上過失致死傷罪よりも厳しく処罰しようとするもの
であった（悪質・重大な交通事故の頻発と，被害者感情や一般予防の必要性
も立法趣旨に含まれている）。危険運転致死傷罪は，その後，改正を経
て，上述のとおり，2013（平成25）年に，それまで211条2項に規定
されていた自動車運転過失致死傷罪と，また，新たに規定された準危険
運転致死傷罪，過失運転致死傷アルコール等影響発覚免脱罪，無免許
運転による加重とともに自動車の運転により人を死傷させる行為の処
罰に関する法律（**自動車運転死傷行為処罰法**）に移された。なお，本法
の「自動車」には，自動二輪車や原動機付自転車も含まれる（1条参照）。

(1) 危険運転致死傷罪（2条）

1号は，酩酊危険運転である。アルコールまたは薬物（以下，「アル
コール等」という）の影響により「正常な運転が困難な状態」とは，道
路交通法上の酒酔い運転にいうところの「正常な運転ができないおそ
れのある」状態では足りず，ハンドルやブレーキ操作が困難な心身の
状態になることが必要であるが，たとえば過労とあいまってかかる状
態を引き起こしていることでもよい。そのような状態であることを認
識していることが本罪の故意である。本罪にいう薬物とは，規制薬物
のほかに睡眠薬など薬理作用があるものも含まれる。

2号は，高速度危険運転である。「進行を制御することが困難な高速
度」とは，道路の状況に応じて進行することが困難な速度をいうが，
その当否は，アイスバーン，急カーブ，狭い幅員，過積載等の車の状
況等によって判断されることになる。

3号は，未熟危険運転である。「進行を制御する技能を有しない」と
は，ハンドルやブレーキ操作など，基本的な自動車の操縦技能を有し
ていないということである。無免許であっても，かならずしも，操縦
技能が否定されるわけではない。

4号は，通行妨害危険運転である。本罪は，人または車の通行を妨

害する目的をもって行うことにより成立する目的犯である。本罪にい
う「走行中の自動車の直前に侵入し」とは 1 つの例示であり，そのほ
か，割り込み，幅寄せ，あおり，対向車線へのはみ出し行為が含まれ
ている。相手方である「車」には，自動車のほか，自転車などの軽車
両も含まれる。「重大な交通の危険を生じさせる速度」とは，相手方と
接触・衝突すれば重大な事故を生じさせることになる速度をいう。

　5 号は，赤信号無視運転である。「殊更に無視し」とは，およそ赤信
号に従う意思のない場合をいい，信号の変わり際で赤信号であること
の未必的認識しかない場合はこれに含まれない。しかし，赤色信号で
あることの確定的な認識がない場合であっても，信号の規制自体にお
よそ従うつもりがないため，その表示を意に介することなく，たとえ
赤色信号であったとしてもこれを無視する意思で進行する行為は，こ
れに含まれる。

　6 号は，通行禁止道路進行である。本罪は，自動車の通行が禁止さ
れている道路を進行したり，一方通行を逆走したりするなどし，かつ，
重大な交通の危険を生じさせる速度で自動車を運転し，人を死傷させ
る行為をいう。

　危険運転致死傷罪の特徴は，結果的加重犯である本罪の基本犯が，
道交法違反のうちでも高度に危険な故意による違反行為であることで
ある（したがって，危険運転行為が道交法に違反する場合には，その部分は
法条競合として，本罪に吸収されることになる）。判例および立案当局者
の見解によれば，結果的加重犯の加重結果については，因果関係があ
ればよく，死傷の結果を発生させたことに過失を必要としないとされ
ている。したがって，被害者が急に飛び出してきて事故が生じたなど，
本罪の危険運転と無関係に事故が発生した場合には，因果関係が欠け
ることで，本罪の適用は否定されると考えられている。また，本罪が
結果的加重犯であり，結果的加重犯には狭義の共犯の成立が可能であ
ることから，たとえば，運転者の酩酊を認識しながら助手席に同乗し

運転を黙認すれば幇助となりうる。

(2)　準危険運転致死傷罪 (3 条)

本罪は，2 条の危険運転致死傷罪には該当しないが，それに準ずる行為，すなわち，たとえばアルコール等の，または一定の病気の影響により，「正常な運転に支障が生じるおそれ」がある状態で自動車を運転し，それによって，正常な運転が困難な状態に陥って人を死傷させる行為を処罰するものである。危険運転致死傷罪と過失運転致死傷罪との中間類型であり，その行為の危険性・悪質性に照らして，後述の，過失運転致死傷罪よりも法定刑が重くなっている。「正常な運転が困難な状態」であることは実行行為と結果との間の因果経過として要求されていることから，2 条 1 号とは異なり，故意の要件ではない。

(3)　過失運転致死傷アルコール等影響発覚免脱罪 (4 条)

本罪は，アルコール等の影響により，その走行中に正常な運転に支障が生じるおそれがある状態で自動車を運転し，過失によって人を死傷させた場合に，重い処罰が科せられることをおそれ，アルコール等の影響の有無・程度が発覚することを免れる目的で，さらにアルコールを摂取する，逃走するなど，一定の行為を行うことである。2 条，3 条が成立するときには，4 条の成立はない。

(4)　過失運転致死傷罪 (5 条)

かつての刑法 211 条 2 項の自動車運転過失致死傷罪は，上述のように，現在では，自動車運転死傷行為処罰法 5 条の過失運転致死傷罪に移行している。上記刑法 211 条の 2 項の自動車運転過失致死傷罪は，当時の危険運転致死傷罪の法定刑の上限が致傷罪でも 15 年であったのに対して，業務上過失致死傷罪のそれが 5 年であり，両者の格差が大きかったため，危険運転致死傷罪に該当しないが危険な運転によっ

て死傷の結果を発生させた事例をそれまでの業務上過失致死傷罪より
も厳しく処罰することを目的として立法化されたものである。その法
定刑は，7 年以下の拘禁刑，100 万円以下の罰金となっている。

　本罪の実行行為は，自動車の各種装置を操作して運転するうえで必
要な注意義務に違反して，典型的には，ハンドル操作やブレーキ操作
を誤って事故を起こし，人を死傷させることである。自動車を停止さ
せる行為は運転にあたるが，停止した後のドアの開閉は運転にあたら
ない。

　なお，かつての業務上過失致死傷罪とは異なり，当該運転が「業務」
であることを要しない。また，5 条のただし書（「ただし，その傷害が軽
いときは，情状により，その刑を免除することができる」）は，過失運転に
よる傷害が軽微なものにとどまる場合に，情状による刑の免除を認め
るものである。

【設問6】を考えてみよう

　①については，207 条の同時傷害の特例が適用される要件である@
各暴行が当該傷害を生じさせうる危険性を有し，b同一の機会に，暴
行の意思で行われたという要件を満たすかぎり，A，B ともに傷害罪
の罪責を負う。

　②については，判例理論（前掲最決平成 28・3・24）および有力説から
すると，先行者が被害者に暴行を加え，これと同一の機会に，後行者
が途中から意思を通じて暴行に加担したが，被害者の負った傷害が共
謀成立前の先行者による暴行と共謀成立後の共同暴行のいずれから生
じたかが明らかでない場合においても本特例を適用することができる
ので，C，D ともに傷害罪の罪責を負うことになる。

Theme 7

閉じ込められたことを知らない泥酔者や嬰児に対しても監禁罪は成立するか。饅頭をみせること，出火見舞い葉書を送ることも脅迫になるか。親が子を連れ去ることも誘拐となるか。

【設問 7】

　A は，別居中の妻 X が実家で養育している長男 Y（生後 1 年 7 か月）を自己の支配下に置くため，保育園に Y を迎えにきた X の母 Z のすきをついて Y に駆け寄り，建物前の歩道から Y を抱きかかえて A の自動車に同乗させ，Z の制止を振り切り同車を発進させて Y を連れ去り，その後，逮捕されるまでの数時間，ショッピングセンターの駐車場内の自車内において，外部からの発見を困難にするため，動き回ろうとする Y を終始助手席に手で押さえつけ，自己の支配下に置いた。A の罪責を論ぜよ。

第3章　自由に対する罪

　自由とは，自らの意思に従って行動することに制限が課せられないことをいうが，その「自由」には多様なものが含まれている。刑法では，そのうち一定の自由を法益として保護し，これを侵害する行為を処罰の対象としている。すなわち，刑法 31 章「逮捕及び監禁の罪」（220 条，221 条），32 章「脅迫の罪」（222 条，223 条），33 章「略取，誘拐及び人身売買の罪」（224 条から 229 条），ならびに 12 章「住居を侵す罪」の諸規定（130 条から 132 条），そして，22 章「わいせつ，強制性交等及び重婚の罪」に規定されている犯罪のうち，強制わいせつ・強制性交等罪などの性犯罪の規定（176 条，181 条）がこれである。自由に対する侵害は，たとえば殺人罪や傷害罪，あるいは強盗罪にあっても本来

的には内包されているといえるが，刑法では，その本質として自由を侵害する，しかも一定の侵害の程度に達した行為類型のみを規定している。

　もっとも，その法益の理解の仕方は，判例・学説上一様ではなく，その相違が犯罪成立要件の理解の相違に結びついている。逮捕・監禁罪を例にとれば，結果無価値論的な違法観からすれば，あくまでも保護の対象となるのは現実的・具体的な個人的自由に限定されるのに対して，行為無価値論的な立場からは，可能的・抽象的な自由も同時に保護されることになる。したがって，自由に対する罪に関しても，まず，保護法益の内実についての理解が重要となるのである。

　なお，秘密に対する罪，名誉に対する罪，あるいは信用・業務に対する罪も自由および私生活の平穏に対する罪に分類されることもあるが，これらについては4章，5章で検討することにする。

I-3-1　逮捕および監禁の罪（220条以下）

(1)　逮捕・監禁罪の意義

　逮捕・監禁罪（220条）は，人の身体活動の自由，行動・移動の自由を拘束する犯罪である。そのうち，「**逮捕**」とは，人の身体を直接的に拘束しその行動の自由を奪うことであり，その方法は，有形（両手で拘束するなど）・無形（ピストルを突きつけてその場にとどまらせるなど），作為・不作為（拘束を解くべき義務のある者による放置など）を問わない。また，「**監禁**」とは，一定の区域から脱出することを不可能ないし著しく困難にすることであり，その方法としては，たとえば走行中の原動機付自転車から降りられなくする場合のように，かならずしも囲まれている場所に閉じ込めておくことでなくてもよく，また，有形的方法（縄で縛りつける，部屋に閉じ込めるなど）のみならず，脅迫や欺罔（出口を隠してわからなくするなど）を用いるなど，無形的方法によっても

なしうる。恐怖心や羞恥心を利用してその場から離れられなくするために，屋根に上っている人の利用するはしごを外すことや，入浴中の女性の衣服を持ちさることも，心理的拘束の程度が高ければ，監禁となると解される。なお，逮捕と監禁はいずれも継続犯である。

　220 条にいう「**不法に**」には特別な意味はないと解される。逮捕・監禁罪の違法性阻却事由としては，ⓐ法令行為（刑訴法 213 条（現行犯逮捕），民法 822 条（懲戒）），ⓑ正当防衛・緊急避難，ⓒ被害者の承諾（同意），ⓓ労働争議行為などが挙げられる。また，逮捕・監禁致死傷罪は，逮捕・監禁を基本犯とする結果的加重犯の規定であり，その成立には，基本行為と結果との間に因果関係が存することが必要である。

　なお，近時，最高裁（最判平成 17・4・14 刑集 59・3・283）は，恐喝の手段として監禁が行われた場合の罪数関係を牽連犯としていた過去の判例を変更して，併合罪であるとした。

(2)　逮捕・監禁罪の保護法益

　本罪の保護法益の理解については争いがあり，その論争の帰結は，監禁罪の成否に影響を及ぼす。

　本罪の保護法益に関しては，現実的自由説，すなわち行動の自由の侵害が現実的なものであることを要するとする説と，可能的自由説，すなわち行動の自由の侵害が現実には存在せずとも，可能的・潜在的に存在すれば足りるとする説に分かれている。まったく意識を有しない嬰児や高度の精神障害者については，いずれの見解によっても本罪の成立は否定されるが，熟睡している者がいる部屋に外から鍵をかけ，しばらくの後鍵を外したような場合，また，強制性交等の意図を隠して自宅まで送るとだまして女性を自動車に乗せて犯行現場近くまで走行する場合，前者によれば監禁罪は成立せず，後者によれば成立することになる（なお，エレベータのスイッチを切り，「只今停電中です」とだまして被害者をエレベータに閉じ込めるのは，どちらの学説からも監禁罪

が成立することになる）。

　そして，現実的自由説によれば，このほか，作業場にいた工具を脅して1時間そこから出られないように仕向けたが，そもそも，その時間は，工具が作業場において作業を行う予定の時間であった，といった事例でも監禁罪の成立を否定することになるが，可能的自由説からは，本罪の成立は肯定されることになる。

　本罪の保護法益をめぐる対立は，本罪の成立に被害者自身が監禁の事実を認識していることが必要か否かの議論に結びつく。一般には，現実的自由説によれば，現実に自由が侵害されるためには，被害者において自由が拘束されている認識が必要であるとされるのに対して，可能的自由説によれば，行動の自由を侵害する客観的な可能性があれば十分で，右認識は不要であることになるとされている。

　広島高裁昭和51・9・21判時847・106は，強姦（強制性交）の目的を秘して自宅まで送るとだまして女性を自動車に乗せて犯行現場まで連れて行ったという事案に，「監禁とは……被監禁者が行動の自由を拘束されていれば足り，自己が監禁されていることを意識する必要はない」と判示して，不要とする立場を明らかにしている。この点についての最高裁の立場はいまだ明確ではないが，「偽計による監禁」の事例では，欺罔による承諾の有効性という理論枠内で処理し，「欺罔がなければ承諾しなかったであろう」という関係がみられるかぎり，欺罔がなされた段階から本罪の成立を肯定しているように思われる。すなわち，最決昭和33・3・19刑集12・4・636は，女性を欺罔して同車させた段階から監禁罪の成立を肯定している原審の判断を維持したが，これは，欺罔によって乗車した段階から監禁罪の成立を肯定したものと解することができ，とすれば，監禁の事実の認識を不要としたものといえよう。

　現実的自由説のよってたつ，監禁の事実につき認識必要説によると，上述のとおり被監禁者が寝入っている等の場合は本罪が成立しなく

なってしまうことについては批判がある。他方，可能的自由説を採り，認識不要説にたつと，本罪の性格が侵害犯ではなく危険犯となってしまい，本来処罰規定のない本罪の未遂犯を処罰することになりかねないという批判がある。しかし，自らの意思に従って行動することができない状態が客観的に存していたのであるから，行動の自由の侵害は存していたと解するべきである。

　本罪の客体となりうる者は意思能力・行為能力を有する者にかぎられるか。この点につき判断した最高裁判例はないが，京都地判昭和45・10・12判時614・104〔幼児監禁事件〕は，Ａは，強盗に失敗し，警察官に取り囲まれたことから，被害者宅に残っていた生後1年7か月の幼児Ｘを2階に連れて行き，歩き回るＸを押さえて同部屋の片隅に留め置くようにするなどして，数時間の間その脱出を不可能にしたという事案につき，監禁罪の保護法益とされている行動の自由は，任意に行動しうる自然人においてのみ存在するものであり，生後間もない嬰児のように全然任意的な行動をなしえない者は監禁罪の客体となりえないが，「それが自然的，事実的意味において任意に行動しうる者である以上……幼児のような意思能力を欠如している者である場合も，なお，監禁罪の保護に値すべき客体となりうる」と判示して，幼児であっても自分で移動ができる以上，本罪の客体にあたると判示した。それに続いて，拘束についての認識に関しては，上記不要説の立場を明らかにしている。

　人を逮捕し，引き続いて監禁した場合には，典型的な（狭義の）包括一罪となる。

(3)　逮捕・監禁致死傷罪（221条）

　本罪は，逮捕・監禁によって被害者を死傷させた場合に成立する，結果的加重犯である。逮捕・監禁の未遂は不可罰であるから，基本犯である逮捕・監禁は既遂に達していることが必要である。逮捕・監禁

の手段たる暴行・脅迫から致死傷の結果が生じた場合のほか，被害者が監禁状態から離脱しようとして死傷の結果が生じた場合にも本罪の成立が認められる。

I-3-2　　**脅迫の罪（222条以下）**

脅迫罪（222条）と強要罪（223条）の保護法益については，前者では個人の意思決定の自由であり，後者では個人の意思決定の自由および身体活動の自由であると解するのが多数説である。なお，脅迫罪の保護法益については，私生活の平穏であるとする説も有力になりつつあるが，本説によると「警告」も脅迫にあたることになるとの批判がある。なお，脅迫罪は実害の発生を必要としない危険犯である。

(1)　脅迫罪の意義

脅迫罪とは，相手方またはその親族（内縁の妻・夫は含まれない）の生命・身体・自由・名誉または財産に対して害を加えるべきことをもって人を脅迫することを内容とする犯罪である。貞操については，害悪を告知される対象たる法益には入っていないが，性的自由のうちに含まれると解されている。

「**脅迫**」とは，畏怖させる（恐怖心を起こさせる）ために，害悪を通知することをいう。したがって，多数説は，法人に対しては脅迫罪は成立しないとしている。害悪の内容は犯罪となるものでなくとも，違法なものでなくともよい（暴行と同様に，脅迫にも，本罪におけるような狭義の脅迫のほか，公務執行妨害罪における広義の脅迫，強盗罪におけるような最狭義の脅迫が認められている）。もっとも，正当な権利の行使として行われるかぎりにおいては，脅迫罪の違法性は阻却されることになる。また，判例・通説によれば，脅迫とは，一般人を畏怖させるに足りる程度の害悪の告知でなければならないが，そのような告知が相手

方に到達すれば, 実際に相手方がこれによって恐怖心を抱かなかったとしても, 本罪の成立は妨げられない。この意味で本罪は抽象的危険犯であり, この点で, 侵害犯である強要罪と異なる。

脅迫と「警告」, そして「嫌がらせ」, 「悪戯」とは区別されなければならない。脅迫は, 直接に行為者によって, または, 間接的に, たとえば自分の影響下にある手下によって加えられるものとして害悪が告知されることを要する。したがって, 「天罰が下る」などと告げるように, 天変地異や吉凶禍福, 因果応報など行為者の影響力の範囲外にある害悪の告知は警告であり, 犯罪とはならない。また, 嫌がらせや悪戯程度の害悪の告知も, 軽犯罪法 (1 条 24 号, 31 号参照) に該当することはあっても, 刑法上の犯罪を構成することはない。

なお, 村八分 (共同絶交) については, 名誉毀損罪や侮辱に該当することはあっても, 脅迫にはあたらないとするのが有力説である。しかし, 判例・通説は, 名誉に対する害悪の告知であると理解している。

(2) 脅迫罪の性質

上述のように, 脅迫の内容をなす害悪は, 一般に人を畏怖させるに足りる程度のものでなければならないが, その判断には種々の問題がある。

まず, 人を畏怖させるに足りる害悪の告知といえるかについては, 相手方の事情や行為当時の具体的状況, 四囲の客観的状況に照らして判断されなければならない。最判昭和 35・3・18 刑集 14・4・416〔『出火御見舞』事件〕は, 町村の合併問題をめぐり村内の甲派と乙派が対立している中で, 甲派に属する A は, 乙派の中心人物らに「出火御見舞申上げます, 火の用心に御注意」と記載した葉書を発送し, これを相手に受領させたという事案につき, 「二つの派の抗争が熾烈になっている時期に, 一方の派の中心人物宅に, 現実に出火もないのに……『出火御見舞申上げます, 火の用心に御注意』という趣旨の文面の葉書が

舞込めば，火をつけられるのではないかと畏怖するのが通常であるから，右は一般に人を畏怖させるに足る性質のものである」と判示した。害悪の告知が脅迫にあたるか否かについては，告知される内容それ自体のほか，その告知される具体的状況をも勘案すべきであるとしたものである。

　また，一般的には恐怖を感じない程度の害悪の内容であったが，相手方がとくに小心者や臆病者であって特殊な心理状態において恐怖心を生じるといった場合，行為者がこれを知りつつ告知したときに脅迫にあたるかが問題となる。たとえば，A は，隣家の年老いた X 女が犬を病的に怖がることを知っていて，そのような X であればこそ異常な恐怖心を抱くであろうと考え，「今度飼うことになった小型のダックスフントが万一にもお宅に侵入しないようにするために塀を設けるので，その資金を出してほしい。さもないと，ときとしてお宅の家の中にも入って悪さをすることになろう」と申し向けたとしよう。この場合，客観的には脅迫にあたらないと思われる害悪の告知であるが，そうであっても，行為者が相手方の特性を知って告知している以上，相手方との関係では脅迫罪が成立するとするのが多数説である。脅迫罪は一般人が畏怖するような行為を禁圧するものであり，客観的に脅迫行為が存在しない以上，脅迫罪は成立しないとする説も有力であるが，脅迫罪の保護法益に照らせば，その成否を「相手方の事情」に照らして判断すべきであり，多数説が妥当ということになろう。なお，行為者自身が相手方のこのような性質を知っていなければ本罪が成立しないことは，いうまでもない。

(3)　強要罪の意義

　強要罪とは，相手方の生命，身体，自由，名誉，財産に対して害を加えることをもって脅迫し，もしくは暴行を用いて，または，相手方の親族に対して脅迫を用いて（223 条 2 項においては,「暴行を用いて」は手

段として規定されていないことに留意すべきである），一定の作為・不作為を強要すること，すなわち，人をして義務なきことを行わせ，またはその権利の行使を妨害することを内容とする犯罪である。強要罪の保護法益は，個人の意思決定の自由および身体活動の自由であると解されており，脅迫罪と異なりその性質は侵害犯であり，未遂も処罰される（223条3項）。本罪は侵害犯であるから，その成立には，暴行・脅迫と相手方の作為・不作為との間に因果関係が必要であり，相手方が任意に行う場合など，因果関係が欠ければ本罪の未遂犯となる。法人は本罪の客体とはなりえないとするのが多数説であるが，法人もその機関や代表者を通じて意思決定および行動することができることから，客体となりうるとする肯定説が今日では有力である。ある食品企業に恨みをもつ者が，同社の製品に異物を混入すると脅して，ある製品の販売を中止させるような事例では，本罪の成立が肯定されよう。財産や名誉への加害の告知がなされ，法人自体の意思決定の自由が侵害されたとみることができるからである。

　なお，暴行・脅迫の相手方と，義務のないことを行わされる者とは，かならずしも同一人であることを要しないとするのが一般的な理解である。Ⅹに対するリンチを止めさせる代償としてⅤから情報を聞き出すといった，いわゆる「第三者強要」の例が考えられる。なお，人質による強要行為等の処罰に関する法律は，第三者強要行為を処罰するために強要罪の構成要件を拡張し，加重する類型を規定するものである。

　「義務のないことを行わせる」とは，正当な理由なく謝罪文を書かせるなど，行為者に権利・権能がなく，また，相手に義務がないのに，作為・不作為または受忍を余儀なくさせることをいう。また，「権利の行使を妨害する」とは，告訴権者の告訴を取り下げさせるなど，被害者が法律上許されている作為・不作為を妨害することをいう。なお，権利・義務は法的なものでなくてもよいかについては争いがあり，た

とえば謝罪することが法的な義務ではないが倫理的な義務である場合について，法的なものでなくともよいとする説によれば，謝罪は倫理的義務があることから本罪はかならずしも成立しないが，法律上のものでなければならないとする説によれば，法的義務のないことを強制していることから本罪は成立することになる。倫理的には義務とされるものであっても，意思活動にもとづく行動が暴行・脅迫によって制約（強制）されるのであり，脅迫罪で捕捉できない場合もあろうから，後者の立場が妥当であろう。

なお，強要罪と職権濫用罪との構成要件は類似していることから，後者の性質も前者と同様に解すべきかが問題となる。

I-3-3　略取・誘拐（拐取）の罪（224 条以下）

(1)　拐取罪の意義

224 条以下は，**拐取罪**を規定している。「**拐取**」とは，「**略取・誘拐**」のことであり，いずれも他人を不法に，その保護されている生活環境から引き離し，行為者自身または第三者の実力的支配内に移す行為をいう。そのうち，「**略取**」とは，暴行・脅迫を手段とするものであり，「**誘拐**」とは，欺罔・誘惑を手段とするものをいう。欺罔とは，虚偽の事実を告知して相手方を錯誤に陥れること，誘惑とは，甘い言葉によってその判断を誤らせることをいう。略取・誘拐には，かならずしも被拐取者の場所的移転を必要としない。

❖**人身売買に対する対策**

　　とくに女性や児童の売買・取引を防止，抑止することを目指し，国連で採択され，2003（平成 15）年に発効した「人身取引議定書」に沿う形で，2005（平成 17）年の「刑法等の一部改正」によって，後述の人身売買の罪が新設された。このほか 33 章の章名に「人身売買の罪」が加わり，226 条 1 項が「国外移送目的」から「所在国外移送目的」に改正され，保護の範囲が拡大された。同時に，未成年者略取・誘拐の法定刑も引き上げられている。警察や民間の取り組み

に加えて，このような法改正により，人身売買に対するわが国の対応についての国際的な評価は改善したが，それでもいまだ十分な評価を得ていないのが実情である。

(2) 拐取罪の保護法益

略取・誘拐罪の保護法益については，これを①被拐取者の自由と解しつつ，被拐取者が未成年者・精神病者である場合には，監護権ないし事実上の保護関係も保護法益に含まれるというのが判例・多数説の理解である。これに対して，本罪の保護法益を，②被拐取者の自由のみとする説，③親権者などの保護・監護権と理解する説もある。②説では，嬰児誘拐などの未成年者拐取罪について，③説では，成人に対する拐取罪について説明に困難が生じうることから，①説が多数説とされてきた。ただ，①説には，監護者が本罪の主体となりえないこととなり，妥当でないとの，また，たとえば18歳の女性である被拐取者において，その承諾があっても本罪が成立することへの批判があり（被拐取者が18歳程度に達している場合であれば，その承諾の有効性を理由に，本罪の成立を否定することも可能であるといわれている），そこで，現在では，④被拐取者の自由と安全と解する説が有力となっており，「安全」を保護法益とすることで②説に対する上記批判も回避できるとされている。もっとも，①説において，監護権の濫用とみられるかぎり，監護者も行為主体となりうるとされ，また，被拐取者の自由には身体の安全も含まれると解することで，監護権者の承諾があっても本罪の成立が認められうると解され（したがって，被虐待児を監護者である親の意思に反してそのもとから引き離したという場合には，本罪の違法性は阻却されることになる），実質的に学説の対立は相対化してきている。とはいえ，監護権については補充的にせよ独自の法益とすべきといえよう。

監護者の意思に反して未成年者を拐取する行為は，たとえ未成年者の承諾があっても，その承諾は当該行為の違法性を阻却しないとした

福岡高判昭和31・4・14高刑裁特3・8・409は，①説の立場に立脚し，監護権者も告訴権をもつと判示していた。また，一方，最決平成17・12・6刑集59・10・1901は，別居中の妻の監護下にある2歳の子を共同親権者である夫が有形力を行使して連れ去った事案につき，監護養育上それが必要とされる特段の事情がないかぎり本罪が成立するとしている。親権者も未成年者拐取罪の主体になりうること，親権者の略取行為といえども違法性は阻却されないことを明らかにしたものであるが（本件では，夫の行為には子の監護上必要とされるような事情はなく，その粗暴な行為態様からしても，また，略取後の監護養育についても確実な見通しがあったわけではないので，社会通念上許容されるものではないとしている），この決定要旨には，子が親権者である「母親……に監護養育されて平穏に生活していた」旨の指摘があることからすれば，本決定は，明示的ではないにせよ，①説または④説の立場に親和的であると解しうる（同趣旨の判例として，別居中の共同親権者の1人が他の親権者の監護下から2歳の幼児を外国に連れ去ろうとする行為は本罪に該当し，違法性も阻却されないとしたものとして，最決平成15・3・18刑集57・3・371がある）。同決定および前掲最決平成15・3・18は，親権者であっても，他の親権者が監護養育している子を略取した場合には略取行為の構成要件該当性はあり，本罪の成立にかかっては，その後は違法性阻却の問題であると解している点が重要である。

(3)　犯罪類型

1.　未成年者拐取罪（224条）

　本罪の客体は「**未成年者**」であり，ここではこれまで改正前の民法753条の適用は否定されてきた（2022（令和4）年施行民法4条は，年齢18歳をもって成年とする，と定める）。本罪の主体に特段の制限はない。行為は，略取・誘拐である。本罪は，営利目的誘拐罪，身の代金目的拐取罪，所在国外移送拐取罪等が成立した場合，それらの罪に吸収さ

れる。本罪の未遂は処罰される（228条）。

2. 営利目的拐取罪（225条）

本罪の客体, 主体に制限はない。本罪は, その成立に, 営利, わいせつ, 結婚, または生命もしくは身体に対する加害の目的が必要とされる目的犯（主観的違法要素）である。「**営利の目的**」とは, 自ら財産上の利益を得, または第三者に得させる目的であり, 「**わいせつの目的**」とは, 被拐取者をわいせつ行為の主体または客体にしてその性的自由を侵害する目的をいい, 「**結婚の目的**」とは, 被拐取者を自己または第三者と結婚（事実上の婚姻を含む）させる目的をいい, 「**生命若しくは身体に対する加害の目的**」とは, 自己または第三者が被拐取者に対して, 殺害・傷害・暴行を加える目的をいう。なお, 本罪の既遂の成立に, その目的が成就したかどうかは関わらない。本罪の未遂は処罰される。

3. 身の代金目的拐取罪（225条の2第1項）

本罪の客体, 主体に制限はない。本罪は, 後述のように, その成立に, 「近親者その他略取され又は誘拐された者の安否を憂慮する者の憂慮に乗じてその財物を交付させる目的」を必要とする目的犯である。行為に際して, 「乗じ」る目的, すなわち憂慮している状態を利用して交付させるという目的があれば, 憂慮する者が実際には存在しなかったとしても本罪は成立する。本罪の実行の着手は, 手段である暴行・脅迫, 欺罔・誘惑が開始されたときであり, 被害者を行為者または第三者の実力的支配内に移したときに既遂となる。本罪の未遂, 予備は処罰される（228条の3）。

本罪は, 身の代金等の財物要求の相手を近親者その他被拐取者の「**安否を憂慮する者**」に限定している。しかし, 「その他」の範囲に関する解釈には争いがあり, ①説は, 親子, 夫婦, 兄弟など近親関係や里子と里親, 住み込み店員と店主など近親に類似した関係にあることと解し, ②説は, 親族にかぎらず知人その他であっても被拐取者の安否を憂慮する者はすべて含まれるとする。立法関与者の立場は①説に近く, 近

親者に準ずるような密接な人的関係にある者をいうとしており，かつての判例も，このような理解にたっていた。そのようななか，最決昭和62・3・24刑集41・2・173〔相互銀行社長略取事件〕は，相互銀行社長を略取して，同銀行の専務ら幹部に身の代金3億円を要求したという事案に，「刑法225条の2にいう『近親其他被拐取者の安否を憂慮する者』には……被拐取者の近親でなくとも，被拐取者の安否を親身になって憂慮するのが社会通念上当然とみられる特別な関係にある者はこれに含まれるものと解するのが相当である。本件のように，相互銀行の代表取締役社長が拐取された場合における同銀行幹部らは」これにあたる，とした。この決定は，「その他」の範囲はこれを近親者に準ずるという従来の立場から踏み出した判断であると解されている。その後，下級審では，被拐取者が銀行の頭取，大学の学長である事件について，それぞれ，当該銀行の行員，当該大学の事務局長は被拐取者の「安否を憂慮する者」に含まれるとして，本罪の成立を肯定している。

4. 身の代金要求罪（225条の2後段，227条4項後段）

本罪のうち，まず，拐取者身の代金要求罪の主体は，人を略取または誘拐した者である（身分犯）。多数説は共犯者を含まないとするが，含むとする説も有力である。行為は，「**安否を憂慮する者**」の憂慮に乗じて，その「**財物を交付**」させ，またはこれを「**要求する行為**」である。交付の対象に財物以外の財産上の利益は含まれないが，犯人の指定する銀行口座に現金を振込送金させる場合は，本罪にあたるとするのが有力説である。「**要求する行為をする**」とは，財物の交付を求める意思表示をすることをいう。相手に達することを要しない。したがって，要求の意思表示があれば本罪は既遂に達する。もっとも，225条の2第1項と異なり，実際に憂慮する者が存在し，その「憂慮に乗じて」なされること，および財物の交付がその憂慮にもとづくことが必要である。

　つぎに，被拐取者収受者身の代金要求罪は，被拐取者を収受した者（身分犯）が，被拐取者の安否を憂慮する者の憂慮に乗じて身の代金を交付させ，または，要求する行為を227条4項前段の身の代金目的被拐取者引渡し罪と同様に処罰するものである。

　5．解放による刑の減軽（228条の2）

　身の代金目的拐取罪，被拐取者収受者身の代金要求罪等には，解放減軽の規定がある。被拐取者の生命・身体に対する侵害を未然に防止する政策的規定であり，その意味では，228条の3の自首の規定も同様である。そこにいう「安全な場所」とは，被拐取者の生命・身体に具体的な危険がなく，容易に発見，救出されうる場所をいう。

　6．所在国外移送目的拐取罪（226条），人身売買罪（226条の2）

　刑法33章には，上記の犯罪のほか，所在国外移送目的拐取罪（前掲最決平成15・3・18参照），人身売買罪が規定されており，人身売買罪には，人身買受け罪（226条の2第1項），未成年者買受け罪（同2項），営利目的等買受け罪（同3項），人身売渡し罪（同4項），所在国外移送目的人身売買罪（同5項），また，被略取者等所在国外移送罪（226条の3），被略取者引渡し等罪（227条1項ないし4項前段）がある。

　7．親告罪（229条）

　本条は，被拐取者の名誉を保護するという観点から，未成年者拐取罪および同罪を幇助する目的による被拐取者収受罪，ならびにこれらの罪の未遂を親告罪としたものである。それまで同じく親告罪とされていた，わいせつ・結婚目的の拐取罪および同罪を幇助する目的による被拐取者収受罪については，2017（平成29）年改正における強姦罪等の性犯罪の非親告罪化に伴い，親告罪から外された。

【設問7】を考えてみよう

　本問については，まず，未成年者略取罪の成否が問題となる。論点は，同罪の行為主体に親権者が含まれるかという点と，含まれるとし

て，親権者による略取行為の場合の違法性阻却の肯否の如何という点にある。判例（前掲最決平成 17・12・6）は，前者の点につき親権者も含まれると解し同罪の構成要件該当性を肯定したうえで，同罪の成否の判断において重要なのは，具体的事実関係のもとで，子を略取する行為が正当な親権の行使として正当化されるか，正当化されなくとも，社会通念上許容されるかにあるとしている。本問において，A の行為には Y の監護養育上必要とされるような事情はなく，その粗暴な行為態様からしても社会通念上許容されるものではないことから，A には未成年者略取罪が成立することになる。つぎに，数時間にわたり Y を車内から出られないようにしている行為の評価が問われる。判例（前掲京都地判昭和 45・10・12）によれば，行動能力が備わっていれば，たとえ意思能力を欠いていても監禁罪の客体となりうるのであるから，A には監禁罪も成立することになる。未成年者略取罪の手段として監禁罪が行われた場合，両者は観念的競合の関係にたつと理解すべきである。

Theme 8

復讐の目的からであるなら，強制わいせつにはならないか。不倫目的で，住人の承諾を得て住居に立ち入ることは犯罪にあたるか。

【設問 8】

① 以下の場合における罪責を論ぜよ。

　ⓐ復讐目的で着衣を脱がせた場合

　ⓑ夫が妻の意思に反して性行為に及んだ場合

　ⓒ万引き目的でデパートに侵入した場合

　ⓓ不倫目的で夫婦の一方の承諾を得て，その住居に立ち入った場合

② 郵便局員Ａら8名は，共謀のうえ，春闘の一環として，午後9時半ごろ，Ｘ郵便局の通用門から，宿直員の黙認のもとに，土足のまま局舎内に立ち入り，局舎の書庫，ロッカー，ガラス窓等にビラ約1000枚を糊で貼付した。Ａらの罪責を論ぜよ。

I-3-4　性的自由に対する罪（176条以下）

(1)　性的自由に対する罪の意義

性的自由に対する罪は，個人の性的自由，すなわち**性的自己決定権**を侵害する犯罪であり，強制わいせつ罪（176条），強制性交等罪（177条），準強制わいせつおよび準強制性交等罪（178条），監護者わいせつ罪・監護者性交等罪（179条），これらの罪の未遂罪（180条），強制わいせつ等致死傷罪（181条）がこれにあたる。刑法は，これらの罪を22章「わいせつ，強制性交等及び重婚の罪」において規定し，健全な性風俗を害する罪として社会的法益に対する罪に位置づけている。しかし，強制わいせつ罪は人の性的な差恥心を侵害することをも含む性的自由の

侵害であり，強制性交等罪は自己の自由意思にもとづいて性交する自由を侵害し不法な性交を強いるものであるとの観点から，これらの罪は，いずれもその人としての人格あるいは尊厳を否定する点で，むしろ被害者の性的自由の侵害を本質とする個人的法益侵害の罪であると解されており（通説），近時の立法例もこのような理解にたっている。

　なお，13 歳未満の者のなす承諾は，強制わいせつ罪，強制性交等罪の成立に影響しないとされている。このような承諾は，承諾の意味とその効果を十分に理解した者の有効な承諾であるとはみなされないためであり，13 歳未満の者の利益を第一とするパターナリズムの視点から承諾の有無を問わず犯罪の成立を肯定する旨を示してこれらの者を保護しているといえよう。

❖性犯罪からの児童・青少年の保護

　　わが国では，刑法典による以外にも，児童福祉法 34 条 1 項 6 号（児童に淫行をさせる行為），各地方自治体の青少年保護育成条例，1999（平成 11）年に新設された児童買春処罰法，2014（平成 26）年に同法を改正した「児童買春，児童ポルノ禁止法」によって，児童を性犯罪等から保護している。

　これまでも，性犯罪規定については，集団強姦罪などの犯罪類型の新設や法定刑の引上げなどの改正がなされてきたが，2017（平成 29）年改正において強姦罪という名称が強制性交等罪に変更されるとともに，①強姦罪の客体に男性も含まれるとするなど，その構成要件の見直しおよび法定刑の引上げ，②強姦・強制わいせつ・準強姦・準強制わいせつ罪の非親告罪化，③監護者わいせつ罪および監護者性交等罪の新設がなされ，また，④強盗強姦罪の構成要件の見直しがなされた。性犯罪は人の尊厳を否定する重大犯罪であり，処罰の必要性も高いものの，一方で，刑事裁判の場では被害者のプライバシーが侵害されうることも事実である。これらを考慮して，これまでは，性犯罪を一部を除き親告罪とすることで両者の調和を図ろうとしてきたが，親告罪とされているがゆえに被害者に種々の負担がかかることも指摘されて

きた。今回の改正によって，処罰の必要性が前面に押し出されること
となったが，新たな制度においては，これまで以上に，どのようにし
て被害者個人の保護を図り，そのプライバシー侵害を防止するかが問
われているといえるであろう。

❖性犯罪に関する刑法改正の動き

2017 (平成29) 年7月施行の上記改正法の附則に掲げられた「3年後の検討」
規定を踏まえ，性犯罪に関わる刑法改正が検討されている。「性犯罪の処罰規
定の本質は同意のない性行為にある」との基本的認識にたち，「被害者の反抗
を著しく困難にする程度」の暴行・脅迫の程度という要件に換えて被害者の
不同意のみを要件とする性交罪の新設の可否，強制性交等罪と準強制性交等
罪が成立する要件に「威迫」を用いたり「睡眠」や「酩酊 (めいてい)」につけ
込んだりする行為を追加することの可否，上司や教師などの地位や関係性を
利用した犯罪類型の新設，性犯罪は被害の認識や申告に時間がかかることに
鑑み公訴時効の成立を遅らせること，「暴行・脅迫」がなくとも強制性交罪が
成立する年齢，すなわち性的同意年齢を13歳未満から引き上げること，など
である。

(2)　犯罪類型

1.　強制わいせつ罪 (176条)

本罪は，13歳未満の男女に対しては，単にわいせつな行為を行うこ
とにより成立し，13歳以上の男女に対しては暴行・脅迫を手段として
わいせつの行為を行うことにより成立する。

「わいせつの行為」とは性的羞恥心を害する行為を含む性的自由を侵
害する行為をいい，そこには相手の意思に反してキスするような行為
も含まれる。この点で公然わいせつ罪などにいう「わいせつ」概念と
は区別されるべきである (通説)。

本罪の成立要件である暴行は，強制性交等罪におけるとは異なり，
その「大小強弱はかならずしも問わない」(大判大正13・10・22刑集3・
749)。また被害者の隙をみてその胸に触れるなど，暴行自体がわいせ
つ行為であっても本罪は成立する。

本罪は性的自由に対する罪であることから，主観的要件としては，

行為者においてわいせつな行為であることを認識し，それを行うという故意があれば，そのほかに，行為者の性欲を刺激，興奮，または満足させる意図（性的意図。内心傾向）は必要ではないとする説が多数説である。というのも，行為者の主観的事情によって被害者の性的自己決定権の侵害，羞恥感情の侵害の存否が左右されることはないからである。最判昭和45・1・29刑集24・1・1〔復讐目的わいせつ事件〕では，復讐等の目的から女性を裸にして写真撮影した行為につき，本罪の成立にはわいせつ目的を要するとする立場から本罪の成立を否定したが，その後の裁判例では，上記多数説の立場にたったものも見受けられた（東京地判昭和62・9・16判時1294・143）。そして，最判平成29・11・29刑集71・9・467は，7歳の被害女児にわいせつな行為をしたが，その目的は第三者に画像データを送信することにあったという事案において，176条にいう「わいせつな行為」にあたるか否かの判断を行うための個別具体的な事情の一つとして「行為者の目的等の主観的事情を判断要素として考慮すべき場合はあり得るが」，行為者の性的意図は強制わいせつ罪の成立要件ではないとして，性的意図不要説の立場に判例変更をなした。本罪の性質に照らして，客観的に性的自由（自己決定権）を侵害する行為があり，行為者にその故意があれば，犯罪の成立にとって十分であると解すべきである。

　なお，被害者が13歳未満の場合に，行為者においてその事実を認識していなければ，錯誤により本条後段の故意は阻却される。

　2．強制性交等罪（177条）

　本罪は，13歳未満の者に対しては，単に性交，肛門性交または口腔性交することにより成立し，13歳以上の者については，暴行・脅迫を手段とした場合にかぎり成立する。13歳未満の者の承諾は犯罪の成否に影響しない。

　手段としての暴行・脅迫は，相手方の反抗を著しく困難にする程度のものであることを要するとされているが，学説には，強盗罪におけ

ると同様，被害者の反抗を抑圧する程度のものを必要とする見解や，反対にその大小・強弱を問わないとする立場もある。判例・通説は，一方ではいわゆる「和姦」と区別するため，他方では強盗罪と比較しての被害法益の重大性に照らして（強盗罪にはその補充規定として恐喝罪がある），被害者の抗拒を著しく困難にする程度のものでなければならず，かつそれで足りるとしている（最決昭和24・5・10刑集3・6・711）。刑事裁判においては，ときには，被害者が可能なかぎり抵抗したことを被害者側において明らかにする必要があり，これは被害者の心理に過酷な負担となるとされており，このような負担を軽減させるという訴訟法的な理由からも，反抗を抑圧する程度の暴行・脅迫までは必要ではないと解すべきであろう。

　従来，強姦罪の客体は女性に限定されていたが，強制性交等罪では，主体・客体のいずれに関しても，性別を問わないとされている。また，強姦罪では，男性器を女性器に挿入することのみを処罰の対象としていたが，強制性交等罪では，性交，すなわち男性器を女性器に挿入する，挿入させることのほかに，肛門性交，口腔性交も処罰の対象に含まれている。

　本罪は，継続的な性的関係を前提とする夫婦間においても成立すると解されている。判例は，虐待する夫のもとから実家に逃げ帰っていた妻をその夫が第三者と共同して姦淫した事例（広島高松江支判昭和62・6・18高刑集40・1・71），また，家事調停により別居していた法律上の妻に対して，夫が脅迫を用いて性交した事案（東京高判平成19・9・26判タ1268・345）において，（旧）強姦罪の成立を肯定している。もっとも現在では，婚姻関係の破綻を要件とすべきではなく，暴行・脅迫を手段とすれば夫婦間でも強制性交等罪は成立すると理解されている。夫婦間の性交における相手の求めに応じて性交する義務や包括的合意の存在は現在では否定されているといえよう。

　被害者が13歳未満の場合には，その事実を認識していなければな

らない。

　実行の着手時期は，手段としての暴行・脅迫が開始された時点であり，判例では，他所に連れて行き強姦（強制性交）しようとして女性をダンプカーの運転席に引きずり込もうとした段階で着手が認められている（最決昭和 45・7・28 刑集 24・7・585）。

　強制性交等罪の故意で準強制性交等罪を行った場合には，強制性交等罪の実行行為があり，性的自由侵害結果があるのであるから，反対説も有力ではあるが，強制性交等未遂罪と準強制性交等罪との観念的競合が成立すると解すべきであろう。

　3.　準強制わいせつ罪・準強制性交等罪（178 条）

　本罪は，抵抗できない被害者の状態を利用して行われるわいせつ行為・強制性交等を，強制わいせつ罪・強制性交等罪の刑で処罰するものである。性的自由を保護している本罪の性質上，本条にいう心神喪失とは，高度の精神障害などによって性的行為についての正常な判断能力を有しない状態をいうものと解すべきであり，39 条 1 項のそれとは内容を異にする。抗拒不能とは，熟睡，泥酔や錯誤（相手を夫であると思った，治療のために必要と思ったなど。なお，治療行為のために必要だとだまされて性交した場合，反対説も有力であるが，治療の必要性を誤信したそのかぎりにおいて精神的に追い込まれており，だまされなければ性交しなかったという関係にあるのだから，本罪の成立を肯定すべきである），あるいは手足の緊縛など，心神喪失以外の理由から心理的・物理的に抵抗が著しく困難なことをいう。

　1 項，2 項の前段は，準強制わいせつ罪，準強制性交等罪において，わいせつ行為・強制性交等の行為が犯人とは無関係に存した，たとえば第三者の暴行により生じた抵抗不能な状況を利用してなされた場合，後段は，行為者自らが暴行・脅迫以外の手段を用いてかかる状況を作り出して行為を行う場合，あるいは暴行・脅迫を用いつつも当初はそのような意図がなく作出された状態を利用して行為を行う場合である。

4.　監護者わいせつ罪・監護者性交等罪（179条）

本罪は，18歳未満の者に対して，その監護をする者が，その依存関係や保護関係から生じる影響力に乗じてわいせつ行為（1項），性交等（2項）をした場合には，176条の強制わいせつ罪，177条の強制性交等罪が成立することを定める。実親，養親などの監護者による18歳未満の者に対する，暴行や脅迫を手段としない性的行為については，これまで，刑法178条，児童虐待防止法あるいは児童福祉法では十分に規制できなかったことから新たに設けられた規定である。本罪の保護法益は，18歳未満の者の性的自己決定権である。

「**現に監護する者**」とは，法律上（民法第820条による親権の効果としての「監督保護」を行う者）または事実上，18歳未満の者を監督し，保護する者をいう（真正身分犯）。経済的・精神的な観点から依存関係，保護関係が判断されるが，教師やスポーツのコーチなどは依存・保護関係が生活全般にわたるものではないということから一般には除外されている。

「**影響力があることに乗じて**（……する）」とは，影響力が生活全般に及ぶような関係にある中でわいせつな行為等をなすことである。影響力を利用するための威迫・脅迫等の行為は要件ではない。

継続的な依存関係・保護関係にある18歳未満の者の性行為に関する意思決定は自律的な意思決定とはみなさないということを前提としていることから，その者の承諾（同意）があっても，本罪の成立は妨げられない。

5.　強制わいせつ・強制性交等致死傷罪（181条）

本罪は，強制わいせつ罪，強制性交等罪などの，あるいはこれらの未遂罪を犯して被害者を死傷させた場合の加重規定（結果的加重犯）である。具体的には，①強制わいせつ罪・準強制わいせつ罪・監護者わいせつ罪およびこれらの未遂罪，②強制性交等罪・準強制性交等罪・監護者性交等罪およびこれらの未遂罪に区別され，それぞれ基本行為

の刑が加重されている。

　死傷の結果は，わいせつ行為または性交等の行為自体から生じたものでなくとも，その手段たる暴行・脅迫の行為から，さらには，たとえば被害者が現場から逃れようとした際の負傷のように（最決昭和 46・9・22 刑集 25・6・796），わいせつ行為・性交等の機会になされた行為から生じたものであれば足りる（通説）。また，痴漢や準強制わいせつ罪の犯人が逃走中，逮捕を免れる目的で被害者に暴行を加え負傷させた場合にも，強制性交等に「随伴するもの」といえるとして本罪に該当する（東京高判平成 12・2・21 判時 1740・107, 最決平成 20・1・22 刑集 62・1・1 など）。しかし，加重結果としての致死には自殺による死は含まれず，したがって，被害者が，その後，自身に対して行われた犯罪に対する羞恥心や絶望から命を絶ったとしても，本罪は成立しない。

　犯人が死傷の結果について故意をもって行為した場合については，結果的加重犯の性質から本罪の成立を否定して強制性交等罪などと殺人罪または傷害罪の観念的競合と解する説と，本罪と殺人罪または傷害罪との観念的競合と解する説（判例）とに分かれる。具体的には，死亡結果に故意がある場合，強制性交等罪などと殺人罪の観念的競合（処断刑の下限は 5 年）とする説が有力であるが，それでは強制性交等致死罪に比して明らかに刑の権衡を失することから，故意ある結果的加重犯（不真正結果的加重犯）を認めて，強制性交等致死罪などと殺人罪の観念的競合（処断刑の下限は 6 年）とすべきである。強制わいせつ致死罪についても，同様に解すべきであり，したがって「死」の二重評価はここでも許容されてよい。傷害について故意がある場合にも，同じく，刑の不均衡を回避するために，故意ある結果的加重犯を認めて，強制わいせつ致傷罪・強制性交等致傷罪などの成立を認めるべきであり，強制わいせつ罪・強制性交等罪と傷害罪の観念的競合と解すべきではない。

I-3-5 住居侵入等の罪（130条以下）

(1) 住居侵入罪の意義

住居を侵す罪は, 規定上は社会的法益に対する罪に位置づけられているが, 今日では, 個人的法益に対する罪と解されている。しかし, その保護法益の理解に関しては, いまだ争いがある。

130条前段の住居侵入罪の成立要件について, まず, 客体は, 人の住居または人の看取する邸宅, 建造物もしくは艦船である。住居とは, 多数説によれば人の起臥寝食に使用される場所, 有力説によれば日常生活に使用するために人が占拠する場所をいい, **邸宅**とは, シーズンオフの別荘のように住居に使用する目的で造られたが実際に使われていない家屋をいい, **建造物**とはそれ以外の, 学校, 官公署などの建築物をいう。住居, 邸宅, 建造物には, **囲繞地**, すなわち, 建物に付属する土地で, 権利者が垣根, 門, 塀等, 土地の境界を画する設備を設けることにより建物の付属物としての利用に供されることが明示されているものも含まれる（警察署の囲繞地の周囲のコンクリートの塀も建造物の一部を構成する（最決平成21・7・13刑集63・6・590））。

本罪の行為は, 正当な理由なく住居等に立ち入ること, すなわち侵入することであるが, 以下で示すように, 保護法益の捉え方の違いによって侵入概念の理解も異なる。本罪の実行の着手は侵入行為を開始した時点であり, 身体の全部を入れた段階で既遂となる。本罪は継続犯であり, 侵入している間犯罪は継続する。

130条後段の不退去罪は, 正当に立ち入った者が退去の要求を受けたにもかかわらず退去しない場合に成立する。本罪は真正不作為犯である。

(2) 住居侵入罪の保護法益

住居侵入罪の保護法益に関して, 学説は, 住居に他人を立ち入らせ

るか否かの自由，換言すれば「誰の立入りを認めるかの自由」である
とする住居権説と，住居の事実上の平穏であるとする平穏説に分かれ
る。住居権説に対しては，ⓐ「住居権」の内容が不明確である，ⓑ住
居権は誰に帰属するのかの問題が生じる，との批判がなされ，平穏説
には，ⓐ「平穏」概念が曖昧である，ⓑ平穏概念は社会的法益に近づ
きかねない，ⓒ侵入目的，行為態様を重視する点で過度に行為無価値
的である，との批判が加えられている。

　判例をみると，戦後直後までは住居権説が主流を占めており，当時
は家父長に住居権が存するとされ，妻の承諾を得て姦通目的で住居に
立ち入った男性の行為に住居侵入罪の成立が認められていた。その後
は平穏説が有力となり，姦通事例についても本罪の成立は否定され，
傍論ながら最高裁もこれを採用するにいたった。

　しかし，その後，最判昭和58・4・8刑集37・3・215では，Aらは，
春闘活動の一環としてビラ貼り目的で夜間にX郵便局に赴き，宿直
員Yの黙認のもとに，土足で局舎内に立ち入り，ガラス窓等にビラ約
1000枚を貼りつけたが，見回り中の郵便局長Zらに発見，制止され，
同局を退出したという事案において，1審は平穏説にたち，原審は住
居権説にたって，いずれもAらを無罪とした。原審では，Zの立入り
拒否の意思が外部に表明されていないとされたのである。これに対し
て，最高裁は，原審同様住居権説に立ちつつも，以下のように判示し
て原判決を破棄し，差し戻した。すなわち，「刑法130条前段にいう『侵
入シ』とは，他人の看守する建造物等に管理権者の意思に反して立ち
入ることをいうと解すべきであるから，管理権者が予め立入り拒否の
意思を積極的に明示していない場合であっても，該建造物の性質，使
用目的，管理状況，管理権者の態度，立入りの目的などからみて，現
に行われた立入り行為を管理権者が容認していないと合理的に判断さ
れるときは，他に犯罪の成立を阻却すべき事情が認められない以上，
同条の罪の成立を免れないというべきである」としたのである。

(3) 「侵入」概念

　住居侵入罪の行為は，違法に住居に立ち入ること，すなわち侵入であるが，この「侵入」概念については，法益概念の理解の相違が反映し，見解に争いがある。住居権説によれば，「**侵入**」とは，前掲最決昭和58・4・8に述べるように，住居者等の意思に反して立ち入ることであり（意思侵害説），平穏説によれば，住居等の事実上の平穏を害する態様で立ち入ること（平穏侵害説）と定義される。問題となるのは，①立入りは住居者の意思に反するが，その形態は平穏である場合，逆に②住居者の意志には反しないが，平穏を害する態様の立入りである場合である。

　②の事例については，意思侵害説からは当然のこと，平穏侵害説からも，被害者の（推定的）承諾の理論を介して「侵入」にはあたらないとされている。他方，①の事例，たとえば ⓐ「セールスお断り」の表示を無視して個人宅の敷地内や住居に立ち入るなどの場合については，意思侵害説からは本罪の成立が肯定され，平穏侵害説からは，社会的相当性の範囲内の行為であれば，これが否定されうることになる。とりわけ問題となるのが，ⓑ公衆に開放されている官公庁等の建造物への（管理者の意思に反する）立入りや，ⓒ一般に誰でも立ち入ることが許容されているデパート等に万引き目的で立ち入る等の場合である。ⓑの事例について，平穏侵害説は，意思侵害説にたち，管理権者の意思を形式的に理解すると，労働運動事件等において処罰範囲の不当な拡大を招くことが危惧されると批判するが（学生が，学費値上げ反対のデモを行うために，自分らが通う大学の構内に立ち入ったという場合にも，同様である），意思侵害説は，住居権にも自ずから制限があり，あるいは違法阻却の問題として処罰範囲の限定を図りうるとして，不当な結論を回避できるとする。また，ⓒの事例については，意思侵害説からは包括的合意を，平穏侵害説からは社会的相当性の範囲内にあることを理由として，いずれの説も「侵入」にはあたらないと解している。

もっとも，ⓒの事例にあっては，盗撮目的，放火目的といった場合には，本罪の成立を肯定することができるのではないか，今後の課題となろう。

判例の主流は，意思侵害説にたっている。たとえば，最判平成 20・4・11 刑集 62・5・1217 は，反戦ビラ投函目的で集合住宅の敷地および共用部分に立ち入ったという事案に，意思侵害説の立場から，邸宅侵入罪の成立を認めている（同旨，最判平成 21・11・30 刑集 63・9・1765，最決平成 19・7・2 刑集 61・5・379 など）。もっとも，判例の採る意思侵害説においては，住居者の意思を形式的に捉える傾向にあり，また，侵害意思の判断に際しては，行為者の主観を重視するなど，多分に行為無価値的である。夜間税務署庁舎内に人糞を投げ込むという違法な目的で，人が自由に通行できる同構内に立ち入った場合（最判昭和 34・7・24 刑集 13・8・1176），また，虚偽の傍聴券であることを秘して，しかし違法行為に及ぶ目的を有せずに参議院に立ち入った場合（東京高判平成 5・2・1 判時 1476・163），いずれも「侵入」にあたるとされた（仙台高判平成 6・3・31 判時 1513・175 は，国体開会式を妨害する目的で開会式場に一般観客を装って入場券を所持して入場した事案に建造物侵入罪の成立を認め，自衛隊のイラク派兵に反対するビラを投函する目的で防衛庁の集合住宅の敷地・建物共用部分（階段・通路部分）へ立ち入った行為について，東京高判平成 17・12・9 判時 1949・169 は，管理権者の意思に反しており「侵入」にあたるとし，行為者が再三の抗議にもかかわらずビラ投函を繰り返していたことなどに照らして「可罰的違法性を欠くとして違法性が阻却されるとはいえない」と判示した）。しかし，これらの結論は，判例の理解する意思侵害説および学説でいう平穏侵害説からは容易に導くことができると考えられるものの，その反面，結果無価値を基礎とし，包括的合意を広く解している学説の唱える謙抑的な意思侵害説からすれば異論があるところである。ATM（自動現金預払機）が設置され，行員が常駐しない銀行支店出張所に，キャッシュカードの暗証番号等を盗撮

するために立ち入った行為に，建造物侵入罪の成立を認めた判例（前掲最決平成19・7・2）においても，同様の見解の対立が顕著である。

　今日では，「侵入」の意義について，平穏侵害説は，居住者の意思や行為者の内心事情をあわせて判断資料とするとし，一方，意思侵害説は，住居権を相対化し，その主体の要件を厳格に解することで可罰的な「意思侵害」の絞り込みを行っており，このような規範化の結果，それぞれの立場から導かれる結論の相違はそれほど明瞭ではない。両者の見解を突き詰めれば，平穏侵害説は，住居侵入罪の保護法益を個人の住居権としては把握しきれないものがある，すなわち，通常「住居」には複数の利益享受者が存し，それらの総体が法益の帰属主体なのであって，1回の住居侵入であれば居住者の数にかぎらず本罪の単純一罪が肯定されるのはその証であるとし，また，他の犯罪に発展することが類型的にみられるという意味で公共の安全も保護法益として理解すべきである，などとする点で行為無価値的な立場であり，他方，住居権説は，可能なかぎり法益を個人的利益に引きつけて説明し，行為者の主観をできるだけ排除して違法性を決するべきだとする結果無価値的な立場であるといえよう。

(4)　住居権者の「承諾」

　平穏侵害説によれば，いわゆる姦通事例において，住居者の承諾による立入りは平穏を害しないとされ，住居侵入罪は成立しないとされるのが一般的であるが，立ち入る場所や態様，夫婦の一方の在留などから本罪の成立が肯定されうる事例もあろう。他方，意思侵害説では説が分かれ，住居権者全員の承諾がなければ住居侵入罪は成立すると解する説と，1人の承諾があれば，本罪の成立はないとする説に分かれる（意思侵害説にたつならば，共同占有物に関する窃盗罪の場合と同じように，本罪の成立を否定するには立入りに関する全員の承諾がなければならないとするのが一貫した立場であるとする批判も有力である）。判例

をみると，住居利用に関し複数の利益享受者が存する場合，その一部の者が特定の個人に対して住居への立入りを許容したとしても，他の者がその立入りを拒否するかぎり，その者との関係で住居侵入罪が成立するとされている（東京高判昭和 57・5・26 判時 1060・146）。

　つぎに，居住者の承諾が錯誤にもとづいてなされた場合について，平穏侵害説は，違法な目的を秘して立入りの承諾を得た場合にはその承諾は無効であるとし，意思侵害説では，その錯誤は法益関係的錯誤ではないとして，承諾は有効であるとするのが一般である。ただ，意思侵害説にたって承諾は有効であるとすると，密かに侵入した場合に本罪の成立を認めることとの均衡を失しかねない。判例は，強盗の意図を隠して「今晩は」と挨拶し，家人が「おはいり」と応えたのに応じて住居に立ち入ったというケースにつき，「外見上家人の承諾があったように見えても，真実においてはその承諾を欠く」として本罪の成立を認めており（最大判昭和 24・7・22 刑集 3・8・1363），住居侵入罪につき，欺罔による被害者の承諾を原則として無効とする立場にたっている。

【設問8】を考えてみよう

　①の@については，強制わいせつ罪の主観的要件として性的意図を必要としていたかつての判例によれば同罪は成立せず，せいぜい強要罪の成立にとどまるが，性的意図不要説にたつ前掲最判平成 29・11・29 によれば，強制わいせつ罪が成立することになる。⑥については，かつての裁判例においては，婚姻関係が破綻しているなどの事実関係のもとで強制性交等罪の成立を肯定したものもあるが，現在では，夫婦間の性交における相手の求めに応じて性交する義務などを否定し，暴行・脅迫を手段とした場合には同罪の成立を肯定すべきであるとするのが多数説となっている。©については，上述のように，意思侵害説からは包括的合意を理由として，平穏侵害説からは社会的相当性の

範囲内にあることを理由として，いずれの説も住居侵入罪の「侵入」にはあたらないと解している。ⓓについては，平穏侵害説によれば，夫婦の一方の在留などから住居侵入罪の成立が肯定されうる事例もあろうが，一般には同罪の成立が否定されよう。一方，意思侵害説では説が分かれ，住居権者全員の承諾がなければ同罪は成立すると解する説と，1人の承諾があれば，同罪の成立はないとする説に分かれる。裁判例では，一部の者がその立ち入りを拒否するかぎり，立ち入った者との関係で同罪の成立があるとされている。

　②については，平穏侵害説からは立ち入りが平穏なものであったことから，あるいは，意思侵害説からは宿直員の承諾があることから，住居侵入罪の成立を否定することも可能であるが，最高裁の採用する意思侵害説からは，管理権者（局長）の意思に反する立ち入りであるとして，同罪の成立が肯定されよう。

Theme 9

かつてギャングのボスであったとまことしやかに吹聴する者の
ウソを暴けば名誉毀損となるか。「昭和生まれの男性はセクハ
ラ行為を繰り返す」との発言は名誉毀損にあたるか。盗撮は名
誉毀損となるか。

【設問9】
①　Aは，X校のY教諭を陥れようとして，同校の教職員50名とYが
担任している生徒の保護者40名に宛てて，「Yの教え方は最低で生徒
が理解できないでいる」とのメールを送信し，また，②Yが特定の生
徒の点数をかさ上げしているとの虚偽の事実を，買い物に訪れた商店
街の甲店と乙店のそれぞれ従業員数名に話した。Aの罪責を論ぜよ。
③　Bは，更衣室で着替え中のX女の映像を，インターネット上にアッ
プロードした。Bの罪責を論ぜよ。

第4章　秘密・名誉に対する罪

　秘密に対する罪，名誉に対する罪は，上述のように（→59頁参照）自
由および私生活の平穏に対する罪に分類されることもあるが，より正
確には，人格的法益に対する罪に位置づけることができる。

I-4-1　秘密に対する罪（133条以下）

　憲法21条2項後段が通信の秘密を保護しているように，人は誰でも，
自己の秘密を知られることがないことによって平穏な生活を営むこと
ができる。

　刑法の規定にいう「**秘密**」とは，一般に知られておらず（非公知性），本人が秘匿する意思（秘匿意思）を有し，秘匿することが刑法的保護に値する（秘匿利益）事実をいう。秘密の帰属主体である「人」については，これを自然人に限定するとする少数説も有力であるが，一般には，自然人のほか，法人，団体も含まれると解されている。秘密は個人的秘密のほか，企業（営業）秘密（不正競争防止法の2条6項における「営業秘密」は，ⓐ秘密管理性，ⓑ有用性，ⓒ非公知性をその要件としている）や国家秘密（特別法の国家公務員法などで秘密が保護されている）に区別されるが，本罪で保護の対象となるものは個人的秘密に限定されると解すべきではないであろう。秘密を侵害する行為は，外部から探る「探知」，外部に漏らす「漏示」，そして「窃用（盗用・利用）」の類型に区別されるが（不正競争防止法は営業秘密の不正取得，使用，開示を処罰の対象としているが，このように窃用を処罰している特別法は少なくない），このうち刑法13章では，いずれも限定した形で，信書の開封による探知を信書開封罪（133条）として，特定の立場にある者が，その業務上知り得た秘密を漏らす行為を秘密漏示罪（134条）として処罰し秘密を保護している。

(1)　信書開封罪（133条）

1.　客体および行為

　本罪の客体は，封をしてある「**信書**」である。信書とは，特定の人から特定の人へ宛てた文書をいう。記載内容自体が明らかにされないことも本罪の保護法益であるので，文書の記載内容は秘密でなくても，単なる事実であってもよい。発信者，受信者ともに国または公共団体である場合は，本罪の対象から除かれるとする説も有力であるが，そのような限定解釈には合理性がない。意思を伝達する文書にかぎられるかについて，判例・通説はかぎられるとするが，かぎられないとする否定説も有力である。「**封**」とは，信書と一体になるような態様で披

見を防止するために信書に施す外包装置をいう。クリップでとめた程度では足りない。信書は封がなされているかぎり本罪の客体となり，発送前であってもよい。封がなされた以上，内容が知られないようにすべきであるからである。なお，郵便葉書や郵便小包は本罪の客体ではない。

　本罪の行為は，「開けた」こと，すなわち，封を破壊して開いて，内容を知りうる状態に置くことをいう。内容が知られたことを要しない。本罪は，抽象的危険犯である。

　2.　違法性阻却事由

　本罪は，正当な理由がない場合に成立するとされていることから，正当な理由がある場合には開封の違法性は阻却される。職権・職務行為による場合などがこれである。

(2)　秘密漏示罪（134 条）

　1.　主　体

　本罪の主体は，医師，薬剤師，医薬品販売業者，助産師，弁護士など，134 条に挙げられた特定の立場にある者である（真正身分犯。なお，看護師の秘密漏示行為は，保健師助産師看護師法第 42 条の 2 によって処罰される）。

　2.　客体および行為

　本罪の客体は，業務上取り扱ったことについて知りえた人の「秘密」である。何をもって秘密であるとされるかについては，学説が分かれている。すなわち，①本人が秘密にする意思があれば足りるとする主観説，②客観的・一般的に秘密として保護するに値するものでなければならないとする客観説，③本人の秘匿の意思と客観的に秘匿に値する利益のいずれもが必要であるとする折衷説に分かれており，本罪の保護法益が人の秘密であることはもちろんであるが，秘匿することに刑法的利益がなければならないと考えれば，③説が妥当であろう。と

はいえ，本人が秘密にしたいと思うことは一般にも保護に値するといえることから，上記の学説の相違は相対的なものであるといえよう。人の秘密は，個人の私生活上の秘密にかぎられるか，私生活上の秘密にかぎらず公生活上の秘密をも保護すべきであるかについては争いがあるが，「人」の範囲を自然人にかぎらない立場にたてば，後者の考え方をもって妥当と解することになる。極秘に出張中の公務員を任務先で治療した医師が，極秘であることについて守秘すべきであるにもかかわらずその事実を漏示する場合が例として挙げられる。

　本罪の行為である「漏らす」とは，秘密を知らない他人に当該の事項を知らせることをいう。その方法は問わない。秘密にすべきカルテを第三者が閲覧するに任せるなど，不作為も含まれる。知らせる相手はかならずしも複数である必要はない。1人に対する告知でも漏示である。業務上知りえたものであることが必要であるから，業務外でたまたま知りえた人の秘密は本罪の客体とはならない。

　3.　違法性阻却事由

　正当な理由がある場合の秘密の漏示は，違法性を阻却する。たとえば，感染予防法上など，その者に法令上の告知義務がある場合，医師・弁護士の緊急避難行為と認められる場合，そして，被害者が承諾している場合などである。

(3)　親告罪（135条）

　信書開封罪と秘密漏示罪は親告罪である。犯罪として比較的軽微であることと，訴追による秘密の露見を防ぐことがその理由であるとされる。もっとも，秘密漏示罪においては，とくに犯罪が軽微であるとはいえないであろう。

　信書開封罪において告訴権者となる被害者とは誰かについては，諸説がある。まず，①発信者・受信者ともに常に告訴権を有するとするのが通説であるが，そのほか，②発信者は常に告訴権を有するが，信

書の発信・到達後は受信者も告訴権を有するとする判例，さらに，③
到達前は発信者，到達後は受信者が告訴権者であるとする説などがあ
る。秘密事項については，発信前であったとしても受信者にとっても
重要な関心事であろうから，①の立場が妥当であることになる。

　つぎに，秘密漏示の場合については，告訴権者は被害者としての秘
密の主体たる「人」であるとする説も有力であるが，その秘密が漏示
されたことによって同じく直接に被害を受ける者，たとえば秘密の主
体たる者の両親も，告訴権を有すると解すべきであろう。

I-4-2　名誉に対する罪（230 条以下）

(1)　体系的位置

　個人が日常生活を円滑に営み社会的活動を行うには，上述の秘密の
保護に加えて，各個人の人格的側面に対する他人による評価としての
「名誉」が保護されていなければならず，また，後述の人の経済的側
面に対する評価としての「信用」が，同じく経済活動を内容とする「業
務」とならんで保護されていなければならない。このような意味から，
名誉や信用，業務といった法益は，体系的には，自由と財産という法
益の間に位置づけられている。

　刑法 34 章は「名誉に対する罪」として名誉毀損罪（230 条）と侮辱罪
（231 条）とを規定し，名誉毀損罪については，1947（昭和 22）年の改
正によって名誉をより厚く保護する趣旨で法定刑を引き上げ，また，
適正な批判を許容し，表現の自由を保護するために事実証明に関する
規定（230 条の 2）を新設している。

(2)　名誉概念

　名誉概念については，かねてより見解の争いがある。①**内部的**（規
範的）**名誉**，すなわち，客観的に存在する人格の内部的価値そのものを

いうとする説, ②**外部的名誉**, すなわち, 客観的に存在する人格的価値に対する社会的評価とする説, ③**名誉感情**, すなわち, 人の価値について本人自身が有する意識・感情とする説がこれである。

判例・通説は②説を採っているが, これによれば, 名誉毀損罪も侮辱罪も, ともに外部的名誉を侵害する点では同じであり, 両者の区別は具体的事実の摘示の有無の点に求められ, 名誉毀損罪は事実の摘示があることで社会的評価が相当に低められる点に法定刑が重いことの理由が存するとされている。これに対して, 名誉毀損罪においては外部的名誉を, 侮辱罪においては名誉感情を保護法益とするとする説もあるが, 両者については, ⓐ内部的名誉, すなわち内部的な人格の価値については, 外部からの侵害によって毀損されることはなく, したがって法によって保護する性質のものではないこと, また, ⓑ名誉感情については, 目的論的解釈として, これを保護法益とすると, 名誉感情を有しない子どもや高度の精神病者には名誉毀損罪の成立が否定されることになること, ⓒ侮辱罪においても外部的名誉が侵害される危険性があること, ⓓ文理解釈として, 侮辱罪の成立の要件として公然性が要件とされ, 非面前性で足りる(面前でなされることを要しない)ことなどに照らして, 判例・通説の見解が支持されるであろう。

(3) 性 質

名誉に対する罪は, 人の社会的評価が侵害される危険が発生すれば足り, 本人の名誉が現実かつ具体的に侵害されたことまでは要しない。すなわち, 本罪は, 抽象的危険犯である。条文には「毀損した」と規定されていることから侵害犯とみる見解もあるが, 人の社会的評価の低下を裁判の場で立証することは困難であることを根拠に, 通説はそのように理解している。もっとも, 類型的・一般的に, 当該行為に人の社会的評価を侵害する危険が含まれていることが必要である。

本罪は, 継続犯であるとする下級審判例もあるが, 学説では状態犯

であると理解するのが多数説である。

(4)　名誉毀損罪（230 条 1 項）

1．客　体

　本罪の客体は,「人の名誉」である。**名誉**とは, 人に対する社会的評価であり, 人の行為または人格に対する倫理的価値にかぎらず, 政治的, 学問的, 精神的名誉も含まれ, そのほか, 知能, 技量, 健康, 身分, 家柄などおよそ社会生活において評価に値するいっさいの事柄を含む。もっとも, 人の財産的側面に対する社会的評価, 経済的信用は, 後述の信用毀損罪によって保護されるから, 本罪にいう名誉から除外される。名誉毀損罪は外部的名誉を保護するものであるから, その人の真価に一致しない虚名（仮定的名誉）, たとえば, 高潔な人格者と謳われながら, 実像はおよそ乖離していた者であったとしても, 世に通る「人格者」としての評価について毀損すれば本罪は成立する。ただし, 消極的名誉（悪名）は, 名誉概念には含まれない。極悪非道の所業を重ねていたことを吹聴していた者に対して,「こそ泥」しかしていないと指摘しても, その者の外部的評価は低められることはないからである。なお, 過去または将来の名誉に対する場合でも, 本罪は成立する。

　名誉の主体としての「人」には,（幼児や精神障害者を含む）自然人のほか, 法人その他の団体も含まれると解されている。もっとも,「人」は特定された者であることを要するので,「昭和生まれの人」,「関西人」というような不特定の集団・団体に対する場合には, 本罪は成立しない。

2．行　為

　本罪の行為は, 公然と事実を摘示することである。「**公然**」の意義に関しては, ①不特定かつ多数人の認識しうる状態であるとする説（「認識しうる」状態であれば足り, 実際に認識されたことは要件ではない）, ②

特定・不特定を問わず多数人が認識しうる状態であるとする説，③不特定または多数人の認識しうる状態であるとする説（判例・通説）に分かれている。不特定人が認識できる状態にあれば，また，特定されていても多くの聴衆が認識できれば名誉が毀損される高度の蓋然性が認められることから，③の立場が正当であろう。

　不特定とは，公開の場や公道においてなど，相手方が特殊の関係によって局限されていない状況にあることをいい，多数とは，数名では足りず，相当の人数であることをいう。

　特定かつ少数人に事実を摘示する場合であっても，それが伝播して不特定多数人が認識しうる可能性を含む場合に「公然性」を有するといいうるか（いわゆる「伝播性の理論」）については，見解が分かれる。公然性とは結果の公然性ではなく，行為の公然性を意味すると解し，また，相手方の意思に犯罪の成立を依存させるべきではないとし，さらに，抽象的危険をさらに抽象化することは問題であるとする立場からは否定されることになる。この立場からは，たとえば，新聞記者Aにχの名誉を毀損する事実を伝え，AをしてXの名誉を毀損する記事を掲載させた場合には，Aを本罪の正犯とし，Aに当該事実を摘示した者を共犯とすれば足りるとされる。しかし，判例は，2，3人に対して事実を告知した場合であっても，伝播性が認められれば，公然にあたるとしている。最判昭和34・5・7刑集13・5・641では，Aは，ΧがA方庭先の菰に放火したものと思い込み，A方とX方などで，それぞれ数名に「Xの放火を見た」，「火が燃えていたのでXを捕まえることは出来なかった」と述べた事案に，伝播可能性を指摘して公然性を肯定している（否定判例として，東京高判昭和58・4・27高刑集36・1・27）。伝播の可能性が具体的に存在するような事情のもとでの事実の摘示があれば，公然性の要件を否定する理由はないであろう。もちろん，この場合，行為者においてはそのような事情を認識していなければならない。

このように，「事実を摘示する」とは，具体的に特定の個人について
その社会的評価を低下させるに足りる事実を告げることをいう。

「事実」とは，人の人格的価値に関する社会的評価のみならず，プラ
イバシーも含まれる。人の行為にかぎられず，悪事醜行でなくともよ
く，真実・虚偽を問わない。非公知の事実であることを要しないので，
ある一部の者の間では知られていたことでもよい。事実は特定人の名
誉に関するものでなければならないが，その特定性は他の条件とあわ
せて当該の被害者が特定されれば足り，また，表示される事実の具体
性は名誉が害される可能性のある程度のものであれば足りる。「毎朝
7時に，○○公園で帽子をかぶりステッキをついて散歩しているあの
人は，かつて不正なことをして何度か警察のやっかいになっている」
という指摘は，特定性も具体性もあり（なんらかの犯罪的行為を行った
疑いがあることが推察される），名誉毀損にあたるであろう。「馬鹿」，「阿
呆（あほう）」という具体性を欠いた否定的な評価を伝えるのみでは，
せいぜい侮辱にあたるにすぎないであろう。

具体的事実を摘示したのであれば，その事実を摘示者自らが直接見
聞したものとして表示されるものでも，風聞，伝聞，噂として表示さ
れるものでもよい。

近時問題となっているのが，盗撮画像の公開が名誉毀損にあたるか
ということである。東京地判平成14・3・14LEX/DB28075486は，露
天風呂で入浴中に盗撮されたX女らの裸体の映像を編集したビデオ
テープについて，アダルトビデオ販売店等にこれを陳列させた事案に，
ビデオテープに「X女らの全裸の姿態が録画されているという事実」
を摘示したということができるとし，また，「その女性が周囲の人たち
から好奇の目で見られたり，場合によって嫌悪感を抱かれるなど，そ
の女性について種々否定的な評価を生ずるおそれがあり……事情を知
らない者が見れば……女性が……盗撮ビデオのキャストとして自ら進
んで裸体をさらしているのではないかという印象を与えかねないこと

などから」，被告人らが摘示した上記事実はX女らの名誉を毀損するに足りる事実にあたる，としている。学説においても，この判断を支持する立場から，名誉毀損罪の保護法益を「一般人からみた名誉感情，恥辱の感情の侵害」と捉える見解もみられる。もっとも，学説の多数説は，名誉は人の人格的価値に対する評価にかぎるべきであるとして，上記のような名誉概念の拡大には批判的である（盗撮は，軽犯罪法1条の窃視罪や，各都道府県のいわゆる迷惑防止条例の「卑わいな言動」の罪によって，さらには，リベンジポルノ防止法（私事性的画像記録の提供等による被害の防止に関する法律）3条の私事性的画像記録提供等の罪によって対処すべきであるとする）。しかし，直截に，浴場やトイレでの盗撮およびそのデータの公開によって，隠すことによって保たれている外部的評価の低下が認められる，と解すべきであろう。

　「摘示」については，その手段方法を問わず，その態様を選ばない。口頭，文書，図画のほか，身振りであってもよい。上述のように，噂であって自分は信じないと申し添えても，本罪の成立に影響しない。ネット上の書き込みであっても，より緩やかな要件によって真実性の誤信（→240条の2）の問題として処理することで名誉毀損罪の成立を否定すべきではない。最決平成22・3・15刑集64・2・1は，インターネット上では被害者による反論が容易であるとする対抗言論の法理とインターネット上に掲載した情報は一般に信頼性は低いとしていた1審の判断を否定している。また，本決定は，真実性につき誤信したことにつき，確実な資料・証拠に照らして相当の理由があると認められるときにかぎり名誉毀損罪は成立しないとしている。なお，プロバイダーのみが名誉毀損にかかる記事を削除しうるのにこれをしない場合には，プロバイダーの不作為による名誉毀損罪の単独正犯か，幇助犯が成立しうる。

　「人の名誉を毀損する」とは，上述のように，名誉を侵害する可能性のある状況にいたればよい。問題となるのは，「刑務所に入っていた」，

「精神病院に入っていた」というような事実の摘示が名誉毀損の対象となるかである。前者については，犯罪を行ったという本人の責任に帰することができることから，社会的評価が低下したとして本罪の成立を認めても問題ない。しかし後者のように，自分の努力では変更できない，社会的評価に事実上影響しうる事実の摘示に本罪の成立を認めることについては，「社会の偏見を追認し固定化する危険がある」という批判がある。この批判は説得的なものであるが，しかし，そのような社会的偏見は現に存在しているところ，逆にそれを利用して社会的評価を低下させるおそれのある行為がなされるようなことがあれば，本罪の成立を肯定すべきであろう。裁判所がそれについて本罪の成立を認めたとしても，それは社会的偏見の内容を追認したのではなく，不当な偏見があることを認めただけのことであり，そのような理解がなされるべきであろう。

3. 故　意

名誉毀損罪の故意は，自己の行為が他人の社会的評価を低下させることの認識・認容である。名誉毀損の目的，真実性の認識いかんを問わない。

4. 罪　数

名誉毀損罪の保護法益は，個人の人格的法益に属するから，被害者ごとに 1 つの名誉毀損罪が成立する。したがって 1 通の文書で複数名の名誉を毀損した場合には，観念的競合となり，他方，同一被害者の名誉を毀損すべき行為が繰り返された場合には，包括一罪となる。

【設問9】を考えてみよう

①については，X 校の教職員と Y の担任する生徒の保護者という一定の関係でそれぞれ限定はされているが，それぞれ 50 名，40 名という人数であることから多数人にあたり，公然性が認められるであろう。②についても，甲店，乙店それぞれの従業員計数名という人数は

不特定多数とはいえないものの，伝播性の理論によれば，同じく公然性は認められるであろう。また，①の送信メールの内容は，Ｙの教え方という教員生活における重要な評価につながることから名誉にあたり，②の摘示内容も同様に名誉に該当することは明らかである。したがって，Ａは①，②のいずれについても，公然と具体的事実を摘示し，Ｙの名誉を毀損したことになる。

　③については，名誉は人の人格的価値に対する評価にかぎるべきであるとする多数説によれば名誉毀損罪は否定されるが，名誉毀損罪の保護法益を「一般人からみた名誉感情，恥辱の感情の侵害」と捉える説や，このような映像が公にされることによって生じうる否定的な評価を重視する説によれば，名誉毀損にあたると解されることになる。

$\mathcal{T}heme\ 10$

> 社内の不正や公務員の不正について，意趣返しの目的のもとこ
> れをマスコミに暴くことは犯罪となるか。

【設問 10】

　A は，X 工場の不正を耳にし，その実情を暴こうとして，X 工場の退
職者や関係者などから情報を得て，「X 工場は，有害物質を河川に垂れ
流している」として，X 工場の不正な操業の事実を記載したビラを多
くの市民に配布した。しかし，裁判においては，その事実の存在は確
認されなかった。

第 4 章　秘密・名誉に対する罪

I-4-1　秘密に対する罪（133 条以下）

I-4-2　名誉に対する罪（230 条以下）

（1）　体系的位置

（2）　名誉概念

（3）　性　質

（4）　名誉毀損罪（230 条 1 項）

（5）　真実性の証明による免責（230 条の 2）

　名誉毀損罪は摘示された事実の真否を問わず成立する。名誉は厚く
保護されねばならないからである。しかし，憲法 21 条の表現の自由，
公務員の選任権（憲法 15 条，21 条）などとの関係では，真実を言う権
利は，たとえ名誉毀損にあたる場合でも保障されるべきある。本条は，
この両者の調和を図るために，同条所定の一定の要件を満たし，事実
の真実性を証明できたときには名誉毀損として処罰しないことを規定
したものである。

1. 要　件

230条の2第1項に掲げる要件は，ⓐ事実の公共性，ⓑ目的の公益性，ⓒ真実性の証明である。

ⓐ**事実の公共性**とは，その事実の摘示が公共の利益に資するということである。そのかぎりで，私行に関するものでもかまわない。また，公共の利益の射程は，ある小範囲の社会に関するもので足りる。最判昭和56・4・16刑集35・3・84〔月刊ペン事件〕では，宗教法人の会長の私行に関して，「私人の私生活上の行状であっても，そのたずさわる社会的活動の性質及びこれを通じて社会に及ぼす影響力の程度などのいかんによっては」，「公共の利害に関する事実」にあたるとされている。そのほか，ある企業が工業廃水を河川に違法に流出させている，というような事実の摘示がこれにあたる。

前掲昭和56・4・16は，雑誌「月刊ペン」の編集局長である被告人は，巨大宗教法人甲学会の教義批判の一環として，同紙に同会会長乙の私的な行状をも取り上げ，乙の女性関係が乱脈をきわめており，乙と関係のあった女性2名が乙によって国会に送り込まれている等の記事を執筆，掲載した。第1審および原審は，右摘示事実は230条の2にいう「公共の利害に関する事実」にあたらないとして，被告人に名誉毀損罪の成立を認めたが，これに対して被告人側が上告したところ，最高裁は，以下のように判示して，破棄差戻した。すなわち，「私人の私生活上の行状であっても，そのたずさわる社会的活動の性質及びこれを通じて社会に及ぼす影響力の程度などのいかんによっては，その社会的活動に対する批判ないし評価の一資料として，刑法230条ノ2第1項にいう『公共ノ利害ニ関スル事実』にあたる場合があると解すべきである」「刑法230条の2第1項にいう『『公共ノ利害ニ関スル事実』にあたるか否かは，摘示された事実自体の内容・性質に照らして客観的に判断されるべきものであり，これを摘示する際の表現方法や事実調査の程度などは，同条にいわゆる公益目的の有無の認定等に関

して考慮されるべきことがらであって，摘示された事実が『公共ノ利害ニ関スル事実』にあたるか否かの判断を左右するものではない」（なお，差戻第1審判決（東京地判昭和58・6・10判時1084・37）と差戻控訴審判決（東京高判昭和59・7・18判時1128・32）は，事実の公共性と目的の公益性については認定したが，真実性の証明がないとして名誉毀損罪の成立を認めた。その後，上告中に被告人が死亡し，本件は公訴棄却となった）。

　ⓑ**目的の公益性**とは，事実を摘示する動機・目的が公益性を志向していることをいう。したがって恐喝の目的，他人を陥れる目的，被害の弁償を受ける目的，読者の好奇心を満足させるといった目的の場合には，公益性はない。法文の「専ら」とは「主たる」の意味であり，主たる動機が公益を図るものであれば足りる。

　ⓒ**真実性の証明。**以上ⓐ，ⓑの2つの要件が具備されていれば，裁判所は，被告人側の申立ての有無にかかわらず，職権で当該事実の真否を判断しなければならない。その結果，真否が明らかにされなかった場合には，事実性の証明があったことにはならず，被告人は名誉毀損罪の処罰を免れない。挙証責任は被告人にあるとされており，その意味で，挙証責任が被告人側に転換されているのである。

　事実の真実性の証明の方法に関して，判例は，通常の犯罪事実の認定と同じく，①厳格な証明（証拠能力のある証拠および適式の証拠調べ手続によることが求められる）によらなければならないとしているが，②自由な証明（適宜の証明および適宜の証拠調べ手続きによる証明）で足りるとする見解もある。証明の程度について，判例は，①「合理的な疑いを容れない程度の証明」が必要であるとしているが，被告人側の証拠収集能力が限定的であることを考慮して，②証拠の優越の程度に真実であることの証明で足りるとする説が有力となっている。

　2．公共の利益に関する「みなし」規定（230条の2第2項）

　本条2項は，犯罪行為に関する特例を定めている。その趣旨は，同項記載の事実を公にして，犯罪捜査に端緒を与え，また，捜査訴追機

関が不当に捜査を怠ることのないように世論の監視に協力するということにあり，その点で公共性が高いといえよう。公益とみなすことの帰結として，上述の要件ⓐの事実の公共性の要件は問題とならない。

「人の犯罪行為に関する事実」とは，捜査が開始されていない事実，捜査中であってまだ公訴の提起されていない事実，すでに検察官が不起訴処分に付した犯罪事実のすべてが含まれる。ただし，時効の場合のように，法律上公訴提起の可能性のなくなったものはこのかぎりではない。

　3．名誉毀損の客体が公務員である場合の「みなし」規定(230条の2第3項)

　本条3項は，**公務員等についての特例**を定めている。その趣旨は，公務員は全体の奉仕者であり，その選定・罷免は国民固有の権利に由来し，その公務員としての資質能力等は，国民全体の関心事であることからすると，ⓐ事実の公共性，ⓑ目的の公益性はすでに存在するとみなされてよいとされる点に存する。したがって，その帰結として，事実の摘示は，私事や私行に関するものでも，また，単に私怨をはらす目的から出た場合でもよい。とはいえ，上記のような趣旨からすれば，「事実」とは，公務員または公選による公務員の候補者の適格性に関する事項にかぎられるべきである。判例も，片腕のない公務員に対して「肉体の片手落ちは，精神の片手落ちに通じる」などと発言した行為に，3項の適用を認めていない（最判昭和28・12・15刑集7・12・2436）。

　4．真実性の証明による不処罰の根拠と真実性の誤信

　230条の2に関して，事実を摘示した者が，なんらかの根拠にもとづいて摘示した事実を真実と思ったが，それが真実ではなかった場合，なお処罰を免れるのかについては，230条の2の法的性質の理解の相違に起因して，学説は多岐に分かれる。

　まず，**真実性の証明による免責の法的根拠**について，立法者意思や旧判例は，本条の効果は処罰を阻却するものであるとの理解にたち，真実性の誤信は犯罪成立要件に関わるものではないことから，免責の余

地をいっさい認めることはなかった。しかし，その後，最大判昭和44・6・25刑集23・7・975は，以下のように判示して，判例変更を行った。

すなわち，被告人が，自分が発行する新聞に，「吸血鬼Xの罪業」と題して，Xが甲市役所職員に向かって，「出すものを出せば目をつむってやるんだが，チビりくさるのでやったるんや」と暴言を吐き，上層部の主幹に向かって「しかし魚心あれば水心ということもある，どうだ，お前にも汚職の疑いがあるが，一つ席を変えて一杯やりながら話をつけるか」と凄んだ旨の記事を掲載し，頒布した。なお，この記事が真実であるとの証明はされなかった。原審において，弁護人は，被告人は証明可能な程度の資料・根拠をもって事実を真実と確信していたから名誉毀損の故意は阻却されると主張したが，原審は，事実との証明がない以上は行為者が真実と誤信していても名誉毀損罪が成立するとした最判昭和34・5・7刑集13・5・641を引用して，名誉毀損罪の成立を認めた。これに対して，最高裁は，「刑法230条ノ2の規定は，人格権としての個人の名誉の保護と，憲法21条による正当な言論の保障との調和をはかったものというべきであり，これら両者間の調和と均衡を考慮するならば，たとい刑法230条ノ2第1項にいう事実が真実であることの証明がない場合でも，行為者がその事実を真実であると誤信し，その誤信したことについて，確実な資料，根拠に照らし相当の理由があるときは，犯罪の故意がなく，名誉毀損の罪は成立しないものと解するのが相当である。これと異なり，右のような誤信があったとしても，およそ事実が真実であることの証明がない以上名誉毀損の罪責を免れることがないとした当裁判所の前記判例……は，これを変更すべきものと認める。したがって，原判決の前記判断は法令の解釈適用を誤ったものといわなければならない」とした。要するに，最高裁は，230条の2の規定は，「人格権としての個人の名誉の保護」と「憲法21条による正当な言論の保障」との調和を図ろうとしたものと捉えるならば，真実性の証明がなされない場合でも，確実な資料，

　根拠にもとづく誤信の場合には名誉毀損罪は成立しないと判示して，判例変更を行ったのである。

　230条の2の法的性質については，①処罰阻却事由説（立法者意思，旧最高裁判例）のほか，②違法性阻却事由説（多数説），③構成要件該当性阻却事由説（旧団藤説）も有力である。上記の新判例の立場は，③の構成要件該当性阻却事由説の立場にたつものである（前掲最決平成22・3・15も，「犯罪の故意がなく」という理由づけからではなく「名誉毀損罪は成立しない」とする点の違いはあるが，同様の理由づけを行っている）。そして，多数説である②の違法性阻却事由説も，事実が証明可能な程度に真実であれば名誉毀損罪の違法性を阻却するとし，行為者が証明可能な程度の資料・根拠をもって事実を真実と誤信したときには，違法性阻却事由の前提事実に関する錯誤として名誉毀損罪の故意が阻却され，単に証明可能だと軽信したときには，違法性に関する錯誤として故意は阻却されない（錯誤論アプローチ）として，新判例の結論と軌を一にする。なお，この結論は，錯誤論を介さずに，④確実な資料・根拠にもとづいて真実であると信じた場合は，表現の自由の正当な行使として刑法35条によって違法性が阻却されるとする説（違法論アプローチ。この立場では，確実な資料・根拠にもとづく言論は正当行為として35条で扱い，正当な根拠にもとづかない言論であるがたまたま真実性が立証されたという場合には，230条の2の問題とする）や，⑤230条の2の法的性質を処罰阻却事由としつつ，名誉毀損罪の処罰は，少なくとも真実と誤信した点に過失があるときにかぎられるべきであるとする新しい処罰阻却事由説（過失論アプローチ。過失論アプローチには，このほか，違法性阻却事由説に立ち，230条の2は過失犯処罰を肯定する「特別の規定」であると解する見解もある）からも導かれることになる。

　思うに，真実性の証明の趣旨に鑑みれば，本条の要件を満たす場合には名誉毀損罪そのものが成立しないと解すべきであり（処罰阻却事由説への反論），また，真実性の判断は定型的判断に馴染まないといえ

よう（構成要件該当性阻却事由説への反論）。ことは，名誉と言論の自由との調和にかかることであって，本条は名誉毀損が例外的に許容される場合を定めるものであり，表現・言論の尊重，とくに公務員に対する批判の自由の保障という見地からみたとき，違法性阻却事由を定めたものと解する説をもって相当とすべきであろう（しかしながら，この説には，真実でない言論について違法性阻却を認める点について批判があり，また，違法性阻却事由についての錯誤に関しては，厳格責任説以外，故意を阻却する点につき批判も根強い）。

5. 刑法 35 条による違法性阻却

230 条の 2 にあたる場合以外にも，刑法 35 条に従い，たとえば，公判廷における弁護権の行使にあたる陳述・証言や，議員の議会内での発言，学術・芸術における「公正な評価」などが，社会的相当性の範囲にあるときには，違法性が阻却されることになる。

(6)　死者に対する名誉毀損罪（230 条 2 項）

本罪の保護法益については，①遺族の名誉と解する説，②遺族が死者に対して抱いている敬虔感情とする説，③死者に対する社会的評価とする説，④死者自体の名誉とする説に分かれている。①説，②説については，遺族のない死者に対しては本罪の成立の余地がなくなること，①説には，名誉毀損のほかに重ねて本罪を定める理由はないこと，③説，④説には，本罪は親告罪とされていることと矛盾すること，などの批判が加えられている。通説は④の死者自体の名誉説であるが，他の説の根拠も副次的に含まれよう。

「虚偽の事実を摘示する」ことにかぎられるのは，歴史的評価の有用性を考慮し，真実であるときは罪にならないとしたためである。

本罪の故意の成立には，死者の名誉を毀損する意思で，虚偽の事実であることを確定的に知っていたことを要し，単なる未必的認識では足りないと解されている。

(7) 侮辱罪 (231条)

侮辱罪の客体は, 名誉毀損罪と同様, 「人の名誉」すなわち外部的名誉である。したがって, 名誉感情を有しない者や法人に対しても, 本罪は成立する。「**侮辱**」とは人に対し軽蔑の感情を示すことである。侮辱罪における行為は, 公然と人を侮辱することである。事実の摘示は要件となっていない。本罪と名誉毀損罪との差は, 事実の摘示の有無により生じる社会的評価を害するおそれの程度の差とみるべきである。本罪も危険犯である。なお, 1つの文章で名誉毀損, 侮辱両罪を犯す場合には, 法条競合として前者のみが成立すると解されている。

❖**侮辱罪に関する刑法改正の動き**

深刻化するインターネット上の誹謗中傷の抑止対策として, 侮辱罪を厳罰化し, 現在の法定刑である拘留または科料に加えて, 「1年以下の拘禁刑, または30万円以下の罰金」を追加する刑法改正が検討されている。

(8) 親告罪 (232条)

名誉毀損罪と侮辱罪は親告罪である。その趣旨は, 被害者の意思に反した訴追は不要であることと訴追によるさらなる名誉の侵害を回避することである。告訴権者は, 原則として被害者であるが (刑訴法230条以下), 死者の名誉を毀損した場合には, 死者の遺族または子孫も告訴権を有する。

【設問10】を考えてみよう

本問については, 経済的側面における人の評価ではないことから, 信用毀損罪ではなく名誉毀損罪が問題となる。Aの指摘した事実は, X工場の社会的評価を低下させるに足りる具体的事実であり, また, 具体的事実を記載した文書を不特定多数人に配布しているので, 具体的な事実摘示の「公然性」も肯定される。したがって, Aの行為は名誉毀損罪にあたることになる。他方で, 230条の2の公共の利害に関する場合の特例の適用はあるか。有害物質が河川に注がれているとい

うことは，河川の近くに住む一般公衆の健康に関わることから，この
事実は「公共の利害に関する事実」であり，また，不正を暴く目的で
事実を明らかにしていることから，「専ら公益を図る」ための行為であ
るということができる。しかし，A は裁判時に真実性の証明ができな
かったことから，A の名誉毀損行為に 230 条の 2 の適用は認められな
いことになる。もっとも，A は真実であると思って行為しているこ
とから真実性の錯誤が問題となる。A の真実性に関する錯誤について
は，多数説によれば，行為者が証明可能な程度の資料・根拠をもって
事実を真実と誤信したときには，違法性阻却事由の前提事実に関する
錯誤として，名誉毀損罪の故意が阻却され，同罪は成立しないことに
なる。

Theme 11

「あの店のラーメンはまずい」といいふらすことは犯罪にあたるか。派出所内に多量の毛虫をまき散らした場合はどうか。

【設問 11】

　A は，他の者と，サッカースタジアムでの警備の実施体制を混乱させ，警察に一泡吹かせてやろうと考え，同スタジアム近くの公園で大量の爆竹を鳴らし，あたかも熱狂的ファンの一群が気勢を上げているかのように装ったうえ，携帯電話から 110 番電話を再三かけ，暴徒化したファンの一部が大勢同公園で暴れて自分たちが被害に遭っている旨の虚偽の事実を通報した（第 1 行為）。その後，これに応じて，パトカーが現場に急行しようとしたところ，その直前に，自分達の運んできておいた 2 トントラックをパトカーの進行して来るはずの路上中央に放置して，パトカーを立ち往生させた（第 2 行為）。A の罪責を論ぜよ。

第5章　信用・業務に対する罪

　信用および業務に対する罪は，上述のように，秘密を侵す罪，名誉に対する罪と同様，自由および私生活の平穏に対する罪に分類されることもあるが，その性質としては，営業活動の自由を保護することから，財産罪に近い性質を有しているといえよう。

　信用に対する罪の罪質・保護法益については，一般に，人の経済的側面における社会的評価であると解されている（最決平成 15・3・11 刑集 57・3・293 など）。他方，業務に対する罪の罪質・保護法益については，①財産罪の一種，ないし業務活動そのものに対する罪であるとする説，②人の社会的活動の自由に対する罪と解する説，③人格的法益

に対する罪であると同時に財産罪的意義も有すると解する説に学説は分かれるが，直截には，業務活動そのものと理解するのが妥当であろう。

I-5-1　信用毀損罪（233条）

(1) 客 体

　本罪の客体は，経済的側面における人の「信用」である。その意味で，本罪は，名誉に対する罪と財産罪との中間に位置するといえよう。かかる意味における人の信用には，支払い能力・意思に関する信用にかぎらず，販売される商品の品質に対する社会的信頼も含まれるとするのが近時の判例の立場である。すなわち，最判平成15・3・11刑集57・3・293は，コンビニエンスストアで買った紙パック入りオレンジジュースに異物が混入していた旨虚偽の申告をしたという事案に，「刑法233条……にいう『信用』は，人の支払能力又は支払い意思に対する社会的な信頼に限定されるべきものではなく，販売される商品の品質に対する社会的な信頼も含むと解するのが相当である」として，この理解と異なる大審院の各判例を変更している。現在では，「信用」には，納入される商品の品質，アフターサービスの良否，経営姿勢等も含まれるとする見解が有力となっているが，とはいえ，業務妨害罪との区別が曖昧となってしまうとの批判もある。なお，「人」には，自然人のほか，法人，法人以外の団体も含まれる。

(2) 行 為

　本罪の行為は，「虚偽の風説を流布」し，または「偽計を用い」て人の信用を「毀損する」ことである。本罪の性質については，具体的危険犯とする説と抽象的危険犯と解する説があるが，名誉毀損罪と同じく，抽象的危険犯であるといえよう。「虚偽の風説を流布する」とは，

事実と異なった内容の噂を，不特定または多数の者に伝播させることをいう。「偽計を用いる」とは，他人の錯誤もしくは不知を利用し，または欺罔，誘惑の手段を用いることをいう。「毀損する」とは，人の経済的信用を低下させるおそれのある状態を作出することをいい，現実にこれを低下させたことは必要ではない。

(3) 罪数・他罪との関係

1個の行為で名誉とともに信用をも毀損した場合には，法条競合として本罪のみの成立を認める説もあるが，罪質の相違に着目して，観念的競合と解すべきである。

I-5-2 業務妨害罪 (233条，234条)

(1) 業務の意義

業務妨害罪の客体は，人の業務である。「業務」とは，人がその社会生活上の地位にもとづいて反復・継続して従事する仕事をいう。本罪の業務とは，ⓐ人の生命・身体に対する危険を含む業務または危険を防止すべき業務等にかぎられないが，ⓑ行楽のために行われる自動車の運転や狩猟などは含まれず，結婚式・団体の結成式などの一回的なものも含まれないとされ（継続性の要件。もっとも，結婚式・披露宴等の開催を請け負っている業者の活動は業務である），ⓒ適法である必要はないが，刑法的保護に値しない違法なものは除かれるとされている。

本罪における業務は，公務執行妨害罪との関係から，ⓓ公務員の行う権力的（非現業的）公務以外の，非権力的（現業的）公務にかぎって業務となるとするのが判例・多数説の理解である（後述の限定積極説）。

ⓒの業務の要保護性について，業務は，平穏に行われていて刑法的保護に値すれば足り，適法であることを要しないとされていることから，たとえば，知事の許可を受けていない浴場営業も業務にあたる。

最決平成 14・9・30 刑集 56・7・395 は，東京都による路上生活者の意思に反した段ボール小屋の撤去作業について，要保護性に欠けるところはないことから業務にあたるとしている。もちろん，たとえば覚せい剤の販売は要保護性を欠くことから，業務にはあたらない。

(2)　公務と業務の関係

ⓓの業務妨害罪の「業務」と公務執行妨害罪の「公務」との関係について，学説は分かれている。具体的には，刑法 233 条以下の業務妨害罪にいう「業務」に「公務」が含まれるかについて，上述のように，判例は，①限定積極説にたって公務を限定して（最決昭和 62・3・12 刑集 41・2・140，最決平成 12・2・17 刑集 54・2・38，前掲最決平成 14・9・30 など），権力的（非現業的）公務は業務妨害罪にいう業務に含まれないが，非権力的（現業的）公務については業務に含まれると解したうえで，この非権力的公務を威力等を用いて妨害した場合には業務妨害罪が，暴行・脅迫によって妨害した場合には公務執行妨害罪と業務妨害罪の二罪が観念的競合として成立しうるとする（なお，公務の適法性が欠けて公務執行妨害が成立しない場合には，業務妨害罪も成立しないと解されている）。学説では，このほか，「業務」に「公務」が含まれるとする②積極説と，含まれないとする③消極説があるほか，現在では，権力的公務は業務に含まれず，これに対しては業務妨害罪は成立しないが，非権力的公務は業務に含まれ，これに対しては業務妨害罪のみが成立し，公務執行妨害罪は成立しないとする④公務振り分け説が有力である。

消極説に対しては，業務内容の実態は私企業的性質であるにすぎない非権力的公務をその実態に即して保護すべきであるとの，他方，積極説に対しては，すべての公務に対して業務妨害罪が成立するとすれば，業務妨害罪と比較して犯罪成立要件が厳格である公務執行妨害罪を定める必要性がなくなるとの，公務振り分け説については，基準が

不明確であるとの批判がある。

　たしかに，限定積極説に対しては，この説によると，非権力的公務に対して「暴行」を用いれば国家的法益侵害たる公務執行妨害罪が，「威力」を用いれば個人的法益侵害たる業務妨害罪が成立するところ，このように非権力的公務を業務妨害罪によるほか，さらに公務執行妨害罪によって二重に保護する必要はないとの批判もあるが，これに対しては，非権力的公務に対する公務執行妨害罪の適用は，公務を国家の統治作用の見地から捉えてこれに対する妨害を犯罪としたものであるのに対して，業務妨害罪の適用は，公務を個人の社会的活動の自由の点から捉えたものであるとの反論が可能である。

　ただ，権力的公務への偽計による妨害に対して，この説によってでは処罰の間隙が生じてしまうことは避けられない。この点を考慮して，最近では，①の限定積極説にたちつつ，権力的公務については「自力執行力（自力排除力，妨害排除力)」，すなわち，当然予定される程度の暴行・脅迫を用いた妨害を自力で排除して執行を遂げる権能が付与されていることから威力業務妨害罪の成立は否定されるとし，しかし，物理的な自力執行力といえども「偽計（および一部の威力)」には無力であることから，偽計による権力的公務の妨害の場合には偽計業務妨害罪の成立を肯定しようとする⑤修正積極説が有力となりつつある。この説は，積極説にさらに一歩近づくことになる。

　思うに，警察官のように権力的公務を執行する者には，自力執行力によって妨害を排除することが許されるため威力業務妨害罪によってその公務を保護する必要はなく，他方で，自力執行力をもってしては偽計には抗しえないことから，修正積極説が支持されよう。なお，横浜地判平成 14・9・5 判夕 1140・280 は，虚偽の通報により海上保安庁職員のパトロール業務等を妨害した事案に，偽計業務妨害罪の成立を認めている（この場合，妨害されたのは，虚偽の通報がなければ遂行されたはずの，すなわち，「本来遂行されたはずの」公務ということになる)。

(3)　行　為

　本罪の行為は，ⓐ「虚偽の風説を流布」し，または，ⓑ「偽計」も
しくはⓒ「威力を用い」て，人の業務を妨害することである。威力を
用いた場合が威力業務妨害罪であり，その他ⓐ，ⓑを手段とした場合
が偽計業務妨害罪である。

　業務妨害行為は，業務の執行自体を妨害することのみならず，業務
の経営を阻害する一切の行為を含む。信用毀損罪で示したように，「虚
偽の風説を流布する」とは，真実でない事実を，不特定または多数の
者に知れわたるようにすることであり，「偽計を用いる」とは，人を欺
き，誘惑し，または人の無知，錯誤を利用することである。前者の例
としては，ある会社が倒産のおそれがあるとの噂を流すこと，甲会社
のミシン販売を妨害するため，甲会社の販売する銘柄ミシンよりも安
価に販売する乙会社があるように宣伝することなどであり，後者の例
としては，飲食店の入り口に「本日休業」の貼り紙をすること，漁場
の海底に障害物を沈めておき，漁業者の漁網を破損させて漁獲を不能
とすること，ある駅弁業者の駅弁が不潔・不衛生である旨の虚偽の内
容の葉書を鉄道局の担当部署に郵送すること，他人名義で虚構の商品
注文をして無益に注文品配達を行わせること，そのほか中華そば店に
無言電話を繰り返して従業員の業務ならびに顧客からの注文を妨げる
ことなどである（なお，最決昭和61・2・3刑集40・1・1〔マジックホン事
件〕，最決平成19・7・2刑集61・5・379〔ATM内侵入盗撮事件〕参照）。

　「威力を用いる」とは，人の意思を制圧するに足りる勢力を使用する
ことをいう。暴行，脅迫はもちろん，地位や権勢を利用する場合，集
団による威圧的勢力の誇示，怒号による喧噪・混乱の惹起，威嚇・威喝，
あるいは，営業中の商家の周囲を板囲いして店内を真っ暗にしたり，
満員の百貨店食堂の配膳部に縞蛇20匹をまき散らすことなどが威力
にあたる。また，判例は，偽計・威力は人の意思に働きかけることを
要しないとし，対人的加害行為のほか対物的加害行為を認めている。

すなわち，「『威力を用い』とは，一定の行為の必然的結果として人の意思を制圧するような勢力を用いれば足り，かならずしもそれが直接，現に従事している他人に対してなされることを要しない」（最判昭和32・2・21刑集11・2・877）として，たとえば，労働争議中，送炭業務を阻止するため貨車に積載した石炭を開閉弁を開いて落下させること，何人もいない配電室のスイッチを切断し操業中の織機の運転を停止させること，タクシー会社所有の自動車の車検証とキーを抑留することなども威力にあたると解している。このように，偽計と威力の差異は相対化し，その手段が公然かどうかによって区別されることになる。

(4) 妨　害

「妨害した」の意義については，その文言を根拠に，妨害の結果の発生が必要だとする侵害犯説も有力であるが，信用毀損罪と同様，妨害の危険が生じれば足りるとするのが判例である。同様の文言，すなわち「〜した」との文言が用いられている名誉毀損罪，信用毀損罪と同じく，結果発生の立証の困難さから，業務を妨害するに足りる行為が行われれば成立すると解すべきであろう。なお，学説では，替え玉受験や試験での不正行為は，偽計業務妨害罪に該当しないとされているが，危険犯説にたつ場合には該当しないとする理由はないであろう。

▌Ⅰ-5-3 電子計算機損壊等業務妨害罪（234条の2）

(1) 意　義

コンピュータ・システム（電子情報処理組織）に対する加害行為に対処すべく1987（昭和62）年に刑法の一部が改正され，ⓐ電磁的記録の改ざん，毀棄を文書の改ざん，毀棄と同様に処罰すること（161条の2等），ⓑコンピュータ・システムに対して害を加えることを手段として業務を妨害する行為について，法定刑を加重すること（234条の2），ⓒ

電子計算機による決済や資金の移動等が行われるシステムを利用して財産を取得する行為で，窃盗罪や詐欺罪にあたらない行為を新たに処罰すること（246条の2）などが規定された。

本罪は，この刑法の一部改正により新たに設けられた上記各規定のうち，ⓑの業務用の電子計算機への違法な加害行為を手段として行われる業務妨害行為を処罰する規定である。現代における各種業務の遂行における電子計算機の役割の飛躍的な増大に伴い，これら電子計算機による事務処理に対してなされる妨害は，重大かつ広範な被害をもたらすにいたっており，そのようなことから，これを規制すべく電子計算機による事務処理という性質に即した新しい犯罪類型の創設がなされ，同時に，偽計・威力業務妨害罪に対するより重い法定刑が定められた。

刑法7条の2に電磁的記録の定義があるが，それによれば「電磁的記録」とは，ICメモリのような電子方式，磁気テープ・ディスクのような磁気的方式によって，記録媒体の上に，情報がある程度の永続性をもって記録・保存されている状態を表す。したがって，通信中や処理中のデータはここには含まれない。また，「人の知覚によっては認識することができない方式」とは，通常人の五感の作用によっては記録の存在および状態を認識できず，電子計算機によって演算，検索等の情報処理に用いられる方式のものをいう。したがってバーコードなどは電磁的記録から除外される。また，「電子計算機」とは，自動的に計算やデータの処理を行う電磁装置，すなわちコンピュータのことをいう。

本罪の保護法益は，電子計算機による業務の円滑な遂行である。

(2) 行　為

本条の構成要件は，電子計算機，電磁的記録に対する加害行為とそれによる電子計算機の動作阻害，さらにその結果としての業務妨害の

3つである。未遂も処罰される（234条の2第2項）。

　1.　加害行為

　本罪を構成する要件の1は，人の業務に使用する電子計算機とそのような電子計算機の用に供する電磁的記録に対して加害行為をなすことである。

　人の「業務」とは，他の犯罪においてその成立要件となっている業務と同一の意味である。

　業務に「使用する」とは，人に代わって独立して，自動的にある程度広汎な業務の処理に用いることをいう。したがって，そのような機能を有せず，情報処理を行わない，たとえば，家電製品や自動販売機の中に組み込まれたマイクロコンピュータはこれに含まれない。

　加害行為の態様としては，ⓐ電子計算機またはその用に供する電磁的記録を損壊・消去する行為，ⓑ人の業務に使用する電子計算機に内容虚偽の情報や与えられるべきではない不正の指令を与える行為，ⓒ上記ⓐ，ⓑ以外の方法を用いた電子計算機の動作に影響する直接的な加害行為，たとえば電子計算機の電源や通信回路の切断，入出力装置等の付属設備の損壊，正常な作動に必要な温度・湿度（作業環境）の改変などが考えられる。コンピュータ・ウイルスに感染させて動作を阻害することは，基本的にはⓑに該当するがⓐにあたる場合もあろう。

　2.　動作阻害

　要件の2の，「使用目的に沿うべき動作をさせず」，「使用目的に反する動作をさせて」とは，いずれも電子計算機を使用して情報処理を行おうとする者の目的に反した入出力，演算等の動作を行わせることである。電子計算機からの情報の不正入手や，無権限の電子計算機利用は含まれない。動作阻害行為の例としては，コンピュータ・ウイルスに感染させてプログラムを破壊して，あるいはプログラムを改ざんして動作を阻害することなどである。

3. 業務妨害

　要件の3は，以上の加害行為の結果として，人の業務が妨害された，あるいは妨害されるおそれのある状態が生じたことである。すなわち，電子計算機の動作阻害を通じて，電子計算機による業務の遂行に外形的混乱を生ぜしめることである。偽造CDカードでの現金引き出し行為は，業務を妨害していないので，本罪にはあたらない。

　なお，コンピュータ・システムに対する加害行為に関しては，不正指令電磁的記録に関する罪（刑法168条の2，3参照）がある。168条の2は，コンピュータ・ウィルスの作成・提供，実行の用に供する行為を処罰している。また，168条の3は，コンピュータ・ウイルスの取得，保管を処罰している。また，コンピュータ・システムに対する不正なアクセス，ハッキングに対処するために，不正アクセス禁止法が1999（平成11）年に制定された。この法律は，コンピュータによる業務処理，情報処理の安全性・確実性を保護することを目的としている。同法は，不正アクセス行為，不正アクセス助長行為を処罰するものである。

【設問11】を考えてみよう

　本問については，本件Aの，虚偽の電話をかけて警察を出動させる行為（第1行為）は偽計に，自動車放置行為（第2行為）は威力に該当することになるが，これらの行為については，手段として「暴行」を要件としている公務執行妨害罪は成立しないことになる。

　「公務」と「業務」の関係について，「公務」は「業務」に含まれるとする積極説にたつと，警察官の権力的職務行為を妨害している第1行為については偽計業務妨害罪，第2行為については威力業務妨害罪が成立することになるが，限定積極説，すなわち，警察官の権力的公務については業務妨害罪の業務には含まれず，公務執行妨害罪の保護の対象であるとする説によると，第1行為について偽計業務妨害罪の

成立はなく，また，第2行為について威力業務妨害罪の成立もないことになる。他方，修正積極説によると，偽計を用いた第1行為には偽計業務妨害罪が成立することになるが，しかし，この説においても，威力を手段とした第2行為についての業務妨害罪の成立はないことになる。なお，第2行為についてかりに威力業務妨害罪の成立を否定しても往来妨害罪の成立を認める余地は存する。

II 個人的法益に対する罪(2)
──財産に対する罪

Theme 12

> カンニング行為は窃盗にあたるか。アパートの隣の部屋の冷気で自室を冷やせば犯罪となるか。

【設問12】

① 甲製薬会社のAは，競合する乙社の新薬に関するデータを得ようとして，乙社に勤務する知人のBに依頼し，上記データが収められた資料ファイルをこれを管理するXのもとから持ち出させて受け取り，乙社外のコンビニでコピーして，1時間後にBをして同ファイルを元の場所に戻させた。AとBの罪責を論ぜよ。

② Cは，銀行のATMの外に落ちていたYの自動車運転免許証をみつけ，これを利用して免許証を偽造しようと考え，その免許証を持ち帰った。Cの罪責を論ぜよ。

③ Dは，深夜，盗みの目的で侵入したアパートで，ソファにおいてあったZのハンドバッグからキャッシュカードを盗み，その後，寝室で寝ていたZをナイフで脅して暗証番号を聞き出した。Dの罪責を論ぜよ。

第6章 財産犯総論

産業革命を経て登場した近代市民社会は，私的所有権の絶対性と契約の自由という市民法の原理を基礎に発展したが，そこでは商品交換法則が経済を成り立たせていた。たとえば，フランス人権宣言の2条

では，政治的結合の目的は自然権の保全であり，その自然権には所有権が含まれるとされた。そして，これを受けて，同17条では，「所有権は，神聖かつ不可侵の権利である……」と謳われたのである。

　私有財産制度を基礎に成立している今日の社会においては，個人の財産を不当な侵害から保護することは重要な法的任務の一つであり，「財産権は，これを侵してはならない。」とする憲法29条1項の要請を受けて，わが国の刑法典は，その36章ないし40章において，生命，身体，自由に対する罪にならんで，財産犯を規定している。

　刑法における財産の保護に関しては，財産の利用形態の変化および財産の存在形態の変化に伴う変遷がみられるといわれる。すなわち，前者に関しては，産業革命以前の前市場経済時代における自己使用中心の利用の対象から，近代資本主義の商品交換経済の時代における取引の対象としての財物へと性質の変化が生じ，それに伴う委託，貸与，交換といった財産の利用形態の出現は，事実的支配を侵害する窃盗・強盗罪中心の財産犯から委託・貸与等の経済活動を保護する詐欺罪，横領罪の類型をも包摂する財産犯へと犯罪形態の変容を促し，また，取引主体として法人が重要な地位を占めることにより，対内的関係において財産を保護する背任罪が新たに犯罪類型に加えられた。後者に関しては，財物の利用権，担保権，その他の債権という財産権の発生に伴い，財物罪から利得罪・利益罪へと財産犯の類型も拡大し，さらには，無体財産権・知的所有権（特許法196条，197条，著作権法119条，120条，商標法78条，79条など）という財産権が刑法的保護の対象となり，加えて，近時では，無体財産権として認められていない財産的価値を有する営業（企業）秘密の保護（後述，127頁）が問題となっている。このように，財産の利用・存在形態の変容がみられ，特別法による新たな犯罪類型の創設が行われているように，時代の要請によって刑法による財産の保護のあり方も変わってきているといえよう。しかし，他方において，刑法の謙抑性，補充性原則に照らせば，刑罰法規によ

る財産の保護は，あくまで民法によるそれを補完するという性格を有しているにすぎないということに留意すべきである（民法では，不法行為の規定などによって広く財産権を保護しているのに対して，刑法では，刑法的処罰が必要な類型にかぎり処罰の対象としているのである）。なお，民法との関係，法秩序の統一性の問題のほか，刑法の民法に対する従属性の要否が議論されている。たとえば，刑法における財物の「他人性」の解釈は，民事法の解釈に従属して判断されるかという点について，最判昭和 61・7・18 刑集 40・5・438 は，刑法 260 条の建造物損壊罪の成否が争われた事案で，「他人の」建造物というためには，「他人の所有権が将来民事訴訟等において否定される可能性がないということまでは要しない」と判示した。これは，刑事裁判における「他人の」建造物の解釈は，かならずしも民事法に従属するもの（いわゆる「従属説」）でなく，ある程度独立してなされうるとする立場（いわゆる「独立説」）に立脚したものである。また，これに関連して，財産犯の保護法益，すなわち「財産」の意義に関しては，①法律上保護される民事法上の財産権と捉える法律財産説と，②民法上正当であるかにかかわらない純粋な経済的価値であると考える経済財産説，そして両者を総合する立場として，③一応民法上適法な外観を有する所有物・占有物または財産上の利益（財産的利益）と捉える法律・経済財産説がある。民法において違法な利益を刑法で保護する必要はなく，他方で，複雑な経済取引社会において，刑法上の財産犯の客体を論じるに際して民法上の権利関係の確定を前提とするのでは個人の財産権の周到な保護に欠けることになることなどから，③説が通説となっている。

II-6-1　個別財産に対する罪と全体財産に対する罪

　財産犯については，個々の犯罪類型の異同を明らかにして，それぞれの特徴を理解し易くするため，以下のような分類がなされている。

　まず，保護の客体に注目して，**個別財産に対する罪**と**全体財産に対する罪**とが区別される。前者は，被害者の個別的財産，すなわち，財物およびそれ以外の個々の財産権を侵害する犯罪であり，窃盗罪(235条)，不動産侵奪罪(235条の2)，横領罪(252条以下)，盗品等に関する罪(256条)，毀棄・隠匿罪(258条以下)などがこれにあたる。後者は，被害者の財産状態全体に対して侵害が加えられ，損害を生ぜしめた場合に成立する犯罪であり，背任罪(247条)がこれにあたる。背任罪においては，したがって，具体的な損害とそれに対応する反対給付とをあわせて評価して，損害の有無，犯罪の成否が決せられることになる。

　なお，後述の強盗，詐欺，恐喝の各2項犯罪は，全体財産に対する罪の側面をも有するが，現在では，背任罪のみが，全体財産に対する罪とされている。

Ⅱ-6-2　財物罪と利得罪

　つぎに，財産犯は，その行為客体(侵害の対象)に応じて，財物(動産・不動産)に対する犯罪である**財物罪**と，財物以外の財産上の利益に対する犯罪，すなわち**利得罪**に区別される。前者には，窃盗罪，不動産侵奪罪，1項強盗罪(236条)，1項詐欺罪(246条)，1項恐喝罪(249条)，横領罪，盗品等に関する罪，毀棄・隠匿罪がある。後者は，財産上の利益(債権など)を客体とするものであり，「2項犯罪」と呼ばれ，2項強盗罪，2項詐欺罪，2項恐喝罪がこれに含まれる。財物罪であり，かつ利得罪である犯罪は，したがって，強盗罪，詐欺罪，恐喝罪ということになる(なお，事後強盗罪と昏酔強盗罪は，財物のみを客体としている)。

II-6-3　毀損罪と領得罪

　また，財物罪においては，**毀棄罪**と**領得罪**とが区別される。前者は，他人の個別財産を減却・減少させる犯罪であり，258 条以下がこれにあたる。後者は，不法領得の意思にもとづき，行為者自身または第三者のものとして領得する犯罪を指し，窃盗罪，不動産侵奪罪，強盗罪，詐欺罪，恐喝罪，横領罪がこれにあたる。

　なお，毀棄行為が背任罪にあたることもあることから，背任罪には毀棄罪的な側面も存する。盗品等に関する罪は，他人の財物に対する領得行為を継承し助長することから，間接領得罪とされ，それ以外の直接領得罪と区別される。

II-6-4　奪取罪と横領罪

　領得罪（間接領得を除く）は，さらに，**奪取罪**と**横領罪**とに区別される。前者は，財物に対する奪取行為，すなわち，被害者の占有を排除し，客体たる財物を行為者自身または第三者の占有に移転する行為を内容とする犯罪であり，横領罪を除く犯罪がこれにあたる。横領罪は，行為者の占有下にある他人の物を領得する犯罪である。

II-6-5　盗取罪と交付罪

　奪取罪のうち，被害者の意思に反して占有を取得する窃盗罪・強盗罪を**盗取罪**と呼び，意思にもとづく交付を内容とする詐欺罪，恐喝罪などの**交付罪**と区別することができる。

II-6-6　財物の意義

(1)　有体性説と管理可能性説

　財産犯の客体は，構成要件上，「財物（235条，236条1項など）」「物（252条，261条）」，そして「財産上の利益（236条2項など）」に分かれている。このうち，財物と物は基本的に同じ意味であるが，物には245条の「電気は財物とみなす」という規定の準用がない点で財物と異なる。また，窃盗罪においては利益窃盗を処罰していないことから，財物と利益との区別が重要となる。

　財物の意義については，①有体性説と②管理可能性説とが対立している。有体性説は，民法85条が有体物をして物と規定していることを根拠に，刑法上の財物を有体物，すなわち，空間の一部を占めて有形的存在であるものにかぎるとしている。この立場では，したがって，固体のほか液体や気体も有体物であるから，ガスや蒸気は財物に含まれるが，電気その他のエネルギー，たとえば，水力，火力，冷気，熱気，空気の圧力などは無体物ゆえ財物に含まれないとする。この立場では，「電気は，財物とみなす」とする245条は例外規定であると理解している。

　これに対して，管理可能性説は，管理可能であるかぎり，無体物も財物であると解し，固体，液体，気体はもちろん，水力，火力，空気の圧力，人工冷気なども財物であるとしている。この立場では，245条は例示規定（注意的規定）であり，管理可能であるかぎり電気はもちろん，それ以外のエネルギーもまた，財物であると解する。もっとも，管理可能とはいっても，牛馬の牽引力，人の労働力，あるいは事務的に管理可能な債権等の権利や情報まで財物に含めるべきではないとして，現在では，電気と同じような自然力の利用によるエネルギーにかぎるとする，物理的管理可能性説が有力となっている。有体物におけると同様に，無体物に対する侵害にも財産的侵害として刑法的保護の

必要があり，また電気とそれ以外の電気と性質上同視できるエネルギーとの間に区別を設けることに理由はないというのがその根拠である。

❖営業（企業）秘密の保護

　営業（企業）秘密の侵害行為については，かぎられた範囲において，判例実務上，窃盗罪や横領罪ないしは背任罪の適用が認められてきた。もっとも，財産犯の客体は財物ないし財産上の利益であり，情報は，それ自体財産犯の客体にはあたらない──情報は，一般に，財物とは異なり移転しない（「情報の非移転性」）──とされているところから，情報が不正に取得されることによってもたらされる状態を，情報が化体した財物に対する侵害というように法的に構成・評価し直すことによって財産犯の成立が肯定されてきたものである。いうならば，情報と他のあるものとの「抱き合わせ」によって財産犯としての客体性が肯定されてきたのである。

　情報侵害の類型として第1に考えられるのは，情報が化体した財物が領得される場合である。たとえば，会社の従業員が，退職に際し，製法上の機密に属する薬剤と製造技術に関する秘密ファイルを自宅に持ち帰ったならば，会社の主観的価値（→後述128頁）に照らして，在職中に作成したファイルを含めて業務上横領罪にいう「物」にあたり，業務上横領罪が成立する。第2の類型として考えられるのは，情報を自己が所属する会社内でコピーし，そのコピーを持ち出す形態である。たとえば，社員が会社に無断で稟議決済一覧表を会社内でコピーしこれを他社の社員に売却したならば，情報が化体した財物を窃取したとして，窃盗罪が成立する。第3の類型としては，情報をコピーする目的で媒体を社外に持ち出す形態が考えられる。たとえば，会社の機密資料を，そのコピーを作成し第三者へ譲り渡す目的で会社外に無断で持ち出した場合には，たとえコピー作成後原本は元の保管場所に戻したとしても，不法領得の意思（→後述135頁）が認められ，窃盗罪が成立する。情報の経済的価値はその内容に依拠している以上，その価値は情報を秘密にすることによって担保されるのであり，情報の権利者による情報の独占的・排他的利用によってのみ維持されているというのである。コピーによる媒体の財物としての価値の減耗は，すなわち，媒体に化体された情報そのものについて論じられているのであり（東京地判昭和59・6・28判時1126・3），ここに不法領得の意思が認められる実質的な根拠があるのである。最後に，秘密の不正入手，探知，漏洩が考えられる。たとえば，自らが独自に開発したコンピュータプログラムではあってもこれを会社に無断でその任務に背いて同社の顧客でない者のコンピュータに入力したならば，事務処理者としての地位と図利加害

目的が認められ，背任罪が成立するのである。

　このように，情報は財物ではない。したがって，刑法的には，直接的な保護の対象ではない。しかし，営業（企業）秘密は，社会経済的にきわめて重要な価値と効用を有していることからその法的保護については，かつてより重大な関心事とされ，立法提言がなされてきた。

⑵　財産的価値

　財産犯の客体としての財物は，判例・通説によれば，客観的な交換価値，つまり，金銭的ないし経済的価値を有する必要はなく，社会観念上刑法的保護に値するとされる相当の理由があるかぎり所有者・占有者の主観的価値でもよい。したがって，記念の品，ラブレターのような主観的・感情的価値が存在するにすぎないものでも，財物にあたるとされている。また，所有者にとっては積極的な価値はなくても，他人の手に渡って悪用されるおそれのある物は，消極的な価値があるとされている。日本銀行が焼却するために回収した破損日銀券などがこれに該当する。しかし，客観的にも主観的にもまったく価値がないとされるものは，もはや財産に対する罪の客体たりえず，刑法的保護の対象にならない。また，経済的価値がきわめて軽微で，刑法的保護に値しないものも，財物にあたると解すべきではないとされている。

　判例は，その財産的価値を問わないとしたうえで，価格2銭ぐらいの石塊，神社内に安置された木像一体と石塊，使用済の列車の乗車券，デパートが発行する領収書，失効した運転免許証，消印のある収入印紙，ゴルフ場内の人工池に誤って打ち込まれ，放置されたゴルフボール（最決昭和62・4・10刑集41・3・221），他人名義で預金口座を開設し，銀行窓口係員から詐取した預金通帳（最決平成14・10・21刑集56・8・670）などに財物性を認めている。他方で，価格一厘にあたる葉たばこを政府に納入しなかった煙草専売法違反事件につき，葉たばこの財物性を否定してか，その違反罪の成立を否定している（行為の零細性，危険性の不存在が理由とされている。これが「可罰的違法性」の理論の端緒と

なっている）。そのほか，メモ用紙1枚，ちり紙13枚，外れ馬券などは財物性が否定され，結果発生の客観的危険性があるならば，その場合には，せいぜい窃盗未遂が成立するとされている。

(3) 不動産

　財物・物は，動産にかぎられるか，不動産をも含むか。不動産は詐欺罪，恐喝罪，横領罪の客体となりうることについては，以前より争いはなかった。また，不動産の一部を動産化すれば，盗取罪の客体となることも明らかである。これに対して，不動産を不動産のままで，窃盗罪の客体とすることについては従来争いがあったところ，1960（昭和35）年の刑法の一部改正によって不動産侵奪罪（235条の2）が設けられ，不動産は窃盗罪の客体である財物に含まれないことになったことから，この争いは立法によって解決されるにいたった（なお，反対説も有力であるが，不動産の強取は2項強盗とはなりえても，1項強盗を構成しないとするのが多数説である）。

(4) 所有権の対象物

　所有権の対象とならないものについては，財物性が否定される。たとえば，自然水，河川敷内の砂利，鳥獣保護区域内の鳥獣などの無主物は，財物ではない（もっとも，無主物先占（民法239条）によって他人がその物につき所有権を取得した場合はこのかぎりではない。前掲昭和62・4・10は，所有者であるゴルファーが放置したロストボールに，ゴルフ場側がいずれ回収・再利用を予定しているから，財物性を認めている）。人の身体については，そのままでは財物ではないが，身体から分離された，義足，義眼，入れ歯，かつらなどは当然財物である。

　法令上私人による所有・占有が禁じられている物，たとえば，麻薬，覚せい剤，銃砲刀剣類，偽造貨幣・文書，わいせつ物などの禁制品については，現在では，判例・通説によって財物性が肯定されている。

禁制品といえども, その没収には一定の法的手続を履践しなければならず, その限度においては, 事実上の占有 (所持) が可能であり, 少なくともその範囲においては財物性を認めるべきとされているのである (最判昭和 61・11・18 刑集 40・7・523 では, 覚せい剤が財産犯の客体とされている)。

葬祭対象物 (納棺物) としての死体, 遺骨, 遺髪, 棺内蔵置物については, たとえ財産的価値があっても, 主として葬送者における信仰感情の対象としての意味のみを有していること, また, 財物性を認めて窃盗罪の成立を肯定するならば, 死体損壊等罪等 (190 条, 191 条) が当該領得行為を窃盗罪よりも軽く処罰していることの意味がなくなってしまうことから, 財産犯の客体とはならないとされている (所有権が放棄されているとする説もあるが, かならずしもそのようにはいえないであろう。刑の均衡を主たる根拠とすべきであろう)。

Ⅱ-6-7 財産上の利益の意義

財産犯の客体としての**財産上の利益**とは, 財物以外の財産上の利益を指し, 債権の取得, 労務 (役務) の提供を受けるなど積極的財産の増加であると, 債務免除, 支払い猶予など, 消極的財産の減少であるとを問わず, また, 永久的利益であると一時的利益であるとにかかわらない。財産上の利益が認められるのは, 具体的には, ⓐ被害者を欺き債務の免除や債務の履行期の延期をさせるなど, 被害者に財産上の一定の処分をさせる場合, ⓑ有効な乗車券なしに列車に乗車させるなど, 被害者をして便宜のための一定の労務を提供させる場合, ⓒ被害者に債務の負担を口頭で約束させる, 土地の所有権移転の意思表示をさせるなど, 被害者に一定の意思表示をさせる場合などが考えられる。

┌─────────────────────────┐
│【設問12】を考えてみよう│
└─────────────────────────┘

　①については，情報の不正取得・利用に関しては，秘密情報が化体した客体は情報と媒体が一体となって財物としての価値を有し，その価値は権利者以外の利用が排除されていることにより維持されるところ，本問における複写物の存在によって権利者の排他的利用が阻害されることになり，また，そのような事情を認識しつつ当該客体を持ち出したことから不法領得の意思も認められることになる。したがって，AとBには窃盗罪の共同正犯が成立する。

　②については，所有者にとっては積極的な価値はなくとも他人の手に渡って悪用されるおそれのある物は消極的な価値があり，本問においても行為者にとってそれを悪用するために保持する利益がある以上，財物とみなすことに問題はない。Cには遺失物横領罪が成立する。

　③については，住居侵入罪と窃盗罪のほか，2項強盗罪の成立が問題となるが，キャッシュカードと暗証番号とを入手することで，事実上，ATMを通して当該預金口座から預金の払戻しを受けうる地位という財産上不法の利益を得ているので，Dには2項強盗罪が成立する。

Theme 13

> 窃盗犯人から盗品を取り返すことは犯罪となるか。分解することを目的として時計を奪うことは窃盗となるか。

〜〜〜〜〜〜〜〜〜〜〜〜〜〜〜〜〜〜〜〜〜〜〜〜〜〜〜〜〜〜〜〜〜〜〜〜

【設問13】

①　貸金業を営んでいた A は，借主 X との間に買戻約款付自動車売買契約を結び，その後自動車は引き続き X が使用していたが，返済期日を過ぎて X が買戻権を喪失した直後，A は X 宅のガレージに無断で入り，密かに作ってあったスペアキーを利用して X の支配下にあった自動車を無断で引き揚げた。A の罪責を論ぜよ。

②　B は，叔父 Y の財産を不正に取得しようとして，裁判所に虚偽の支払督促を申し立てたうえ，Y から督促異議申立ての機会を奪うために，郵便配達員から Y の妻が受領し玄関に置いてあった支払督促正本をそのまま廃棄するために持ち出し，近くの川に投棄した。B の罪責を論ぜよ。

③　C は，公園内で子どもを遊ばせていた Z が財布をベンチに忘れたまま子どもを連れて帰宅しようとしてベンチから 25 メートルほど離れたところで，その財布を持ち去った。C の罪責を論ぜよ。

〜〜〜〜〜〜〜〜〜〜〜〜〜〜〜〜〜〜〜〜〜〜〜〜〜〜〜〜〜〜〜〜〜〜〜〜

II-6-8 　財産犯の保護法益

　財産犯の保護法益の理解について，学説においては，かねてより①本権説と②占有説（所持説）との間で争いがある。本権説は，財物に対する他人の所有権その他の本権（民法上の適法な権限）を保護法益と理解する（従属説→前述 123 頁）。その根拠として，235 条は，「他人の占有する物」とせず「他人の財物」，すなわち他人の所有に属する物としていること，また，窃盗犯人が盗品を損壊した場合の共罰的事後行為は，まさに窃盗行為によって所有権を侵害したことから説明が可能で

あることなどを挙げている。この立場では、他人の占有等にかかる自己の財物については「他人の財物」であるとした 242 条は例外規定であり、同条における「他人の占有」とは、正当な権原（法律上の原因）による占有、すなわち、適法な原因にもとづいた財物占有権者の占有をいうことになる。

本権説は、なるほど、「ⓐ窃盗犯人から自分の物を取り戻す行為」は窃盗罪にあたらないという常識的な結論を導くことには適している。しかし、この説にたつと、正当な権原のない占有に対する侵害行為は窃盗罪にはあたらなくなることから（窃盗犯人から、その盗品を、所有者ではなく第三者が窃取するという、所有権の再度の侵害事例も同様である）、「ⓑ賃貸借期限の切れたものを貸主が勝手に持ち出す行為」などの自力救済が無限定に許容されることにもなりかねず、法秩序が動揺しかねないことが指摘されている。

他方、占有説は、窃盗罪の保護法益は、財物の占有自体と捉えるものであり、したがって、構成要件レベルでは、占有の法的正当性を問題としない。この立場は、現代社会における市場経済システムにおいては、刑法は、財物の持つ経済的価値を重視し、財物に対する利用関係を保護すべきであること、所有関係が複雑な今日の社会生活においては民法の権利関係から離れて（独立説→前述 123 頁）、占有があれば通常所有も推定されうることを前提として、財物に対する事実上の支配を保護する必要があることなどを基礎としている。したがって、この説によると、242 条の規定は当然のことを示した注意規定ということになる。

占有説においては、たしかに、ⓑの「賃貸借期限の切れたものを貸主が勝手に持ち出す行為」に可罰性を導くことができるという利点は存するものの、逆に今度は、ⓐの「窃盗犯人から盗品を取り戻す行為」は窃盗罪にあたりうることになる（この場合、自救行為として違法性の阻却が検討されるべきことになる）。

　このように，両説には，それぞれ結論の不合理さが指摘されたことから，これを克服するために，財産犯における保護法益を「平穏な占有」，「一応理由のある占有」にかぎって保護しようとする③平穏占有説が唱えられた。この立場は，現実の占有が権原にもとづくものかは客観的に明確にはならないことを背景に，所有権その他の本権を十分に保護するためには，一応不法な占有とみられなければ，その占有自体を保護すべきであるとするものである。また，社会生活における現実の占有を保護しつつも，他方では，窃盗犯人の占有を法的に保護する必要性はないことを根拠とするものであり，今日の多数説となっている。もっとも，構成要件該当性判断の形式性を重視する立場からは，同じく平穏占有説を基礎にしつつも，占有説と同じく，ⓐ，ⓑいずれの場合であっても，まず，窃盗罪の構成要件該当性を肯定したうえで，保護法益については違法性阻却の段階で考慮するという考え方が有力である。現代社会の複雑な財産関係に鑑みれば，占有説の，違法性の段階で実質的に財産犯の保護法益を考慮すべきである，とする考え方が支持されているのである。

　判例は，古くは本権説に立脚していたが，戦後は，しだいに占有説が実務に浸透し，そして，この流れは，最決平成元・7・7刑集43・7・607〔買戻約款付売買契約事件〕によって確実に定着することになった。買戻約款付売買契約によって自動車の所有権を取得した金融業を営む被告人が，返済期限の当日未明に，借主に無断で自動車を引き揚げたという事案に，同決定は「被告人が自動車を引き揚げた時点においては，自動車は借主の事実上の支配下にあったことが明らかであるから，かりに被告人にその所有権があったとしても，被告人の引揚行為は，刑法242条にいう他人の占有に属する物を窃取したものとして窃盗罪を構成するというべきであり，かつ，その行為は，社会通念上借主に受忍を求める限度を超えた違法なものというほかはない」として占有説にたつことを示したうえで，違法性阻却の可能性が残されているこ

とを示唆したのである。

【財産罪の体系】

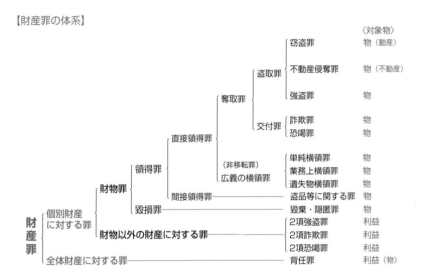

II-6-9　不法領得の意思

(1)　意　義

　窃盗などの領得罪は故意犯であるから，犯罪の成立に故意が必要であることはいうまでもない。ところで，判例は，領得罪の成立には，故意の存在に加えて，条文にはない主観的な犯罪成立要件（そのような意味で，書かれざる構成要件）として**不法領得の意思**を必要とすると解してきた。不法領得の意思とは，判例によれば，「@権利者を排除して，他人の物を自己の所有物として，⑥その経済的用法に従い，利用もしくは処分する意思」をいう。不法領得の意思という概念を用いることで，@の「権利者排除意思」によって，可罰的な窃盗と不可罰的な使用窃盗とを区別し，⑥の「利用処分意思」によって，窃盗罪と毀棄・

隠匿罪とを区別することが可能となるとしているのである。権利者排除意思は主観的違法要素，利用処分意思は主観的責任要素に位置づけられている。学説は，判例に従い，行為時において，①権利者排除意思と利用処分意思のいずれも必要であるとする多数説のほか，②権利者排除意思のみで足りるとする説（毀棄目的の場合には不法領得の意思が認められる），③利用処分意思のみで足りるとする説（使用窃盗は可罰的となる），④そもそも不法領得の意思は不要であるとする説に分かれているが，④説は今日では少数説となっている（なお，かつては，本権説を採ると不法領得の意思が必要とされるのに対して，占有説を採用すると不法領得の意思は不要となるというような説明がなされたが，今日では，このような論理的な関係は必然的ではないとされている）。たとえば他人の六法を一時参照のために無断で手元に置き，その後に返却する行為などは不可罰とすべきであるとして，また，毀棄・隠匿罪と窃盗罪の区別も客観的要素ではなく，主として主観的要素によってなされるべきであるとして，判例の立場が支持されるべきである。

(2)　使用窃盗との区別

　判例は，一時使用の目的で自転車を無断使用しただけの場合には権利者排除意思はないが，乗り捨ての意思があればかかる意思は認められるとしてきた。対岸に着けば乗り捨てる意思で無断で他人の船をこぎ出した事例においても，権利者排除意思が認められるとして，不法領得の意思が肯定されている。もっとも，乗り捨ての意思がなくても，一時使用とはいえ社会的相当性を欠くような利用形態である場合，たとえば自動車の一時使用は，自動車の価値に照らし，また，それによってガソリンを消費することから，一般に短時間の使用でも不法領得の意思は存在するとしている（最決昭和55・10・30刑集34・5・357）。会社の営業秘密資料を社外に持ち出してコピーを作成し，その後に保管場所に戻した事例についても，営業秘密の価値の減失・減少に照らして，

権利者排除意思が認められている。

(3)　毀棄・隠匿罪との区別

　判例は，利用処分意思が存することをもって窃盗罪と毀棄・隠匿罪とを区別しているが，利用処分意思については，経済的用法や本来の用法にかなったものであることをかならずしも必要とするものではなく，その財物の持つなんらかの利益や効用を享受する意思であればよいとしている。そこで，性的目的で女性の下着を盗んだ場合でも，物取りの犯行を装うために財布等を持ち去った場合でも，財物自体のもつ利益・効用を自分のものとしたことから，窃盗罪を構成するというのである。他方，不法領得の意思を否定した例としては，校長を困らせる目的で学校所蔵の教育勅語謄本を持ち出して教室の天井裏に隠したという事案，保管中の米の俵数のつじつまを合わせる目的で，倉庫内の各俵から少しずつ抜き取った米で同じような米俵を作り，積んでおいたという事案，犯跡隠蔽の目的をもって投棄する意図で死体から貴金属を取り去ったという事案があり，そして，近時においては，強制性交の目的で自動車内に監禁した女性から救助の可能性を排除するために携帯電話を短時間取り上げた事案について不法領得の意思はないとされた判例がある（本事案では器物損壊罪の成立も否定されている。もっとも，その後に被告人は携帯電話を川に投棄しているので，最終的には，器物損壊罪の成立が認められている）。また，最決平成 16・11・30 刑集 58・8・1005 は，「廃棄するだけで外に何らかの用途に利用，処分する意思がなかった場合には，支払督促正本等に対する不法領得の意思を認めることはできない」として当該書類に対する利用処分意思を否定した（本判例はそれまで広く解される傾向があった不法領得概念の一層の拡張解釈に歯止めをかけたもの，との評価もある）。もっぱら毀棄・隠匿の目的である場合には，利用処分意思が否定されることになる（証書の廃棄によって利益が獲得されるとして，利用処分意思を肯定する見解も

ある。なお，本事案では，有印私文書偽造，同行使罪の成立が認められている）。

　なお，毀棄・隠匿の意思で他人の財物の占有を取得した者が，その行為に出ない，あるいは，その後，領得意思で利用・処分した場合には，事案により器物損壊罪か遺失物横領罪，あるいは行為態様によっては窃盗罪を認めることもでき，不要説が批判するような処罰の間隙は生じないといえよう（もっとも，燃やして暖を採るために薪をとった，分解することが趣味で時計を奪った，という場合には，判断は困難となろう。場所的な移転の態様が，1つの判断要素となろう）。

第7章　窃盗の罪

　窃盗罪とは，他人の占有する他人の財物をその意に反して奪取する行為をいう。刑法36章では，「窃盗及び強盗の罪」として，同じく盗取罪である強盗の罪とあわせて窃盗罪を規定している。窃盗罪と強盗罪とは，他人の財物の占有をその意思に反して取得する行為である点において共通の性質を有するが，窃盗罪は，強盗罪が暴行・脅迫を手段として相手方の意思を抑圧し財物の占有を取得するのに対して，そのような手段を用いない点で強盗罪と異なる。また，窃盗罪は，自己の占有する他人の物を客体とする横領罪と区別され，相手の瑕疵ある意思にもとづく交付罪であるところの詐欺罪および恐喝罪と区別される。さらに，強盗罪，詐欺罪，恐喝罪は，財物罪であると同時に利得罪であるのに対して，窃盗罪は財物罪であるにすぎない。

　なお，2006（平成18）年改正で，50万円以下の罰金が選択刑として付加された。その趣旨は，被害金額が少額にとどまり，かつ，速やかに被害回復がなされるといった類型の事案で起訴すべきか否かの判断に困難を伴うことも少なくないことから，選択刑として罰金刑を新設

することにより，刑の選択の幅を拡大することとしたものであるとされている（したがって，これまで検察官が拘禁刑相当と判断した事案については，同様の判断がなされるとされている）。万引きなどによる犯罪の被害者感情を考慮したものであり，一定の抑止力の確保が目的である。

　また，他人の占有する他人の不動産に対する侵奪行為である不動産侵奪罪は，したがって，不動産に対する窃盗行為ということができる。

II-7-1　窃盗罪（235条）

(1)　客　体

　本罪の客体は，他人の占有する他人の財物である。自己の財物であっても，他人が占有し，または公務所の命令により他人が看守するものであるときは，他人の財物とみなされる（242条）。

```
　　　　　┌占有┌1　占有概念（占有の事実＋占有の意思＋占有の主体）
　　　　　│　　└2　占有の他人性
窃盗罪┤窃取（行為）
　　　　　│
　　　　　└故意
```

1.　占有の意味

　刑法上の「占有」とは，財物に対する事実上の支配をいう。民法上の「占有」概念とは異なり，「自己のためにする意思」（民法180条）は不要であり，他人のための占有も含まれ，代理占有，相続による占有の継承などはない。

(a)　占有の事実（客観的要件）

　占有の客観的要件として，占有の事実，すなわち，占有者が財物に対して事実的支配を有することが必要である。占有の事実があるとい

うためには，物理的支配力の及ぶ場所内に存在する場合のほか，社会観念上，その財物の支配者を推知しうる一定の状態に置かれていれば足りる。かならずしもその財物に対する握持や常時の監視を必要としない。したがって，外出中の自宅に存在する財物，軒下・玄関先の放置物，門前の道路上に駐車した自動車，電報を打つために10分間置き去りにされたボストンバッグ，養殖場に放養してある稚貝，大体の位置を確認しうる海中の落し物などには占有があるとされる。一旦飼い主から離れても，その習性として飼い主の許に帰還できるかぎり，その飼い犬についての占有も否定されない。

　また，自己の排他的に管理・支配する場所内では，目的物を見失っても依然その占有を有する。置き忘れられた物は，その場所が物理的支配力の及ぶ範囲内にあるかぎり，占有が認められる。5分間，20mという場所的・時間的離隔にある置き忘れたカメラ，夜間自宅外に放置された自転車などについては占有は認められている。しかし，酩酊により自転車の放置場所を失念した場合には，占有は否定されることになる。また，スーパーマーケットの6階のベンチに財布を置き忘れたことを10分後に地下1階で思い出したという場合も同様に占有は否定される。

　他人の排他的実力支配下にある場所内に置き忘れたときは，その管理者たる他人に占有が移ることになる。旅館内や銀行の事務室内での遺失物がその例であり，旅館の主人や建物管理権者の占有に移ることになる。

　一般人の立入りが可能であり，その場所の管理者の排他的実力管理が十分行われていない場所（市役所，町役場，電車内）での遺留物に関しては，管理の態様，財物の大きさなど，具体的事実関係による。

　財物を一時他人に手渡しても，具体的状況によってなお手渡した側に占有が存する場合もある。ホテルのポーターに手渡したボストンバッグ，旅館から宿泊客に提供された丹前・浴衣，客に差し出された

商店内の商品などがこれである。近所に弁当を買いに行くために 30
分ほど留守にする同僚から看視する趣旨で預かった施錠されていない
かばんの上蓋を開け，在中の現金を奪う行為も窃盗罪を構成する（東
京高判昭和 59・10・30 判時 1147・160）。

　窃盗罪と遺失物横領罪のいずれが成立するかに関して，財物の占有
概念が争われた最決平成 16・8・25 刑集 58・6・515〔ポシェット事件〕
は，公園のベンチでポシェットを傍らに置いて Y と話をしていた X
が，ポシェットをベンチ上に置き忘れたまま，Y を駅まで送るためそ
の場を離れ，歩道橋を渡り，約 200m，時間にして 2 分ほど歩いたとこ
ろでポシェットを置き忘れたことに気づきベンチまで戻ったが，X が
ベンチから離れて歩道橋の階段の踊り場まで行ったのを見ていた A
がすでにポシェットを持ち去っていたという事案につき，「A が本件
ポシェットを領得したのは，X がこれを置き忘れてベンチから約 27m
しか離れていない場所まで歩いて行った時点であったことなど本件の
事実関係の下では……X の本件ポシェットに対する占有はなお失わ
れておらず，被告人の本件領得行為は窃盗罪に当たる」と判示した。
原判決は，被害者が被害品を取り戻すまでの事情（離れた距離・時間，
人通りの多寡，遺失物のある場所および犯人についての認識の有無）を検
討しているのに対し，本決定は，領得行為時に被害者の占有がなお肯
定されるかをその時点での時間的・場所的近接性によって判断し，端
的に被告人が被害品を領得した時点の事情を問題としたのであるが，
原審の判断を支持する立場もある。

:::::【設問13】を考えてみよう:::::

　①については，判例によると，自動車に対する事実上の支配が X に
認められる以上，たとえ所有権が A に存在していても，これを取り戻
す行為は窃盗罪の客観的成立要件を満たすことになる。たしかに，A
は自動車の所有者であることから，当該行為は権利行使として違法性

が阻却されるのではないかについても問題となるが，Aの取戻し行為の方法，態様からして，社会的相当性のある行為とはいえないので，違法性の阻却は認められないことになる。したがって，Aには窃盗罪が成立する。

②について，判例の立場によれば，廃棄するだけでそれ以外の用途に利用，処分する意思がなかった場合には，当該客体に対する利用処分意思は否定され，窃盗罪成立の主観的要件である不法領得の意思を認めることはできないことになる。したがって，Bには窃盗罪は成立せず，しかし器物損壊罪が成立するにとどまる。

③については，判例に従い端的に被告人が被害品を領得した時点の事情を問題とすれば，CがZの財布を持ち去った時点におけるZと財布との時間的・場所的近接性はわずかであることから，Zの財布に対する占有はなお認められることになる。したがって，Cには窃盗罪が成立する。

Theme 14

死者も自分の物を占有しているか。夫の，妻の所有物に対する
窃盗罪は成立するか。

【設問 14】

①　A は，X と喧嘩になり，殺意を生じて X を殺害した。その後，X の
財布が目にとまり，これを奪って逃走した。一方，その一部始終を目
撃していた B は，その後，X の腕から腕時計を持ち去った。A，B の罪
責を論ぜよ。

②　郵便配達員の C は，Y 宛ての現金封筒を開封し，その中から 1 万
円を抜き取り再度封をして，Y に届けた。C の罪責を論ぜよ。

③　D は，D の家に同居している従姉妹 Z のネックレスとブレスレッ
トを Z の部屋から持ち去り，知人に売却した。なお，ネックレスは Z
の所有物であったが，ブレスレットは Z が友人から借りていたもので
あった。D の罪責を論ぜよ。

第 7 章　窃盗の罪
II-7-1　窃盗罪（235 条）
（1）客　体
　1．占有の意味
　（a）占有の事実（客観的要件）

（b）占有の意思（主観的要件）

　占有を認めるためには，占有の意思が必要である。**占有の意思**とは，
物を実力的に管理・支配しようとする意思をいう（あくまでも事実的支
配を補充するにすぎないとする説もある）。かならずしも個々の財物に
向けられた特定的，具体的な意思にかぎらず，通常は，自己の支配す
る場所内に存在する財物一般を対象とする包括的，抽象的な管理・支

配の意思があれば足りる。自宅内に存在する財物や外出時に郵便受けに届けられた郵便物については，占有の意思が及んでいるとしてよい。前掲最決昭和62・4・10も，人工池内のロストボールは，ゴルフ場側がその回収，再利用を予定しているときは，無主物ではないとしている。

占有を肯定するための判断にあっては，事実的支配の強弱と支配の意思の強弱とは一種の相関関係にある。強い事実的支配が及んでいる場合には，積極的に放棄する意思がうかがえないかぎり占有は認められうるであろうが，看守のない建物に置いてある財物，災害避難時に一時手放す財物については，占有を失わないためには，所有者において積極的な占有の意思を示しておくことが必要である。

(c) 占有の主体

占有の主体は，自然人にかぎられる。銀行の ATM から不正に現金を引き出した場合，銀行に対してではなく，銀行の支店長に対して窃盗罪が成立する。法人の所有物は，その機関の代表者自身が法人のためにそれを占有するからである。そして，自然人であるならば，意思能力，責任能力の有無についてはこれを問わない。それゆえ，幼児，精神病者，酩酊等による心身喪失者でも占有の主体たりうる（これらの者は，実際上，財物の占有を取得・放棄する能力はあるが，正当に移転する能力を有しない。したがって財物の移転があっても，詐欺罪ではなく窃盗罪が成立することに注意すべきである）。

死者の占有，すなわち死者にも占有を認めうるかについては，まず，ⓐ当初より物を奪取するつもりで人を殺害しその財物を奪取した場合には，被害者における占有を認め，強盗殺人罪が成立することに争いはない。

つぎに，ⓑ殺人の意思をもって人を死にいたらしめた後（傷害致死でも同様），その財物を奪取する意思を生じてこれを奪った場合に，窃盗罪が成立するかについては説が分かれる。①端的に死者の占有という観念を肯定する説があるが，これに対しては，死者には財物に対す

る占有の意思も現実的支配の事実もないとの批判がある。一方，②被害者の生前に有した占有が，被害者を死にいたらしめた犯人との関係では，被害者の死亡と時間的・場所的に近接した範囲内にあるかぎり，なお，刑法的保護に価するのであり，犯人が被害者を死にいたらしめたことを利用してその財物を奪取したという一連の行為を全体的に評価して，その奪取行為は窃盗罪を構成すると解すべきであるとする説も唱えられている（最判昭和41・4・8刑集20・4・207）。②説には，殺人を行った者との関係では占有を認め，第三者との関係ではこれを否定するならば，占有概念が相対化するとの批判があり，そこで，③行為者，第三者，いずれとの関係においても占有を否定し，遺失物横領罪が成立するにすぎないとする説も有力であるが，この説には，あまりにも形式的である点が実態にそぐわないとの批判が向けられ，現在は，②説が多数説となっている。占有概念の相対化は，事実的占有を喪失させた者か否かを窃盗罪の成立要件にかからしめるべきとする行為無価値論の立場にたつ場合には，むしろ当然であると考えられるからである。

なお，ⓒ殺害行為と奪取行為との間にかなりの時間的間隔が生じた場合には，上記のいずれの立場からも死者の占有は否定され，遺失物横領罪の成立が考えられるにすぎない。判例によれば，殺害から9時間の時間的離隔が存する場合，5日および10日後に被害者の財物を領得した場合などに占有が否定された事例があり，他方，3時間ないし6時間の間隔をおいての奪取行為については，被害者の占有が肯定された事例がある。

さらに，ⓓ殺害行為と無関係な第三者による財物取得の場合には，遺失物横領罪が成立する。

2. 占有の他人性

窃盗罪の客体は，他人の占有する財物でなくてはならない。「他人」とは，行為者以外の者をいう。占有が他人にあるか行為者にあるかが窃盗罪と横領罪とを区別することになるが，主に問題となるのは，「上

下主従」関係における占有の帰属先,「委託された包装物」の占有者の特定,そして「共同占有」の事例である。

　複数の者の占有に上下主従の関係がある場合,刑法上の占有は上位者に属し,下位者は,現実に財物を握持していても,単なる占有補助者にすぎない。したがって,下位者である店員が上位者である商店主に無断で店内の商品を持ち出しこれを取得する行為は横領罪ではなく,窃盗罪となる。もっとも,営業主(主人)と支配人との間のように,両者の間に高度の信頼関係が存在し,支配人に財物についての一定の処分権が委ねられているときには,財物の占有は支配人に属しているとされ,支配人が領得すれば(業務上)横領罪が,主人が領得すれば窃盗罪が成立することになる。

　封緘した包装物の委託(封緘委託物)の場合については説が分かれる。①説(判例)は,包装物の全体について受託者に占有があり,内容物については委託者に占有があると解する。これに従えば,A が,X から預かったリンゴの入った箱を箱ごと領得した場合には横領罪が成立し5 年以下の拘禁刑となり,他方で,A が内容物であるリンゴのみを領得すると窃盗罪として 10 年以下の拘禁刑となるが,この結論については,刑の均衡を失するのではないかとの疑念が生じうる。そこで,②説は,全体に対しても,内容物に対しても受託者に占有が存し,いずれの領得行為についても横領罪が成立するとする。この説は,事実上の占有は受託者にあること,また,①説と以下の③説にはほとんど差異がないことを根拠としている。③説は,全体についても委託者に占有を認めるとするものであり,受託者がこれを領得する行為には窃盗罪が成立するとする。この説は,封印,施錠などの包装物が寄託された場合は,委託者が占有を継続し受託者は委託者の占有を補助する機関にすぎないと解すべきであるという。

　①説に加えられる,刑の均衡を害するという批判に対しては,窃盗目的で全体を領得した場合,その行為は窃盗の実行行為と解しうるこ

とから実際上の不都合はないといわれており，また，この種の多くの事例では宅配業者など受託を業とする者が行為主体となることから，業務上横領罪が成立することになろう。判例は，①の立場から郵便集配人が配達中の信書を開封して在中の小為替証書を取り出した行為は窃盗罪にあたるとしている。

　最後に，共同占有についてであるが，数人が共同して他人の財物を保管する場合に，保管者の1人が，他の保管者の承諾を得ずに自己の単独の占有に移す行為は，共同占有者である他人の占有を侵害したものであるから，窃盗罪を構成することになる。

(2)　行　為

1. 窃　取

　本罪の行為は窃取である。「**窃取**」とは，暴行・脅迫の手段を用いないで，他人の占有する財物を，占有者の意思に反して自己または第三者の占有に移すことをいう。暴行・脅迫を用いないことで強盗罪と区別され，占有者の意思に反することで交付罪と区別され，占有侵害を伴うことで横領罪と区別される。窃取という用語にかかわらず，公然と盗取する場合でも本罪は成立する。

　窃取行為は，手段・方法を問わない。磁石によりパチンコ玉を当たり穴に誘導して取得するなど，機械や装置に細工等を施し財物を取得する行為は窃取にあたる。近時，問題となっている特殊詐欺に関して，自己名義の預金口座から ATM を利用して振り込め詐欺の被害金を払い戻す行為については，「自己名義の口座からの預貯金の払戻しであっても（預金口座を法令に反する行為に利用した行為者には預貯金の正当な払戻しの権限はないことから：筆者注），ATM 管理者の意思に反するものというべき」であるから，窃盗罪が成立するとされている。判断能力のない幼児を利用して借用証書を持ち出させる場合や，他人が管理する財物を，情を知らない第三者に売却して搬出させるといった

間接正犯による場合でも，窃取行為が認められる。宝石店で「火事だ」と偽って慌てた店員の隙をみて財物を持ち逃げする行為も，欺く行為が被害者の錯誤にもとづく処分行為に向けられていないので，詐欺罪ではなく窃盗罪が成立する。なお，客による商品の持ち去り行為を店員が黙認する場合，生け簀の錦鯉を川に逃がす場合は，窃取ではない。前者については背任罪か毀棄罪が，後者については毀棄罪が成立しうる。

2. 着手時期

　窃盗罪の着手時期について，判例は，「他人の財物に対する事実上の支配を侵すにつき密接な行為をしたとき」としている。これを学説においては，占有侵害という結果発生の具体的危険（判例のいう客観的危険）が生じた時点としている。その具体的な判断に際しては，客体である財物の性質・形状，事実的支配の態様，行為状況などが勘案される。判例は，この基準に従い，一般に，窃盗現場において財物を「物色」する行為を開始した段階で窃盗罪の実行の着手を認めているが，物色にいたる前の時点で実行の着手を肯定した例もある。しかし，窃盗目的で他人の住居に侵入したというだけでは実行の着手を認めるには足りないであろう。もっとも，倉庫や土蔵などについては，本来的に財物の保管を目的としているという建造物としての特殊性から，侵入時や鍵の破壊行為時に窃盗の実行の着手が認められよう。いわゆる「すり行為」については，単なる「あたり行為（他人のポケット等に軽く手を触れて，財布等の存否を確かめる行為）」だけでは実行の着手があったとはいえないが，金品の存在を知ってズボンのポケットの外側に手を触れたときには，着手が認められるとするのが判例の立場である。

3. 既遂時期

　窃盗行為の既遂時期については，①行為者が財物に手を触れたときとする接触説，②他人の占有を排除して財物を行為者または第三者の占有に移したときとする取得説，③財物を場所的に移転したときとす

る移転説，④財物を容易に発見しえない場所に隠匿したときとする隠匿説に学説は分かれている。判例は②の取得説に従って，それゆえ，行為者が自由に処分できる安全な位置へ持ち去ったことや永遠かつ安全にその財物の経済的価値を保持し利用しうる状態においたこと，行為者が警察の逮捕を免れたことなどは必要としないとしており，②説が妥当であるとされている。

　既遂時期の判断に際しても，財物の性質・形状，占有状態，行為態様等が個別・具体的に考慮される。形状の小さな書籍，化粧品あるいはアクセサリーなどは，手に取った段階で既遂となることもありうる。また，判例によれば，他人の家の浴場で発見した金の指輪をその浴室内の他人の容易に発見しえない隙間にこれを隠匿したとき，鉄道機関士が共犯者が待機している予定の地点で積み荷を突き落としたときには，その時点でいずれも占有を取得したとして，窃盗罪は既遂となるとされている。他方で，形状の大きな財物や自動車については，占有確保の可能性・容易性が基準となろう。たとえば，立木であれば伐採したときに，また，自動車については，エンジンを始動させて，いつでも発車しうる状態におけば既遂となろう。また，間接正犯による場合には，被利用者が財物を窃取した時点で既遂が認められよう。なお，スーパーマーケットの店内で買い物かごに食料品等35点を入れてレジの外側に持ち出したときも，代金を支払った一般の買い物客と外観上区別がつかず，商品の取得の蓋然性が高まることから既遂となるとされている（東京高判平成4・10・28判タ823・252）。

　窃盗罪は，状態犯であって，既遂後も違法状態が継続する。したがって，窃盗犯が既遂後に目的物を使用・処分しても，その行為が窃盗罪に評価し尽くされているかぎり，別途に横領罪や毀棄罪，盗品等関与罪を構成することはない。これを不可罰的事後行為ないし共罰的事後行為という。もっとも，窃取した預金通帳を利用して預金を詐取する行為は別に詐欺罪を構成することになり，両者は併合罪となる。なお，

窃盗罪の保護法益は一身専属的法益でないことから，罪数は，被害法益の数ではなく，占有侵害の個数を基準として判断されることになる。住居侵入と窃盗とは牽連犯となる。また，財産的損害については，正当に取得しうる財物と不正に取得した財物とが不可分の場合には，その全体について窃盗罪が成立する。しかし，最決平成21・6・29刑集63・5・461によれば，パチスロ機の「通常の遊戯方法」を逸脱して違法に取得したメダルについてのみ，窃盗罪が成立するとされている。

(3) 主観的要件

　窃盗罪が成立するためには，窃盗の故意，すなわち他人の占有する他人の財物を自己または第三者の占有に移すことの認識・認容と，不法領得の意思が必要である。

II-7-2　不動産侵奪罪 (235条の2)

(1) 客　体

　本罪の客体は，他人の占有する他人の不動産である。「他人」については，自然人，法人を問わない（242条参照）。「**不動産**」とは，土地およびその定着物（民86条1項参照）をいい，「**土地**」とは，地面，空間，地下をいう。不動産の一部であっても本罪の客体となりうるが，動産化すれば窃盗罪の客体となる。

(2) 行　為

　本罪の行為である「**侵奪**」とは，他人の占有を排除して，不動産上に行為者自身または第三者の占有を設定することを意味する。「占有」とは，窃盗罪においてと同じく，事実的支配をいう。たとえば，土地について利用権限を有する者が，その権限を超えて土地上に大量の廃棄物を高さ13mに堆積させ，容易に原状回復することができないよ

うにする行為は侵奪に該当する。侵奪行為は，その態様を問わない。他人の土地を不法に占拠して住宅や店舗を建てること，他人の空き家に住み着くこと，他人の土地を自分の土地であると偽って事情を知らない第三者に売却・貸し付けて，そこに建物を建てさせることなどがこれにあたる。判例は，公園予定地の一部に，無権原で，角材を土台とし，要所に角材の柱を立て，多数の角材等を用いて屋根部分を接合し，周囲をビニールシート等で覆うなど容易に倒壊しない骨組みを有する簡易建物を構築し，相当期間退去要求にも応じなかった行為（最判平成 12・12・15 刑集 54・9・923），使用貸借の目的とされた土地の無断転借人が，土地上の簡易施設を改築して本格的店舗を構築した行為（最決平成 12・12・15 刑集 54・9・1049）に不動産侵奪罪を認めている。

　もっとも，たとえば，他人の不動産について虚偽の所有権移転登記をするなどしても，単に法律上の占有を得るにいたったにすぎず，他人の占有を排除してはいないので，本罪は成立しない。また，他人の空き家に忍び込んで一夜を過ごしたとしても，それは使用侵奪にすぎないから，本罪は成立しないことになる。

II-7-3　親族間の犯罪に関する特例（親族相盗例：244 条）

　親族相盗例の立法趣旨は，親族間の内部的問題に対しては，「法は家庭に入らない」という思想から，国家が積極的に介入・干渉するよりも，親族間において紛争を解決させて，親族間の秩序を維持させるほうが適当であるという政策的配慮にある。しかし，親族間の親疎に応じて法的な扱いを異にする。なお，本条は，詐欺罪，恐喝罪，横領罪，背任罪にも準用される。

　親族相盗例における刑の免除の法的性質に関しては，①可罰的違法性阻却説，②期待可能性の不存在による責任阻却説，③一身的（人的）処罰阻却説（政策説）の間で争いがある。しかし，上記立法趣旨に照ら

して，③の一身的処罰阻却説が判例・通説となっている。親族間の行為だからといって，常にその可罰的違法性が存在しないとか，期待可能性が欠けるとみることはできないからである。

　本条にいう親族の範囲は，民法の定めるところによる（民法725条）。配偶者については，法律上のもののほか内縁にも準用するとする説もあるが，判例は，「免除を受ける者の範囲は明確に定める必要がある」として，内縁関係の者を含まないとしている（最決平成18・8・30刑集60・6・479）。法的安定性をより重視したものである。他方，親族である未成年後見人が未成年被後見人所有の財物を領得した場合には，形式的には親族にあたる者であったとしても，親族相盗例の適用はないとしている（最決平成20・2・18刑集62・2・37）。本条の趣旨を実質的に考慮したものである。

　「同居の親族」とは，居を同じくして日常生活を共同にしている親族をいう。身分関係は犯罪が行われたときに存すれば足りる。問題となるのは，まず，親族たる身分関係の内容，すなわち本条の適用となるのはいかなる場合かである。学説は，①行為者が目的物の所有者・占有者と親族関係を有することが必要であるとする説（最決平成6・7・19刑集48・5・190），②行為者と目的物の所有者との間に親族関係があれば足りるとする説，③行為者と目的物の占有者との間に親族関係があれば足りるとする説に分かれている。所有者も占有者も被害者とみるべきであるとして，①説が判例・通説となっている。

　つぎに，故意との関係で，行為者が，本条の規定する親族関係が存在しないにもかかわらず存在すると誤信した，いわゆる積極的錯誤の扱いが問題となる。本条の趣旨につき一身的処罰阻却説にたつならば，総論の錯誤論のどの立場を採っても，故意の成立に影響しないことになる。このほか，学説では，①違法性阻却事由の錯誤として故意が阻却されるとする説，②責任が阻却されるとする説，③刑法38条2項の趣旨に準じて本条を適用するとする説があるが，立法趣旨と，行為者

に有利な類推解釈という意味から，③の立場が有力である。

　最後に，法的効果に関して，244条1項は有罪判決であるところの刑の免除であるのに対して，2項は親告罪となっていることから，かりに告訴がない場合と比較すると，より親族関係が密なる者が不利に扱われる不都合があるとの指摘もある。そこで，1項の場合も親告罪とする説などが唱えられているが，1項の場合には，通常起訴されることはないことから，実際上の不都合はないといえよう。

【設問14】を考えてみよう

　①については，被害者を殺害後に財物奪取の意思を生じて財物を奪った場合，殺人犯人との関係では，被害者が生前有していた財物の占有はその死亡直後においてもなお継続して保護されるべきであるから，Aの奪取行為は窃盗罪にあたることになる。他方，殺害行為と無関係なBによる時計の持ち去り行為には，占有離脱物横領罪が成立するにすぎない。

　②については，判例によれば，包装物である封筒の全体について受託者であるCに占有があるが，内容物である1万円札については委託者に占有があることになる。したがって，封筒を開封して内容物である1万円を奪ったCには，横領罪ではなく，窃盗罪が成立することになる。

　③DがZのネックレスとブレスレットを持ち出した行為は窃盗罪を構成する。しかし，CとZは従姉妹であることから244条の親族相盗例の適用が問題となる。まず，CとZは従姉妹であり，かつ，日常生活を共同にしているので，244条1項の規定する「同居の親族」にあたる。つぎに，判例によれば，244条にいう行為者との親族関係は目的物の所有者および占有者の双方について必要であるので，ネックレスについては親族相盗例の適用があるが，ブレスレットについては適用はないことになる。

Theme 15

ひったくりは，窃盗罪か強盗罪か。
借りていた鉛筆を返さないままで相手を殺害した場合，強盗殺
人となるか。家の外で強盗を思いとどまった場合に，家の中で
思いとどまった場合よりも刑罰が重いのはなぜか。

【設問 15】
① Aは，Xにナイフを突きつけて現金を要求したところ，豪胆なX
は反抗ができない状態にいたってはいなかったが，揉め事を起こした
くないと思い，財布ごとAに手渡した。Aの罪責を論ぜよ。
② Bは，自分に楯突いたYを公園に呼び出し激しい暴行を加えた後，
倒れているYの指輪が目にとまり，Yの指から指輪を抜いて持ち帰っ
た。Bの罪責を論ぜよ。
③ Cは，100万ほど借りていたZから頻繁に督促されるのに嫌気が
さし，Zと自分以外に借金の事実を知る者はいないと考え，債務を免
れるべく，Zを殺害した。Cの罪責を論ぜよ。

第8章 強盗の罪

　強盗の罪とは，暴行もしくは脅迫をもって他人の財物を強取し，ま
たは財産上不法の利益を得，もしくは，他人をしてこれを得させる行
為，および，これに準ずる行為を内容とする犯罪である。
　強盗の罪には，強盗罪（236条），事後強盗罪（238条），昏酔強盗罪
（239条），強盗致死傷罪（240条），強盗・強制性交等罪および同致死罪
（241条）がある。事後強盗罪と昏酔強盗罪とをあわせて**準強盗罪**とい
う。36章「窃盗及び強盗の罪」における自己の物の特例（242条）およ

び電気に関するみなし規定（245 条）は，強盗罪にも適用されるが，親族相盗例（244 条）の適用はない。

　強盗罪は，財産犯であると同時に，暴行・脅迫を手段とする点で生命・身体・自由に対する罪としての性質を有し，また，財産上の利益を得，または得させる利得罪をも含む点で単に財物罪である窃盗罪と区別され，手段としての暴行・脅迫は，被害者の反抗を抑圧するに足りる程度であることを要するという点で恐喝罪と区別される。なお，236 条の 1 項強盗罪の客体は他人の占有する他人の財物であり，その点は，窃盗罪と同様である。

II-8-1　強盗罪（236 条）

(1)　1 項強盗罪（236 条 1 項）

　1.　行　為

　1 項強盗罪における行為は，暴行または脅迫をもって他人の財物を強取することである。本罪の暴行・脅迫は，財物強取の手段として用いられるものであるから，最狭義の暴行・脅迫（前述，40 頁，63 頁参照）を意味し，いずれも，相手方の反抗を抑圧するに足りる程度のものでなければならない。

　暴行・脅迫が相手方の反抗を抑圧するに足りる程度のものであるかの判断については，当該行為自体の客観的性質によらなければならない（客観説）。具体的には，ⓐ行為者側の事情（人数，性別，年齢等），ⓑ行為状況（時刻，場所等），ⓒ被害者側の事情（性別，年齢等）などが判断要素となる。暴行・脅迫は相手方の反抗を抑圧するに足りる程度のものでなければならないが，そうであれば，現にそれによって相手方が反抗を抑圧されたこと，すなわち反抗抑圧という「結果」は必須ではないとするのが判例（最判昭和 23・6・26 刑集 2・7・748）である。客観的に反抗を抑圧するに足りる暴行・脅迫が行われれば，たとえば被害

者が豪胆な人物であって現実には反抗が抑圧されていなかったとしても，強盗は既遂となると解するのである（暴行・脅迫を加えたところ，相手が憐憫の情から財物を任意に交付したという場合についても同様であると解されている）。この判例の立場は，実行行為の存否は客観的に判断されるべきであるとする点では正しい。したがって，上記の例でも，強盗の実行行為は認められてよい。しかし，多数説は，既遂になるためには，暴行・脅迫とそれに続く財物奪取との間に因果関係が必要である，すなわち，反抗抑圧のもとでの財物の奪取がなされなければならないとし，反抗抑圧がなく因果関係が欠ければ強盗未遂であって，最終的には強盗未遂と恐喝既遂との観念的競合となると解している（大阪地判平成4・9・22判タ828・281）。この場合，強盗については未遂とされても，財物が喝取によって占有移転された事実を恐喝既遂罪によって評価することに意義があるのである（法定的符合説を採るかぎり，恐喝既遂罪の成立を否定することはできない）。

　反対に，通常であれば反抗抑圧にはいたらない程度の暴行・脅迫を加えたところ，被害者が非常に臆病な者であったために反抗抑圧の状態にいたったという場合には，行為者がそのような被害者側の事情を知らなかったときには恐喝罪が成立するにすぎないが，行為者がそれを知っていたときには強盗罪が成立するというのが支配的見解である（なお，恐喝既遂罪にとどまるとする説も有力である）。結果発生の現実的危険を伴う実行行為の存否は，行為者および一般人の認識を基礎に判断されるべきであるところ，相手の性格を十分に理解したうえで，暴行・脅迫を用いてその反抗抑圧状態を意識的に作出したのであるから，強盗罪の成立を肯定してよいとするのである（換言すれば，客観的に結果発生の現実的危険があれば実行行為の存在を肯定することができるとの原則のもと，その存在が客観的に認められない場合でも，具体的事実関係において結果発生の現実的危険があれば，実行行為を観念することができるということである）。

「暴行」は，相手方の反抗を抑圧するものであれば足り，そうであればかならずしも直接人に向けられた有形力の行使でなくともよい。物に対する有形力の行使であっても，相手の意思，行動の自由を抑圧するときは，本罪の暴行にあたるとするのが多数説である（なお，脅迫で処理するとする説もある）。また，被害者を殺害する行為も暴行に含まれる。殺害は，反抗抑圧の最たる手段であるからである。さらに，不意の暴行によって，被害者が反抗をなす暇（いとま）がなかった場合も本罪にいう暴行に含まれうるが，その限界はかならずしも明確ではない。いわゆる「ひったくり」行為は，有形力を用いるものであっても，突然通行人に突き当たった程度では，多くは窃盗罪を構成することになろうが，通行人を背後から突き倒し，その携帯品を奪取するというような事例では，そこに相手の反抗を抑圧するに足りる有形力の行使が認められ，強盗罪となることもありえよう。判例は，通行中の女性の所持しているハンドバッグを窃取する目的をもって，自動車の窓からハンドバッグの紐をつかんで引っ張ったが，同女がこれを離さなかったため，さらにさげ紐をつかんだまま自動車を進行させ，同女を引きずって路上に転倒させたりするなど，同女の抵抗を抑圧するに足りる暴行を加え，よって同女に傷害を与えたという事案においては，自動車でのひったくり行為自体は直ちに強盗にはならないとしても，「被害者がハンドバッグを手離さなければ，自動車に引きずられ転倒したりなどして，その生命，身体に重大な危険をもたらすおそれのある暴行であるから相手方女性の抵抗を抑圧するに足るものであったというべきである」として強盗致傷罪が成立するとしている（最判昭和 45・12・22 刑集 24・13・1882。自転車で通行中の女性の背後から，バイクで追い抜きざまに，同女が右手で自転車のハンドルとともに提げ手を握っていたハンドバッグをひったくろうとする行為も，同様の理由から，本罪にいう暴行にあたりうるとされている）。

「脅迫」とは，生命，身体等に対する害悪の告知であり，本罪では，

最狭義の脅迫を意味する。

2．相手方

　本罪の手段としての暴行・脅迫の相手方は，財物強取について障害となる者であれば足り，かならずしも財物の所有者または占有者であることを要しないとされている。たとえば，十分な意思能力を持っていない 10 歳の少年も，強盗の相手方となるとするのが判例である。

3．目　的

　暴行・脅迫は，財物強取の手段として用いられたものであることを要する。したがって，暴行目的，殺人目的，強制性交等の目的で暴行・脅迫を加え，相手が反抗抑圧状態に陥った後に財物奪取の意思を生じて被害者から財物を奪取したときには，強盗罪ではなく，先行する犯罪と窃盗罪との併合罪となるとするのが一般的な理解である。

　これに対して，財物奪取行為が，前の暴行によって生じた抵抗不能の状態を利用し，その余勢をかってなされたと認められるかぎり，強盗罪が成立するとする説も有力である（被害者が失神状態にあるときにも同様であるとする）。判例は，単純な喧嘩によって生じた反抗抑圧を利用した場合には強盗罪の成立を否定しつつも，強姦（強制性交）目的で加えられた暴行・脅迫によって反抗抑圧状態にある被害者から金員を奪取したという事案では，強盗罪の成立を認めている（東京高判平成 20・3・19 高刑集 61・1・1。なお，この場合，現在では，強姦（強制性交等）罪と強盗罪の併合罪ではなく，241 条の強盗・強制性交等罪が成立することになろう）。この強盗罪の成立を認める説に対しては，事後強盗罪を定める 238 条は例外規定であること，また，強盗の罪には 178 条の準強制性交等罪のような規定がないことから，単なる暴行や強制性交の手段としての暴行後に財物奪取の意思が生じた事例については，窃盗罪を認めるにとどめるべきであるとする批判がなされている（したがって，相手が死亡・失神している場合には，窃盗罪が成立するにすぎない。最判昭和 41・4・8 刑集 20・4・207 参照）。しかし，先行する暴行と財物奪

取との間に因果関係があること，他人が作出した反抗抑圧状態を利用する場合には強盗罪の承継的共同正犯が成立することとの均衡，他方で，たとえば強制性交等の被害者から財物を奪取する際の行為者の行為は抵抗不能な被害者にとっては新たな暴行・脅迫にあたることになるのが通常であることから，強盗罪を認めることもなお可能であるといえよう（ここでは新たな暴行・脅迫を認定することも困難ではなく，見解が対立するのは，殺害・気絶させた後の領得意思発生の事例の場合のみであるとされる）。

4. 強 取

「強取」とは，暴行・脅迫により相手方の反抗を抑圧して，その意思によらずに財物を自己または第三者の占有に移すことをいう。上述のように，多数説は，暴行・脅迫による被害者の反抗抑圧と財物の奪取との間に因果関係が必要であると解し，そのような程度の暴行・脅迫がなされたが，相手が，反抗が抑圧されていない状態で，あるいは憐憫の情から財物を交付した場合には，強盗は既遂とはならない。なお，反抗抑圧状態下での奪取と見られるかぎり，現実の奪取行為は暴行・脅迫の前でもよい。財物を奪取してまだ占有を確実に取得していない段階で暴行・脅迫を加えてこれを確実にするといった場合である。

ところで，このように，時間的に引き続き行われた窃盗と強盗との関係について，窃盗が既遂に達した後に，奪取した財物の占有を確保するために強盗の犯意のもとに暴行・脅迫がなされた場合，その暴行・脅迫は財物奪取の手段となっていないので，1項強盗とはならず，その場合には，事後強盗罪かあるいは2項強盗罪の成立が考えられるとする説が有力である。これに対しては，先行する窃盗罪が既遂に達していても，被害者側の占有が完全には失われていない時点で暴行を加えた場合は，弱まった形で残存している被害者の占有を暴行により完全に排除したものと考えることもできるのであり，したがって，1項強盗（すなわち居直り強盗（窃盗の実行に着手した後に，家人に発見され，居

直って家人に暴行・脅迫を加えて，財物を強取する場合をいう）の一種として）
の成立もなお可能だとする説もあり，判例・実務の考え方はむしろこ
のような考え方に沿っているともいえよう（もっとも，事後強盗罪の成
立を否定するものではなく，両罪は排他的関係にあるものではない）。

　窃盗未遂の後の暴行は，居直り強盗となりうる。なお，詐欺罪との
関係では，先行する詐欺罪の後に暴行・脅迫によってその財物の返還
請求を免れた場合には，物を適法に借りていた場合ですら2項強盗罪
が成立するのであるから，なおさら2項強盗罪の成立を肯定すべきで
あろう。先行する詐欺罪と2項強盗罪とは，（混合的）包括一罪となる
と解するのが有力説である（最決昭和61・11・18刑集40・7・523参照）。

　5.　着手時期・既遂時期ほか

　本罪の実行の着手は，財物強取の目的で，被害者の反抗を抑圧する
に足りる程度の暴行・脅迫が開始された時点に認められる。本罪は，
窃盗罪においてと同じように，一般に，取得説に従って，すなわち，
財物について被害者の占有を排除し，行為者または第三者の占有を取
得したときに既遂に達すると理解されている。

　故意は，暴行・脅迫を加えて相手方の反抗を抑圧し，その財物を奪
取することの認識・認容であり，判例・通説によれば，本罪の成立に
は，故意のほかに不法領得の意思が必要である。

　罪数に関しては，本罪は，財産罪であることから，占有の個数が基準
となろう。したがって，数個の脅迫によって1個の占有侵害があれば，
1個の強盗罪が成立するが，これに対して，1個の脅迫行為によって数
個の占有侵害を行えば，数個の強盗の観念的競合ということになる。

(2)　2項強盗罪（236条2項）

　1.　客　体

　2項強盗罪の客体は，財産上の利益である。その意義については，
上述のとおりである（前述130頁参照）。「財産上不法の利益を得る」と

は，利益自体が不法なものであるという意味ではなく，利益を得る手段が不法であること，すなわち，「不法に」利益を得ることをいう。権利を実現するためであっても本罪にあたりうるのであり，この点は，詐欺罪，恐喝罪と同様である。財産上の利益とは，積極的財産の増加であっても，消極的財産の減少であってもよい。債務の免除，たとえば，目的地に到着したところでタクシー運転手に暴行を加えて代金請求を事実上不能にし，タクシー代金を免れることのほか，凶器を呈示して目的地までタクシーを走らせるなどの有償的役務を提供させることもこれに含まれる。

　財産上の利益については，被害者の適法な利益のみならず不法なものであっても本罪の客体となりうる。暴行・脅迫をもって，無許可で違法な営業を行う，いわゆる白タクの運賃の支払いを免れる，あるいは，取引を仲介すると騙して交付を受けた覚せい剤ないしその売却代金の返還を免れる（前掲最決昭和61・11・18），あるいは，盗品等の返還を免れる等，いずれの場合も本罪にあたる。

　2. 行　為

　本罪の成立要件は，暴行・脅迫をもって，財産上不法の利益を得，または，他人にこれを得させることである。たとえば，被害者の意思表示を強制して法的に意味のある処分行為をさせること，具体的には，暴行・脅迫を加えて労務を提供させる，債務免除の意思表示をさせるなどのほか，事実上債務を免れること，たとえば，身寄りのいない老人で相続人の権利行使が事実上不能であると認められる状態にある債権者を殺害することにより債務の支払いを免れる，などがそれにあたる。

　ところで，財産上の利益の取得が，被害者の処分行為・意思表示にもとづくものであることを要するかにつき，不要説（（最判昭和32・9・13刑集11・9・2263）・通説）と必要説との間に対立がある（詐欺利得罪，恐喝利得罪については必要とされている）。必要説は，狭義の強盗は占有の

移転により成立するのであり，2項強盗にあっても，利益が移転したと認められる外部的事実，すなわち処分行為が存しなければならないとする。というのも，不要説に立てば債務者が債権者を殺害した場合必然的に強盗殺人罪となってしまうため，処分行為によって，2項強盗の範囲を限定することが必要であるとするのである。これに対して，不要説は，狭義の強盗は処分行為を待たずに成立するのであり，2項強盗にあっても同様に解すべきであり，それゆえ上述のように，債権者の殺害のような事例も本罪に該当しうるとする。最判昭和32・9・13刑集11・9・2263は，債権者を殺害し支払いの請求を免れようとしたが未遂に終わった事案に，2項強盗による強盗殺人未遂罪の成立を認めて，必要説を採っていた大審院の判例を変更している。この点については，強盗罪の手段としての暴行・脅迫により相手方が反抗を抑圧されて任意の処分行為や意思表示をなしえない場合であっても，狭義の強盗罪が成立するのであり，2項強盗に関しても同様に解すべきであるから，基本的には不要説によるべきであるといえよう。もっとも，本罪の成立に一定の限定を付すために，1項強盗と同視できる程度に財産上の利益が現実的かつ具体的に移転している状態となっていなければならないとすべきであろう（支払いの一時猶予も財産上の利益となる）。単に財産上の利益を得る目的でほかの推定相続人を殺害しても，利益の具体的移転がない以上は，本罪を構成するものではないとするのが判例（裁判例）および通説の立場である。

　なお，キャッシュカードを窃取した後，被害者を脅迫してその反抗を抑圧し，キャッシュカードの暗証番号を聞き出した場合には，事実上，ATMを通して当該預金口座から預金の払戻しを受けうる地位という財産上不法の利益を得ており，そのことによって被害者においては預金債権に対する支配が弱まるという財産上の損害を被ることになり，そこに利益の移転が認められるとして，本罪が成立するとした判例がある。

3. 罪数ほか

暴行・脅迫と結果との間には，因果関係がなければならない。実行の着手時期は，手段としての暴行・脅迫が開始された時点である。

1個の行為によって，本罪と狭義の強盗罪を犯したときは236条の強盗罪の包括一罪が成立するとされている。窃盗または詐欺によって得た財物の返還を免れるために同人に暴行・脅迫を加えた場合には，窃盗罪または詐欺罪と2項強盗罪との（混合的）包括一罪となると解されている（前掲最決昭和61・11・18参照）。

II-8-2 強盗予備罪（237条）

強盗予備とは，強盗の目的でその予備をなすことである。たとえば，強盗を実行する目的で，凶器を携えて目的地に向かうことなどである。

「強盗の目的」には準強盗の目的を含むか，換言すれば，事後強盗，昏酔強盗の目的をもってする予備は処罰されるかについては，見解の対立がある。最決昭和54・11・19刑集33・7・710は，窃盗の意思で登山ナイフ等を携えて侵入先の事務所を物色していた事案に，もし他人に発見された場合などにはこれに脅迫を加えて，逮捕，盗品の取り返しを免れるために凶器を使用する意図があったとして，肯定説にたっている。その根拠として，同説は，238条，239条は「強盗として論ずる」としていることなどを挙げている。これに対して，否定説は，本罪の規定が準強盗罪の規定に先行していること，事後強盗罪は窃盗の存しないところに存在せず，窃盗の予備を罰しない現行法のもとでは事後強盗の予備は考えられないこと，昏酔強盗の目的で睡眠薬を準備する行為などについては処罰の必要性がないことなどを理由としている。

本罪に中止犯の規定の準用を認めるべきかについても，争いがある。判例は，中止犯は未遂犯の一種であり，43条ただし書は「犯罪の実行」

に着手することを要件として中止犯を認めていることから，現行法上
は，同条ただし書の予備罪への直接適用はなく，予備・陰謀罪の中止
犯は認められていないとしている。これに対して，多数説は，判例の
採る否定説にたつと，たとえば，強盗の実行に着手した後に任意に中
止すれば刑の免除を受けることができるのに対して，強盗の予備を
行ったが自らの意思で実行の着手にいたらなかった場合には2年以下
の拘禁刑となり（237条），刑の権衡を失することになることを理由に，
また，刑の免除を認めている殺人予備（201条），放火予備（113条）と
の権衡上も，解釈上その準用ないし類推適用を認めるべきであるとし
ている。もっとも，現在では，学説からも，中止犯の規定は，直接の
法益侵害行為である実行行為に着手した者は通常はこれを完遂するは
ずであるのにこれを中止したという点に意味を認めて，実害防止の政
策的見地からその刑を減軽または免除するものであるから，実行以前
の危険性がより弱い段階について現行法が中止犯規定を設けなかった
ことには十分な理由があるとして，判例の立場を支持するのが有力と
なっている。

　:【設問15】を考えてみよう:

　①については，古い最高裁判例によれば強盗罪が成立することにな
るが，強盗罪が既遂に達するためには暴行・脅迫と財物奪取との間に
因果関係が必要であるとする現在の通説によれば，強盗未遂罪が成立
するにとどまることになり，他方で，Aは強盗の意思で恐喝を行って
いることから，強盗未遂罪に加えて，恐喝既遂罪の成立を肯定するこ
とができ，両罪は観念的競合となる。

　②については，判例によれば，強盗罪が成立するためには，暴行・
脅迫は，財物強取の手段として用いられたものでなければならないこ
とから，本問のように，暴行によって生じた相手の反抗抑圧状態を利
用して財物奪取を行った場合には強盗罪は成立せず，Bには暴行罪と

窃盗罪との併合罪が成立することになる。

　③判例の処分行為不要説によると，本問では，殺害によって事実上
Z から債務の履行を求められることはなくなり，1 項強盗と同視でき
る程度の財産上の利益の移転の具体性・確実性があり，債務の支払い
を事実上免れ，具体的利益を得ているといえることから，C には 2 項
強盗殺人罪が成立する。

Theme 16

暴行を加えたにすぎない場合でも事後強盗罪となるか。北海道
で強盗を行った犯人が沖縄で発見された際に警官を傷害したと
いう場合，強盗傷人罪となるか。

【設問16】

　Bは，Aとの共謀にもとづきXの事務所に侵入し金品を物色してい
たところを事務所に忘れ物を取りにきたXに発見され逃走したが，そ
こから50m離れた工事現場付近で転倒して重傷を負い，追跡してき
たXに取り押さえられた。そこで，事務所の近くにいたAは，Bの逮
捕を免れさせるためにXに対し特殊警棒で頭部を殴打し，Xに傷害を
負わせた。その際，Aに命じられて車を提供しAらに同行していたが
窃盗については聞かされていなかったCは，事情を察して直ちに工事
現場に移動すると，Aに加勢し，Xへの暴行に加わった。計画を聞い
てはいたが，Aに命じられてやむなく自動車の運転を担当していたD
は，Aに命じられるまま，Aらを助けるべく上記工事現場まで自車で
走行し，その後，3人を乗せて，逃走した。A〜Dの罪責を論ぜよ（住
居侵入罪の点を除く）。

Ⅱ-8-3　**事後強盗罪**（238条）

(1)　意　義

　窃盗犯人が犯行を終了しあるいは犯行を行う意図を放棄して現場を
離脱する際に被害者等に暴行・脅迫を加える行為は刑事学的にしばし
ばみられる行為態様であり，全体的に観察すると強盗と同視できる程
度の違法性を有するとされている。このことから，本罪は，これを強
盗と同じ取扱いとすることにしたものである。「**強盗として論ずる**」と

は，刑法上すべての点で，すなわち，法定刑についても，強盗致死傷罪など他の罰条の適用上も，すべて強盗罪として扱うという意味である。

(2)　主　体

　本罪の主体は，窃盗犯人，すなわち窃盗の実行に着手した者である（身分犯）。「取り返されることを防ぐ（取還防止）」目的の場合には，その文言から明らかなように窃盗の既遂犯人のみが主体となり，「逮捕を免れる（逮捕免脱）」「罪跡を隠滅する（罪跡隠滅）」目的の場合には，窃盗の未遂犯も主体となる。

　本罪の構造については，①真正身分犯（大阪高判昭和 62・7・17 判時 1253・141）と理解する説，②不真正身分犯とする説（東京地判昭和 60・3・19 判時 1172・155），本罪を窃盗罪と暴行・脅迫罪との結合犯と解する③結合犯説に分かれている。事後強盗罪を身分犯と解する主たる論拠は，刑法 238 条が行為主体を「窃盗」に限定していることに存するが，そのうえで，真正身分犯説は，事後強盗罪の財産犯的側面を強調し，これは窃盗犯人にしか犯すことができない犯罪類型であるとする。これに対して，不真正身分犯説は，窃盗犯人でない者が暴行・脅迫を加えた場合は暴行罪・脅迫罪が成立するにすぎないが，窃盗犯人が所定の目的で暴行・脅迫を行えば事後強盗罪となることに主たる根拠を求める。前者に対しては，行為主体に身分があることによって処罰が基礎づけられるという真正身分犯の通常の場合と異なり，本罪では身分により行為の不法の性質が変わることになり，身分概念に混同をきたすことになるとの批判があり，後者については，同説によると，身分がある場合とない場合とで成立する犯罪の性質を異にすることになり，理論的に本罪を窃盗犯人の身分ある者によって行われた暴行・脅迫罪の加重類型と理解することはできないとの批判が向けられた。そこで結合犯説が唱えられるに至っているが，同説は，事後強盗の既遂・

未遂は窃盗のそれによることから，本条を「窃盗の罪を犯し……暴行又は脅迫をした者は」と理解し，したがって，「窃盗」は身分ではなく，実行行為の一部であると解するのである。（下級審）判例の主流は，238条の文言からして，事後強盗罪を真正身分犯と解する方が素直な解釈であると理解しているように思われる。

(3) 行 為

本罪の行為は，財物を得てこれを取り返されることを防ぎ，逮捕を免れるため，または罪跡を隠滅するために暴行または脅迫を行うことである（目的犯）。

暴行・脅迫の相手方は，かならずしも窃盗の被害者であることを要せず，犯行を目撃して追跡してきた第三者や警察官など，上記目的を遂げることにとって障害となる者であれば足りる。

暴行の程度に関しては，強盗罪をもって論ぜられるような実質的違法性を有していなければならないから，狭義の強盗罪にいう暴行の程度と同様に解してよい。

明文にはないが，暴行・脅迫は，「**窃盗の機会**」，すなわち，窃盗の現場，および，これに引き続いて，財物の取り返しまたは犯人を逮捕しうる状況の存する場合になされたことを要するとされている。時間的・場所的近接性や窃盗行為との状況的つながりなどから，当該暴行・脅迫が窃盗行為と密接な関連性があること，すなわち，窃盗の機会の継続中に行われることが必要であるとされているのである。その意味では，窃盗犯人が追跡されている「逃走追跡型」の事例にあっては，犯人が追跡から完全に逃れていないかぎり，機会の継続性を肯定できるであろう。窃盗の犯行から約30分後，現場から約1キロメートル離れた場所で，取還防止目的で被害者に暴行を加えた場合においても，本罪の成立が肯定されている。もっとも，犯行とは無関係である警察官の職務質問に際して逮捕免脱目的で暴行・脅迫をなした場合には，

窃盗の機会に行われたとはいえないであろう。窃盗犯人が現場にとどまっている「現場滞留型」の事例では，同一場所であることから比較的容易に機会の継続性は肯定されよう。最決平成 14・2・14 刑集 56・2・86 は，窃盗犯人が，他人の居室内で窃盗後，窃盗の犯意を持ち続けて天井裏に潜み，約 3 時間後に，駆けつけた警察官に対し逮捕免脱目的で暴行を加えた事案について，本罪の成立を肯定している。他方，窃盗犯人が現場に立ち戻る「現場回帰型」の事例にあっては，時間的・場所的近接性が問題となる。工場内で鉄製品を盗んで運搬しようとしたが進入口に置いたリヤカーが破損したため，約 30 分後に 500 メートル離れた民家から別のリヤカーを盗んで現場まで戻ってきて盗品を積み替えていた際，これを発見した守衛に暴行を加えたという事案に，「窃盗の現場を離脱した行為と解することはできない」とした事例（仙台高秋田支判昭和 33・4・23 高刑集 11・4・188）がある一方，最判平成 16・12・10 刑集 58・9・1047 は，いったん被害者宅から約 1 キロメートル離れた場所まで移動したが，盗んだ現金が少なかったことから再度窃盗をする目的で被害者宅に戻った際に発見され，家人に脅迫を加えた事案に，窃盗の機会の継続性を否定している。また，窃盗を行ったのち誰からも追跡されることなく隣接する自宅に戻り，10 分以上経過後に罪跡隠滅目的で再び被害者宅に赴き，被害者を殺害したときには，窃盗の機会の継続中ではないとされている（東京高判平成 17・8・16 判タ 1194・289，また，東京高判昭和 45・12・25 高刑集 23・4・903）。誰からも追跡されていなかったこと，帰宅したという事実が，機会の継続性を否定する要素となったとみられている。被害者の追跡から逃れ，または，その支配領域から完全に離脱したかが一つの指標となろうが，上述の，時間にして 30 分，距離にして 1 キロメートルという時間的・場所的近接性が判断基準の一つになろう。

　本罪の実行の着手時期は，窃盗犯人が，本条所定の目的をもって，相手方の反抗を抑圧するに足りる暴行・脅迫を加えたときである。そ

のような暴行・脅迫に着手すれば，その目的が遂げられたか否か，当該暴行・脅迫が現に相手方の反抗を抑圧したか否かを問わず，本罪は既遂となる。本罪の未遂は，先行する窃盗罪が未遂の場合に成立すると解すべきである。本罪は財産罪であること，また，1項強盗の成立要件ともパラレルに考えられることがその根拠といえよう。

(4)　共　犯

　窃盗犯人が財物を取得して被害者のもとから逃走する際に，窃盗犯人とは共同正犯の関係にない者がその事情を知り，窃盗犯人と共同して，本件所定の目的をもって被害者等に暴行・脅迫を加えた場合の罪責については，争いがある。①本罪を真正身分犯と解する立場は，窃盗犯人ではない後行関与者は65条1項により本罪の共同正犯の罪責を負うとし，②本罪を不真正身分犯と解する立場は，後行関与者は65条1項により本罪の共同正犯となるが，同2項によりその刑は暴行罪または脅迫罪の限度にとどまるとし，③本罪を身分犯ではなく窃盗罪と暴行・脅迫罪との結合犯と解する立場は，承継的共同正犯の理論で承継を求めて本罪の共犯とする見解と，これを否定して暴行・脅迫のみの共犯とする見解に分かれている。上述のように，窃盗犯人たる地位は真正身分犯であると解し，この場合の暴行は財産犯の手段としての別個の違法性を有すると解するのが，多数説および裁判例である。

Ⅱ-8-4　昏酔強盗罪（239条）

　本罪は，人を昏酔させてその財物を取得する犯罪である。本罪の主体については，制限はない。人を「昏酔させる」とは，アルコール等の影響により，人の意識作用に一時的または継続的な障害を生じさせ，財物について事実的支配が困難な状態に至らせることをいう。その方法にも制限はなく，睡眠薬・麻酔剤等の投与，泥酔させること，催眠

術の施術等がその例である。「盗取」とは，他人の財物の占有を奪取することである。

昏酔状態は犯人が惹起したものであることが必要とされ，他人が被害者を昏酔させたのを利用すれば，窃盗罪が成立するにすぎない。昏酔させるときに財物奪取の故意が必要である。

なお，最決平成24・1・20刑集66・1・36によれば，睡眠薬等を用いて意識障害をもたらすことは傷害罪にあたりうることから，本罪と強盗致死傷罪との区別が問題となりうるが（もちろん，この問題は，準強制性交等罪の加重類型である強制性交等致傷罪でも生じうる），有力説および実務は，本罪との関係では，昏酔による意識障害それ自体は，致傷結果にはあたらないと理解している（もっとも，昏酔強盗罪の予定している意識障害の程度を超える作用を与えた場合には，強盗致傷罪の成立も考えられよう）。

II-8-5 　強盗致死傷罪，強盗傷人罪・強盗殺人罪（240条）

本罪は，強盗の機会において被害者が殺傷されることが少なくないことから，強盗の加重類型とされたものである。なお，2004（平成16）年の改正により，本条前段の有期刑の下限が7年から6年に引き下げられた。これによって，強盗致傷罪にも酌量減軽によって執行猶予を付すことが可能となった。

本罪の主体は，「**強盗犯人**」である（身分犯）。強盗犯人とは，強盗罪の実行に着手した者をいい，そこでの強盗罪には，236条の強盗の犯人のほか，準強盗の犯人も含まれる。本罪の客体は，かならずしも強盗罪の被害者にかぎらない。

(1)　強盗致死傷罪（240条）

本罪の行為は，強盗犯人が「人を負傷させた」，もしくは「死亡させ

た」ことであり，前者を強盗致傷罪，後者を強盗致死罪という。このように，本罪は，まず結果的加重犯である。「人を負傷させた」とは，強盗犯人が傷害の故意なく他人に傷害を与えることをいう。なお，本罪の傷害は社会通念上，一般に看過することのできない，すなわち，医師の治療を受ける必要が認められる程度のものであることを要すると解するのが有力説であるが，上記のように平成16年改正で，強盗致傷罪の法定刑の下限が6年に引き下げられ，減軽すれば実刑を免れることができることから，かならずしもこのように解釈すべきではないというのが判例・多数説である。

(2)　強盗傷人罪・強盗殺人罪（240条）

つぎに，本罪は，故意をもってする傷害や殺人の場合を包摂するか，すなわち，強盗犯人が，故意をもって人を傷害しあるいは殺害した場合の擬律が問題となる。前者については，強盗傷人罪の典型事例であって，特段の問題はない。これに対して，後者に関しては，①強盗致死罪と殺人罪の観念的競合（旧判例）とする説，②強盗罪と殺人罪の観念的競合とする説，そして，③強盗殺人罪として240条後段のみの適用を認めるとする判例・通説とに学説は分かれている。③説によれば，240条は結果的加重犯のみならず故意犯をも含む，すなわち，本罪は強盗罪と殺人罪または傷害致死罪との結合犯（不真正結果的加重犯）であると把握されることになる（故意犯包含説）。

これについて，①説，また，②説は，故意のある場合とない場合とは本質的に異なり，同条は結果的加重犯と故意犯とを同一の犯罪構成要件中にあわせて規定した趣旨とは考えがたいとして，また，「死亡させた」という文言は結果的加重犯を指しているとして③説に反論する。しかし，③説は，①説によると死亡という1個の事実を殺人と致死という二面から評価することになってしまうとして，また，②説は理論的には正当ではあるが，この説によると，故意に殺害した場合の刑の

下限（5年以上の拘禁刑）が，過失で死の結果を生じさせた場合の刑の下限（無期拘禁刑）よりもはるかに軽くなり，刑の権衡を失することになると批判する。本条の法定刑が極端に重くなっていること，また，本条には結果的加重犯についての慣用的用語例である「よって」という言葉が用いられていないことから，本条は，強盗の機会における人の殺傷という，刑事学的に顕著な事態を取り上げて構成要件化したものであると理解し，結果的加重犯たる強盗致死のほかに，故意にもとづく強盗殺人の場合をも包括する趣旨の規定であると解すべきであるとして③説が通説となっている。

　なお，強盗致死傷罪においては，致死傷の結果は，財物強取の前に生じても後に生じてもよい。人を殺害して，その財物を奪取する意思でそれを実行した場合にも，強盗殺人罪の成立が認められる。その理由づけについては，種々の見解が唱えられているが，多数説は，占有侵害行為を，被害者の死亡の前後にわたって全体的に観察し，行為者が，被害者の有していた占有を殺害・盗取の一連の行為によって侵害し，財物を自己の占有に移したことによるものと解している。

(3)　強盗の機会

　判例・通説は，本罪について，刑事学的に，強盗の機会には強盗行為との関連において致死傷の結果を伴う残虐な事態が生じることがあることから，これを防止することを目的として規定されたものと解し（機会説），強盗致死傷罪が成立するためには，死傷の結果が強盗の手段としての暴行・脅迫から生じたことを必要とする説（手段説）を否定して，これを不要であると解している（脅迫の結果的加重犯としての場合も含まれる。大阪高判昭和60・2・6高刑集38・1・50は，強盗の手段たる脅迫により被害者を畏怖させ，その結果傷害を生じさせたときは，暴行にもとづくものでなくとも，240条前段の強盗致傷罪が成立するとしている）。もっとも，機会説によると本罪の成立が無限定に広がるとして，近時

の有力説は，強盗の機会においてなされ，少なくとも被害者に向けられた当該強盗行為と，その性質上，通常，密接な関連をもつ行為によって発生した致死傷についてのみ，あるいは少なくとも事後強盗類似の状況にあることを要件として本罪の適用を認めるべきとして，機会説と手段説の折衷的な理解にたっている。そこで，日頃の私怨をはらすために強盗の機会を利用して被害者を殺害した場合や，強盗の共犯者が仲間割れして他の共犯者を殺害した場合，強盗の過程で，暴行・脅迫の故意なく誤って乳児を踏みつけて死なせた場合については，本罪の成立は否定されると解されている。もっとも，負傷したのが強盗犯人が認識していない者であっても，その者が強盗犯人から逃れようとして負傷した場合には，本罪にあたりうるとされている（東京地判平成15・3・6判タ1152・296）。

　判例によれば，逃走した窃盗犯人が，追跡してきた被害者を殺害する行為については，強盗の機会に行われたものとされ，他方で，前夜岡山で強盗によって得た盗品等を舟で運搬し，翌晩神戸で陸揚げしようとした際に巡査に発見され，暴行を加えて同巡査を負傷させた事案では，強盗の機会にはあたらないとされている（最判昭和32・7・18刑集11・7・1861）。

(4)　未　遂

　本罪の未遂につき，これをいかに理解すべきかについては，上記の故意に人を殺した場合の擬律に関する見解の対立に呼応する。すなわち，①説，②説は，強盗致死傷罪は結果的加重犯である以上，その未遂は考える余地がないことから，強盗致死傷未遂罪は，結局，強盗自体が未遂に終わった場合に認められるべきであるとしている。これに対して，判例・通説のとる故意犯包含説は，かりにも致死傷の結果が生じた以上は，強盗が既遂であるか未遂であるかにかかわらず強盗致死傷罪は既遂となると解し，そこで本罪の未遂とは，殺意をもってし

た強盗殺人罪において，殺人が未遂に終わった場合にかぎられるとしている。強盗致死傷罪は，人の生命・身体の保護を目的とする規定であると解すべきであるから，その既遂・未遂を論じるにあたっても，強盗自体についてではなく，人の死傷が生じたかどうかを基準としてこれについて論じるべきであろう。もっとも，傷害の故意で暴行にとどまった場合には，単に強盗罪が成立するにすぎないので，本罪の未遂は，強盗殺人罪について殺人が未遂に終わったときにかぎり成立すると理解すべきである。

(5)　主観的要件

結果的加重犯としての強盗致死傷罪については，死傷の結果についての認識があったことは必要ではない。上述のように，「負傷させた」というためには，少なくとも暴行の意思が必要であるとする見解も有力であるが，強盗の機会になされた単なる過失による致傷の結果も，本罪にあたると解すべきである（前掲大阪高判昭和60・2・6参照）。他方，故意犯としての強盗傷人罪・強盗殺人罪については，行為者において，自己の行為により，被害者を死傷させることの認識・認容が必要である。

Ⅱ-8-6　強盗・強制性交等罪および同致死罪（241条）

旧241条は，強盗犯人が強姦（強制性交）した場合を強盗強姦罪として，無期または7年以上の拘禁刑に処するとしていた。それに対して，強姦行為の後に犯意を生じて強盗をした場合には，強姦罪と強盗罪の併合罪として扱われ，その処断刑は5年以上30年以下の有期拘禁刑であった。そのため，この不均衡を是正するため，改正法は「**強盗・強制性交等罪**」として，同一の機会に強盗の行為と強制性交等の行為が行われた場合には，強盗と強制性交等の行為の先後を問わず，その行

為の悪質性を考慮して，旧241条と同様の法定刑で処罰することにしたものである（1項）。あわせて，強盗の行為と強制性交等の行為の双方が未遂に終わった場合についての刑の減免に関する規定（2項），さらには，本罪に固有の中止犯規定（2項ただし書）が設けられるとともに，致死結果が生じた場合について，旧強盗強姦致死罪と同様の死刑または無期拘禁刑という法定刑で処罰するとする規定（3項）が設けられた。

(1) 強盗・強制性交等罪（1項）

本罪の主体は，強盗犯と強制性交等犯である。本罪は，身分犯ではなく，結合犯である。強盗には準強盗罪が含まれ，強制性交等には準強制性交等も含まれるが監護者性交等罪は含まれない。

本罪の行為は，同一の機会に，強盗犯が強制性交等を，または，強制性交等犯が強盗を実行することである。強盗未遂犯が強制性交等に着手すれば，また，強制性交等未遂犯が強盗に着手すれば，本罪は成立する。はじめから強盗および強制性交等を行う意図で，所定の暴行・脅迫を加えれば，その段階ですでに両罪の未遂となり，本罪は成立することになる。

(2) いずれも未遂の場合の減軽（2項，2項ただし書）

本条1項においては，強盗罪と強制性交等罪のいずれも未遂の場合であっても強盗・強制性交等罪は既遂に達するので，1項の罪には未遂を観念することができず，43条の規定も適用されない。したがって，2項は，未遂犯を処罰する趣旨の規定ではなく，強盗罪と強制性交等罪のいずれも未遂であって，かつ死傷結果が生じていない場合について，法益侵害がかならずしも重大でないことを考慮して，刑の任意的減軽を規定したものである。さらに，2項が適用される場合で，自らの意思により，いずれかの犯罪につき中止行為が認められる場合には，

2項ただし書により刑が必要的に減免される。たとえば，強盗または強制性交等のいずれかの犯罪を中止した場合には，他方の犯罪が障害未遂であっても2項ただし書の対象となる。

(3)　強盗・強制性交等致死罪（3項）

本罪は，強盗・強制性交等罪によって人を死亡させたときに成立する。強盗行為，強制性交等の行為のいずれかから致死結果が生じていればよい。また，死という結果発生に故意のある場合も含まれる。3項では未遂犯も処罰されるが，それは，殺意をもって行為をし，未遂に終わった場合をいうことになる。強盗・強制性交等致傷についての規定は存在せず，強盗・強制性交等の行為によって致傷結果が生じても，1項の強盗・強制性交等罪の法定刑の範囲内で処断されることになる。同罪の法定刑が重いことはそのことも斟酌した結果であるとされている。

> **【設問16】を考えてみよう**

まず，AとBには窃盗未遂の共同正犯が成立する。Dにはその幇助罪が成立する。

また，Aについては，窃盗行為の共犯者の逮捕を免れさせる目的でXに暴行・脅迫を加えているので，事後強盗罪が成立し，さらに傷害を与えているので，（事後）強盗致傷罪が成立する。

Bは，38条2項により，窃盗未遂罪の限度で責任を負う。

Cについては，Bらの窃盗については知らなかったことから窃盗未遂罪の共犯は成立しない。しかし，AがBをXから解放するため暴行を加えている行為に事情を知って加功していることから，事後強盗罪を真正身分犯とする立場からすると，65条1項により，（事後）強盗致傷罪の共同正犯が成立することになる。

Dについては，窃盗の幇助犯が奪還行為（事後強盗致傷罪）を幇助し

ているところ，事後強盗罪は真正身分犯であり，また，238 条の「窃盗」には幇助犯が含まれないことから，65 条 1 項，62 条 1 項により，（事後）強盗致傷罪の幇助犯が成立することになる（窃盗幇助は，強盗致傷幇助罪に吸収される）。

Theme 17

> 余計に受け取った釣り銭を返さないと処罰されるか。無銭飲食を行った者はどのように騙しているのか。銀行で自己名義の預金通帳を交付を受けることも，場合によっては犯罪となるか。

【設問 17】

①　Aは，はじめから無銭飲食を行うつもりでレストランに行き，「ステーキください」といって注文し，食べ終わった後でお金がないと申し出た。Aの罪責を論ぜよ。

②　Bは，自己のクレジットカード支払い用銀行口座の預金残高が少ないことを知りながら，代金支払いの意思なくデパートでカメラを購入し，クレジットカードで支払いをした。Bの罪責を論ぜよ。

第9章　詐欺・恐喝の罪

　刑法37章「詐欺及び恐喝の罪」では，詐欺罪（246条），電子計算機使用詐欺罪（246条の2），背任罪（247条），準詐欺罪（248条），恐喝罪（249条），およびそれらの罪の未遂罪（250条）の規定を設けている。詐欺罪と恐喝罪とは，いずれも被害者の瑕疵ある意思にもとづいて，財物を交付させ，または財産上の利益を取得する点で共通した性質を持ち，その手段を異にするにすぎないのに対して，背任罪は，信任関係を破って本人に財産的損害を与えるという点で，むしろ横領罪と類似している性質を有していることから，詐欺罪・恐喝罪とは別異に扱うことが通常である。

　なお，自己の所有物に関する特例（251条，242条），親族相盗例（251条，244条，詐欺罪における親族相盗例の適用については，犯人と財産上の

損害を被った者との間に親族関係があることを要する), 電気に関するみなし規定 (251条, 245条) は, 詐欺および恐喝の罪にも準用される。

II-9-1 詐欺の罪 (246条)

詐欺の罪とは, 人を欺いて (欺罔して) 財物を交付させ, または財産上不法な利益を得, もしくは他人 (行為者と一定の関係にある第三者) に得させる行為, および, これに準ずる行為を内容とする犯罪である。詐欺罪は, 同じく奪取罪にあっても, 被害者の意思に反して財物を窃取・強取する盗取罪とは異なり, 被害者の瑕疵ある意思にもとづいて財物を交付させる罪であり, 同じく交付罪にあって, 恐喝罪では被害者に瑕疵ある意思を生じさせる手段が脅迫等による畏怖であるのに対して, 詐欺罪では欺罔による錯誤である点で異なる。他方で, 横領罪にあっては, その行為は, 行為者の占有する他人の財物の領得であるのに対して, 詐欺罪では他人の占有する他人の財物の取得である点で違いがある。また, 詐欺罪は, 強盗罪や恐喝罪とともにその規定の2項に利得罪をも規定している点で, 窃盗罪, 横領罪と性質を異にする。

(1) 詐欺罪の保護法益

詐欺の罪の保護法益について, 通説はこれを個人の財産であると解している。これに対して, 個人の財産のほかに, 財産取引における安全および信義誠実の保障をも法益と解する説もある。詐欺行為が取引における信義誠実を害するものであり, これを処罰することが取引の安全の維持に役立つこともたしかではあるが, それはこれらの行為が処罰されることの結果にすぎないと解するべきで, 通説が支持されよう。

国家的・社会的法益に向けられた欺罔行為にあって詐欺罪を構成するかについては, 説が分かれている。判例・通説は, 国家, 地方公共団体も財産権の主体となりうると解し, その財産上の利益も財産罪に

よって保護されるべきであるとしているが（最決昭和 51・4・1 刑集 30・3・425。地方公共団体の職員を欺いて国が所有する土地の交付を受けた事例），詐欺の罪は個人的法益に対する罪であるから詐欺罪を構成しないとする説もある。判例は，財産的移転と直接結びつかない各種証明書の取得事案，たとえば公務員を欺いて他人名義の旅券や印鑑証明，自動車免許証等の発給を受けた場合については，詐欺罪を構成しないとし（これらについては，交付者の財産的負担はなく，行為者において海外旅行や自動車運転が可能となるにすぎない），その一方で，不正受給事案，たとえば生活保護の不正受給等のほか，財産的価値の移転と結びついた各種証明書，具体的には，医療費負担の軽減などの経済的利益を受けるための国民健康保険被保険者証の取得事案（最決平成 18・8・21 判タ 1227・184）等について，詐欺罪を構成するとしている（地方公共団体の損失となる。なお，後述「財産的損害（194 頁）」参照）。後者の例は，地方公共団体も財産権の主体となりうることを前提として，たとえば支払い請求の際に当該客体が必要となるように，財産的な価値に結びついており，その意味で地方公共団体の財産権を侵害しているのに対し，前者では，そもそも文書自体に財産的価値が乏しいことに加え，当該行為は，あくまでも証明行為の適正を害したにすぎず，財産的侵害を本質とするものではないからである（刑法 157 条 2 項の免状等不実記載罪や行政法規の罰則が特別法として存在し，これが詐欺罪の適用を排除しているともいえよう）。

　つぎに，財物罪としての詐欺の罪の保護法益は所有権その他の本権か，それとも財物の占有自体かについても説は分かれているが，判例は，財物の占有自体も保護される必要があるとし，その占有はかならずしも適法な占有である必要はなく，平穏な占有（前述 134 頁参照）で足りるとしているように思われる。

(2)　1項詐欺罪（246条1項）：狭義の詐欺罪

1. 客　体

詐欺罪の客体は，不動産を含む他人の財物である（なお，251条，242条参照）。盗取罪とは異なり，詐欺罪の場合には登記簿上の名義変更により不動産に対する法律的支配（占有）の移転が可能であるから，客体に不動産も含まれる。

2. 成立要件

本罪の行為は，「人を欺いて」，すなわち**欺罔行為**によって相手を錯誤に陥れ，財物を交付させることである。そして，①欺罔行為に加えて，②相手方の錯誤，③財産的処分行為，④財物・利益の移転，⑤財産的損害があり，⑥それぞれに因果関係があることをもって詐欺罪は成立することになる。

(a)「人を欺く」行為

詐欺罪の実行行為である「人を欺く」とは，他人を錯誤に陥れようとすること，相手方における財物交付の判断の基礎となる重要な事実を偽ること（最決平成22・7・29刑集64・5・829，最判平成26・3・28刑集68・3・582）をいう。その手段・方法に制限はなく，言語によると動作によると，直接的であると間接的であると，また，作為によると不作為によるとを問わない。

（ア）　作為による場合としては，用途を偽って金銭を交付させること，代金を支払える見込みもその意思もないのに商品を買い受けること(取り込み詐欺)，他人の所有物を自己の所有物であるかのように装って第三者に売却し，代金を請求することなどがある。

不作為による場合としては，事実を告知すべき法律上の義務を有する者が，その義務を怠って相手方がすでに錯誤に陥っている状態を継続させ，これを利用しようとすること，たとえば，病気を隠して保険会社と生命保険を締結すること，生計の状況等の変更を届け出ることなく生活保護費を不正に受給することなどが挙げられる。また，義務

は法律上の義務にかぎられず，判例では慣習上・条理上，あるいは信義誠実の原則にもとづく告知義務も認めていることから，準禁治産者（被補佐人）がそのことを黙秘して金銭を借りること，相手方が錯誤によって釣り銭を余計に出したことを知りながらその旨を告げずに受け取ること（釣り銭詐欺。なお，後でこれに気がつきながら返却しない行為は占有離脱物横領罪にあたり，相手方の問い合わせに受領者がその事実を否定する行為は2項詐欺罪に該当する），担保物があらかじめ示した見本品と異なるのにその旨を告げずに金員を借りること，抵当権が設定されている不動産をその事実を告げずに売却することなども，不作為による欺罔にあたる。なお，最決平成15・3・12刑集57・3・322〔誤振込み事件〕は，誤振込みの事実を知りつつ預金の払戻しをした事案につき，行為者には誤振込みがあった旨を銀行に告知すべき信義則上の義務（告知義務）があるとし，錯誤に陥った係員から預金の払戻しを受けた場合には不作為による詐欺罪が成立するとしている。通常の払戻し請求に，以下に述べるような「誤振込みによる預金ではない」旨の意味内容を読み取ることはできないことから，以下に述べる「挙動による欺罔」を肯定することができる事案とは異なろう。

　不作為による欺罔と区別すべきなのが，いわゆる「挙動」による欺罔である。たとえば，はじめから支払いの意思も能力もなく飲食，宿泊を行った場合については（無銭飲食は1項詐欺罪に，無銭宿泊は2項詐欺罪に該当し，食事付きの無銭宿泊は包括して1個の詐欺罪が成立する），一般的に，そもそも，注文するあるいは宿泊を申し込むといった行為（挙動）そのものに支払いの意思が含意・表示されていると考えられることから，不作為による欺罔ではなく，行為者の態度自体が虚偽の事実を含んでいる挙動による欺罔を肯定できるとされている（最決平成14・10・21刑集56・8・670は，他人になりすまし他人名義の銀行口座開設に伴って預金通帳を交付させた行為に詐欺罪の成立を認め，最決平成19・7・17刑集61・5・521は，自己名義の預金通帳であっても，第三者に譲渡す

る意図を秘して銀行の行員に自己名義の預金口座の開設を申込み預金通帳の交付を受けることは1項詐欺罪を構成するとしている。同じく，前掲最決平成22・7・29は，第三者を搭乗させる意図を秘して自己に対する搭乗券の交付を受けた行為に詐欺罪の成立を肯定している）。挙動による欺罔にあっては，告知義務が存することを必要としない点で，不作為による欺罔と異なるのである。

人を欺く行為であるため，欺罔行為は人に向けられたものでなければならない。したがって，他人のキャッシュカードを用いてATMから現金を引き出す行為，自動販売機に通貨に類似した金属片を投入して物品を取得する行為にあっては，人を欺く行為が存在しないので詐欺罪は成立せず窃盗罪が成立し，また，コインロッカー，公衆電話，ゲーム機の不正使用などは，単に利益を取得しているにすぎないことから，利益窃盗を不処罰としている現行法のもとでは，不処罰となる。

（イ）　人を欺く行為の内容は，「重要な事実」に関するものであることを要する。右内容は，過去の事実，現在の事実のほか，将来の事実に関するものであってもよく，事実の表示にかぎらず，価値判断その他意思の表示を含むと解されている。

近時，最高裁は，暴力団員が身分を秘匿して口座を開設し通帳等の交付を受けた事案で詐欺罪の成立を肯定しているが（最決平成26・4・7刑集68・4・715），身分を秘匿してゴルフ場を利用した事案では，一方で詐欺罪の成立を肯定し（最決平成26・3・28刑集68・3・646），他方ではこれを否定している（最判平成26・3・28刑集68・3・582）。一連の最高裁の判断においては，いわゆる挙動による欺罔が問題となる場合には，欺く行為とあわせて「重要事項性」が存しなければならないことが明らかとされたが，欺く行為においては，利用の申込行為それ自体に申込者が暴力団員でないことの意味内容が含まれているといえるか（「意味内包性」）が重要とされ，重要事項性は，処分判断の基礎となる重要な事実に虚偽があったかによって判断されることになる。詐欺罪

の成立が否定された最高裁判例では，ゴルフ場による暴力団排除措置，具体的には利用者が暴力団員であるか否かの確認措置が十分ではなかったために，意味内包性が否定されたものと思われる（ここでは，ⓐ施設利用を申し込む行為それ自体が「挙動による欺罔」にあたるかという点と，ⓑ欺かれた内容が「施設利用の許否の判断の基礎となる重要事項」にあたるかが問われているのである）。

　人を欺く行為は，具体的状況のもとにおいて，通常人を錯誤に陥れる可能性のあるものでなければならない。もっとも，取引の慣行上許されている駆引きの範囲内では，多少の誇張や事実の秘匿があっても信義則に反しないものとして，これにあたらないとされている。

　欺罔行為は，財物や財産上の利益の交付・処分行為に向けられるものでなければならず，さもなければ窃盗が問題となるにすぎない。上述のように，「火事だ」と偽り，店主が動揺している間に財物を持ち逃げする行為のように，他人を欺いて注意を他に転じさせてその隙に財物を窃取する行為は，窃盗であって詐欺ではない。行為者のついた嘘が占有を弛緩させるにすぎない場合には，行為者の嘘は被害者に対して自らの意思により占有を移転させようという意識を生じさせるものではないので，交付行為に向けられたものといえず，詐欺罪の「欺」く行為にはあたらないのである。

　（ウ）　行為の相手方は，かならずしも財物の所有者または占有者であることを必要としないが，当該財物について財産的処分（交付）行為をなしうる権限ないし地位を有する者でなければならない。したがって，銀行員を欺罔して預金の払戻しを受ける場合には詐欺罪が成立するが，登記官を欺いて所有権移転登記をさせても，登記官は当該不動産について処分をなしうる権限・地位を有しないから，詐欺罪は成立しない。なお，財物に対する財産的処分行為をなしうる者である以上，未成年者や心神耗弱者も欺罔行為の相手方となりうる。

　（エ）　詐欺罪において被欺罔者（処分行為者・交付行為者）と財産上

の被害者が異なる場合を三角詐欺といい，被欺罔者に財産処分権限が
あれば，詐欺罪となる。たとえば，銀行の支店長を欺罔して融資を受
けた場合，被欺罔者および処分行為者は支店長であるが，財産上の被
害者は銀行である。詐欺罪は，欺罔によって陥った錯誤にもとづく財
産的処分行為の存在を必要とするため，被欺罔者と処分行為者は一致
することが必要であり，かつ，被欺罔者に財産を処分する事実上また
は法律上被害財産の処分をなしうる権限ないし地位があることが必要
である（最判昭和 45・3・26 刑集 24・3・55）。自分の物だと欺いて第三者
をして他人のカバンを取ってこさせたときには，第三者には処分権限
が存しないことから，詐欺罪ではなく第三者を道具とした窃盗罪の間
接正犯が成立することになる。

　これにかかって問題となる典型の一つが，いわゆる訴訟詐欺である。
すなわち，虚偽の申し立てにより裁判所を欺いて勝訴の判決を得，敗
訴者から財物や財産上の利益（債務の免除等）を交付させる場合，三角
詐欺として詐欺罪が成立するかである。

　訴訟詐欺において詐欺罪の成立を否定する見解は，ⓐ形式的真実主
義を採用する民事訴訟制度のもとでは，裁判所は，当事者の主張に拘
束され，虚偽であるとわかっていても一定の裁判をしなければならな
いが，このような制度を利用する行為は「人を欺く」行為とはいえな
い，ⓑ被害者である敗訴者は，誤判と認識しながらやむなく判決に服
して勝訴者に財物や財産上の利益を提供させられることになるが，こ
の場合の財物の「交付」は任意の交付とはいえない，とする。これに
対して，多数説である肯定説は，ⓐについては，民事訴訟においても
自由心証主義が採られており，裁判所が真実だと考えるところにより
裁判をするのであるから，裁判所が虚偽の証拠により欺かれることも
あるとし（裁判所を錯誤に陥れ，その財産的処分行為によって財物を交付
させるということの関係性は否定できず，少なくとも，法的に同視できると
いうのである），ⓑについては，処分行為者を被害者とするのではなく，

裁判所の判決自体を財産的処分行為と解すれば，訴訟詐欺についても，処分権限者である裁判所を欺罔して敗訴者に被害をもたらす三角詐欺の一類型と解することができるとしており，判例も，同様に，肯定説にたっている（判例では，訴訟手続きに関して，主たる債務の消滅後に保証債務を訴求した事案，強制執行・競売に関して，債権の存在しない債務名義によって執行を委任した事案に詐欺罪の成立が認められている）。

　さらに別途の三角詐欺の類型として検討を要するのが，クレジットカードの不正使用の事例である。すなわち，クレジットカード決済システムを利用して商品を購入する際に，ⓐ代金支払いの意思も能力もないのに，自己名義のクレジットカードを使用して信販会社（クレジットカード会社）の加盟店（デパート等の店舗）から物品を購入した場合，ⓑ名義人以外の者が名義人になりすましてクレジットカードを利用した場合，が問題となる。

❖**クレジットカード決済システム**

　　クレジットカード決済システムでは，信販会社と会員契約を結んだクレジットカード利用者が，信販会社と加盟店契約を結んだ店舗で商品を購入する場合にクレジットカード決済を選択すると，購入時に代金を現金で支払うことなく商品の交付を受けることができ，加盟店から信販会社へ売上票が送付されると加盟店へは信販会社から立替払いがなされ，信販会社に対しては，利用者の銀行口座から後日，自動決済で代金が支払われることになっている。

　まず，ⓐの場合については，行為者において加盟店を欺く行為は存しておらず，また，加盟店は信販会社から立替払いを受けられることを根拠として詐欺罪の成立を否定する見解もあるが，肯定する見解が多数説である。クレジットカードの不正利用に詐欺罪の成立を認める場合，その理論構成としては，①加盟店を通しての間接正犯と理解し，欺かれた者，処分行為者，被害者のすべてを信販会社とし，信販会社から加盟店に立替払いの代金が支払われた時点で代金債務に関する後述2項詐欺罪の既遂となるとする説，②欺かれた者，処分行為者は加盟店であるが，財産上の損害を受けるのは信販会社であるとし，同じ

く加盟店に代金が支払われた時点で信販会社に対する2項詐欺罪の既遂となるとする説（三角詐欺説。なお，②説と基本的に同様の理論構成であるが，行為者が商品を購入した段階で信販会社が確実にその債務を引き受けることになることを理由に，販売時に2項詐欺罪が成立するとする説が現在では有力になっている），③加盟店は事情を知っていれば信義則上当然に取引を拒絶すべきであることを根拠に（加盟店に対して支払い意思・能力があるかのように装ってクレジットカードを示すことを挙動による欺罔と解しうる），欺かれた者，処分行為者，被害者のいずれも加盟店であるとし，行為者が加盟店から財物を取得した段階で加盟店に対する1項詐欺罪が既遂となるとする説に分かれるが，③説が裁判例（福岡高判昭和56・9・21判タ464・178）および多数説である。①，②の学説では，加盟店は信販会社からの立替払いによって損失を被らないので被害者ではないとされるが，両説によると加盟店への代金支払い時をもって犯罪が成立すると解され，既遂時期が大幅に遅くなるという難点がある。支払い意思のないカードの不正使用においては，支払い意思・能力の存否は商品の交付の基礎となる重要な事項であり，財物を交付した段階で財産的損害を首肯できることから，③説が支持されうるであろう。この説によれば，加盟店が信販会社から購入代金相当額の立替払いを受けたとしても，商品を客体とする，加盟店に対する1項詐欺罪が成立する。

　つぎに，ⓑの場合については，名義人であるかのようにふるまったことが欺罔行為にあたると解されている（最決平成16・2・9刑集58・2・89は，他人名義のクレジットカードで商品を購入する行為は，「名義の偽り」を根拠として詐欺罪を構成するが，名義人の許諾を受けた者や名義人の近親者等のカード利用の場合には，実質的な財産損害がないとしている）。

【設問17】を考えてみよう

①は，はじめから支払いの意思も能力もなく飲食をする場合である。レストランにとって A が支払い能力があるか否かは財物交付の判断の基礎となる重要な事項であるところ，一般には，注文する行為そのものに支払い意思が含意・表示されていると考えらる。したがって，支払い意思を有していない A の行動には，いわゆる挙動による欺罔が認められる。店員が錯誤に陥り，そのため欺罔行為と飲食物の提供との間との因果関係も認められることから，A には 1 項詐欺罪が成立する。なお，この事例は，告知義務違反を根拠とする不作為による欺罔の事例ではない点に注意すべきである。

②については，有力説によると 2 項詐欺罪が成立することになるが，裁判例や多数説によると，B に支払い意思がないことをデパートの店員が知っていれば取引を拒否することは信義則上当然であるから，B の行為には店員に対する挙動による欺罔が認められて，B がカメラを取得した段階で，デパート側に対する 1 項詐欺罪が成立することになる。

Theme 18

> 1万円札が挟まっている古本を，それと知りつつ100円で買ったら詐欺罪となるか。スナイパーを騙して殺人の報酬の支払いを免れたら，詐欺罪は成立するか。

【設問18】

①　18歳の高校生Aは1本1000円の栄養剤を3本買ったが，1本不要となったため，友人Xに「痩身薬も含まれている」と欺いて1000円で売り渡し，その後，近くの酒店で店主に自分は成人だと嘘をいって缶チューハイを2本買った。Aの罪責を論ぜよ。

②　Bは，第三者に譲渡する目的を隠してY銀行において自己名義の預金口座を開設し，Y銀行の行員から預金通帳とキャッシュカードの交付を受けた。Bの罪責を論ぜよ。

第9章　詐欺・恐喝の罪

II-9-1　詐欺の罪（246条）

(1)　詐欺罪の保護法益

(2)　1項詐欺罪（246条1項）：狭義の詐欺罪

　1.　客　体

　2.　成立要件

(a)「人を欺く」行為

(b) 処分（交付）行為

「財物を交付させ」とは，相手方の錯誤にもとづいて財物を交付させること，すなわち，相手方の財産的処分行為によって行為者または第三者に財物を取得させることをいい，これにもとづいて財物の占有が行為者等の側に移転したことを要する。

（ア）　この財産的処分行為は，窃盗と詐欺とを区別するところの構成要件要素である。たとえば，上述のように，人を欺き注意を他に転じさせ，その隙に財物を奪取した場合や，洋服の試着をしていた者が，隙をみてそのまま逃走した場合には，財物の占有が最終的に被欺罔者の意思にもとづいて移転しているわけではないので，窃盗罪と評価されることになる。なお，両者の区別は，客体が財産上の利益である場合はとりわけ重要となる。利益窃盗は現行法上処罰されていないからである。

処分行為には，主観的要素としての処分意思と客観的要件としての処分行為が必要であるが，後者は，法律行為にかぎらず，事実上，財産的損害を生じさせる行為であれば足りるとされている。問題は，処分行為というためには，被欺罔者が移転する個々の財物や財産上の利益について認識していることが必要か否かである。意識的処分行為説は，財産的処分行為というためには，被欺罔者において，財物ないし利益の移転あるいは権利の喪失などについての認識を有することを要するとし，他方，無意識的処分行為説は，利益移転が事実上被欺罔者の意識にもとづいていれば足りるとしている。たとえば，ⓐ A が X の本に 1 万円札が挟まっていることに気づきながら，その本を 1000 円で買い受けた場合，ⓑ B が Y 宅で国際電話をかけるのに，近所に電話すると欺いて 100 円しか支払わなかった場合，意識的処分行為説によれば，ⓐでは窃盗，ⓑでは無罪，無意識的処分行為説によれば，ⓐでは 1 項詐欺，ⓑでは 2 項詐欺となる。

もっとも，意識的処分行為説も，被欺罔者において交付物の価値，あるいは債務の一時猶予または免除について錯誤があっても，また，交付物の価値や債務の存在を認識していなくとも，さらには，利益の移転について明確な認識がない場合でも，処分意思の内容を緩和して処分行為を肯定しうるとしており（電気計量器の針を逆回転させて料金の支払いを免れる行為については，判例および意識的処分行為説からも，処

分意思の要件を緩和して，2項詐欺罪の成立が認められている），他方，無意識的処分行為説も，処分行為になんらかの認識が必要であると解し，嘘をいって店員の注意をそらせた隙に飲食した料理店内から逃走したり，文盲の被害者に文書の内容を偽って債務証書に署名捺印させるような事例では，詐欺罪の成立を否定するのが一般であり，したがって現在では，両説とも処分行為に財物や財産上の利益の「移転の外形的事実の認識」を必要としていることからすると，両説の対立は決定的なものではなくなっているといえよう。

（イ）　財物の交付とは，相手方の財産的処分行為の結果として，財物の占有が行為者等の側に移ることをいう（行為者に関わりのないまったくの第三者へ交付させた場合には，不法領得の意思が欠け，毀棄罪を構成するにすぎない）。では，人を欺いて財物を放棄させ，これを拾得する行為はどのように評価すべきであろうか。交付とは欺かれた者から行為者への手交をいうとして同行為につき窃盗罪や遺失物横領罪と解する見解もあるが，通説は，被害者の錯誤にもとづく財物の放棄という処分行為の結果として行為者がその財物の占有を取得するにいたったことに着目して，詐欺罪が成立すると理解してよいとしている。

（ウ）　財物の交付が不法原因給付である場合に，詐欺罪は成立するか。覚せい剤やけん銃を海外のマフィアから買ってやると騙されて，また，嘘の贈賄話をもちかけられて金銭を交付したときには，不法の原因にもとづく給付であるとして被害者には金銭に対する返還請求権や支払い請求権は認められない（民法708条）。それゆえ，このような場合には，詐欺罪もまた成立しないのではないかという問題である。判例・多数説は，不法の原因を作り出したのは騙した側・行為者であるから，民法708条ただし書が適用され不法原因給付には該当しないなどとして，詐欺罪の成立を肯定している（上述の「覚せい剤」事例や「贈賄」事例では，欺かれなければ財物を交付しなかった以上，詐欺罪が成立するとか，交付以前において当該財物には不法は存在しない，との説明も

されている)。通貨偽造資金としての金員，闇米資金，売春の対価としての前借金を交付させた事案につき，判例は，詐欺罪の成立を肯定している。多数説も，欺罔によって適法な財産状態が侵害されたことを理由に，あるいは，犯罪抑止という予防的観点からも，不法の原因のために給付されたものであっても詐欺罪の成立を認めるべきであるとしている。他方で，学説では，対価の支払いを仮装して女子に売春させた場合，騙して殺人の報酬の支払いを免れたような場合では，そもそもそれらの契約自体が違法なのであり，それにもかかわらずその代金を支払わなければ処罰されるということになれば，刑法がその履行を強制することになり，結果的にそのような違法行為を助長することになりかねないとする詐欺罪否定説も有力である。しかし，騙されなければ，そのような違法行為をしなかったという構造は，詐欺罪が認められた上述の場合と同様であり，はじめから公序良俗に反する法律行為は無効となる旨を定めた民法 90 条を援用する意思で売春の対価の免脱等を企図した場合には詐欺罪が成立すると解しうるであろう。不法原因給付と財産罪に関しては，民法で違法とされる利益を刑法で保護する必要はないとする批判もあり，法秩序の統一性は尊重すべきであるが，民法に対する刑法の独自性もまた認められなければならないとされている。

3. 実行の着手時期・既遂時期

　詐欺罪の実行の着手時期については，強盗罪などと考え方は同じで，相手に対して手段としての欺く行為を開始した時点に認められている。保険金詐欺の目的で放火した場合，本罪の着手時期は放火した時点ではなく，保険金の支払い請求をしたときである。もっとも，最決平成 30・3・22 刑集 72・1・82〔訪問予告事件〕は，特殊詐欺の事案で，当該「嘘を一連のものとして被害者に述べた段階において，被害者に現金の交付を求める文言を述べていないとしても，詐欺罪の実行の着手があったと認められる」としている（→総論 220 頁）。

詐欺罪の既遂時期は，人を欺く行為により相手方が錯誤に陥り，それにもとづいて財産的処分行為を行い，それにより財物の占有が行為者または第三者に移転したときである。動産は引渡し時，不動産は所有権の移転登記時となる。前述のように，「欺罔行為→相手方の錯誤→財産的処分行為→財物の移転」には因果関係が必要である。欺罔であることを見破りながらも，憐憫の情から財物を与えた場合には，詐欺罪は未遂となる。

なお，共犯に関して，最決平成29・12・11刑集71・10・535は，欺罔行為後，騙されたふり作戦が開始されたことを認識せずに，共謀のうえ関与した財物受領者には，詐欺未遂罪の共同正犯が成立するとしている。

4. 財産的損害

詐欺罪は財産罪であるので，財産上の損害（**財産的損害**）が発生することが要件となる。この財産的損害の意味については，個々の財物や利益の喪失それ自体が損害であると理解する個別財産説と，被害者の全体財産が減少したことをいうとする全体財産説とに説は分かれる。この問題は，相当な対価を支払って財物の交付を受けた場合，あるいは，価値相当の商品を提供した場合の詐欺罪の成否に関係する。たとえば，1000円で購入した栄養剤が不要となり，この栄養剤には痩身薬が入っていると欺き1000円で売却した場合，あるいは，1万円で購入したバックを有名人が使っていたバックであると騙して1万円で売却した場合，前者の見解では詐欺罪が成立し，後者の見解では詐欺罪は成立しないことになる。すなわち，個別財産説は，人を欺く行為がなければ相手方が財物（上の例では1000円，また，1万円）を交付しなかったであろう場合には，交付した財物そのものが財産的損害にほかならないとする。というのも，財物の喪失は，その使用，収益，処分する利益の喪失，つまり損害であると理解するからである。このような理解から，個別財産説が通説となっている。

　ところで，たしかに，個別財産説によれば，騙されなければ交付しなかったといえる以上，財産移転罪としての詐欺罪の成立を肯定しうることになる。もっとも，財物の喪失そのものが損害であるとする形式的個別財産説にたつと，欺罔行為との間に因果関係があればそれだけで広く詐欺罪が肯定され，その結果として損害概念が形骸化してしまうことになりかねないとして，近時は，損害の有無については損害の内容をより実質的に（財産的損害という点から）判断すべきであるとする実質的個別財産説が有力となりつつある。医師であると偽り，ある薬を相当対価で販売する事例などは，同説によれば，財産的損害はないので詐欺罪は不成立となり（旅券詐取事件では，旅券は単なる証明の手段であるなどとして，実質的な財産的損害はないとする），これに対して，効能につき誤信させ，また，高価なものと偽り市価2100円の電気アンマ器を2200円で売却した事例（最決昭和34・9・28刑集13・11・2993）では，被害者は商品に付随して「得ようとしたものを得ていない」ことから，詐欺罪が成立することになる（健康保険証詐取事例では，健康保険証は単なる証明の手段であることを超えて財産的価値があるといえよう）。最判平成13・7・19刑集55・5・371は，請負人が，自身が受領する権利を有する請負代金を欺罔手段を用いて不当に早く受領したとして，その代金全額について刑法246条1項の詐欺罪が成立するには，欺罔手段を用いなかった場合に得たであろう請負代金の支払いとは社会通念上別個の支払いにあたるといいうる程度の期間，支払い時期を早めたものであることを要するとしているが，この判例は，実質的個別財産説に親和性があるといえよう。

　もっとも，実質的個別財産説からすると，未成年者が年齢を偽り代金を払って成人指定雑誌やアルコール飲料を購入した場合に，「欺罔の内容が財産的価値に還元できない」として，また，店舗側は得ようとしたもの（金銭）を得ているとして，詐欺罪は否定されることになる。ただ，アルコール飲料を未成年者に販売した場合，販売店に対する社

会的評価は低下するであろうし，行政処分の対象ともなりうることからすると，購入者が成年か否かは交付の基礎となる重要な事項ということになるばかりか，実質的に損害を判断するとしても，経済的な観点のみならず，未成年者にはアルコール飲料は販売しないなどの販売店側の主観的目的，意図やその対応の社会的意味なども考慮されるべきである（この場合，年齢を偽っている未成年者にアルコールを販売した酒店については，アルコール飲料を損害とする詐欺罪が成立すると解することができ，また，医師であるということで，その勧めであるからこそ信頼し当該薬を購入したという場合には，やはり詐欺罪の成立を肯定してよいであろう）。

　また，財産的損害は，種々の文書の不正取得についても問題となる。判例は，上述のように，人を欺いて（しかし手数料を支払って）印鑑証明や旅券の交付を受けたときに詐欺罪の成立を否定し，欺罔による自己名義の国民健康保険証（前掲最決平成18・8・21）や預金通帳（前掲最決平成19・7・17），航空機の搭乗券（前掲最決平成22・7・29）の取得，また，暴力団員が身分を秘して自己名義の預金通帳の交付を受ける（前掲最決平成26・4・7）といった行為に詐欺罪の成立を肯定している。前者の行為は，資格や事実証明に関するものであって財産権に関係するものでなく，また，157条2項の規定が根拠となって詐欺罪が否定されているが，後者では，重要な事項を偽っていること，また，それ自体が社会生活上重要な経済的価値を有する証明書であることが詐欺罪を肯定する理由となっている。

　最後に，二重抵当，すなわち，自己の不動産に抵当権を設定した者が，いまだ登記のないことに乗じて，さらに他の者のために同一の不動産に抵当権を設定し，これを登記した場合の擬律については，①後の抵当権者が欺かれた者，前の抵当権者が被害者と理解し詐欺罪が成立すると解する説（旧判例），②前の抵当権者に対して背任罪，後の抵当権者に対して詐欺罪を構成するとする説，③前の抵当権者に対して

背任罪が成立するにすぎないとする説に分かれる。抵当権の順位は登記の順序によるから，後の抵当権者は第一順位で抵当権を受けた以上なんら財産上の損害を被っていないことから，③説が現在の判例・通説となっている。

　5.　権利行使と詐欺罪・罪数

　権利行使として詐欺行為を行った場合，すなわち，相手から財物の占有を取得する法律上の権利を有する者がその実現のために詐欺行為を行った場合については，自救行為，正当防衛などにあたるほかは詐欺罪が成立するというのが判例である。そして，人を欺いて財物を交付させた事例において，その一部につき権利がある，あるいは対価を提供した場合については，詐取額について見解が分かれているが，判例は，詐欺罪は交付を受けた財物全体について成立するとしている。

　罪数については，1個の欺罔行為で同一人から数回財物の交付を受けた場合には包括一罪となり，数人から交付を受けた場合には観念的競合となる（最決平成 22・3・17 刑集 64・2・111〔街頭募金詐欺事件〕（→総論 311 頁））。窃取または詐取した貯金通帳を利用し，郵便局員を欺いて現金の払戻しを受けた場合には，先行する財産罪と詐欺罪とは併合罪となる。無人契約機を使用してローンカードを詐取し，これを利用して現金を引き出した場合には，詐欺罪とは別に窃盗罪が成立し，両罪は併合罪となる（最決平成 14・2・8 刑集 56・2・71）。他人のためその事務を処理する者が本人を欺いて財物を交付させた場合，判例は詐欺罪が成立するとしているが，背任罪と詐欺罪の観念的競合とすべきであろう。

(3)　2項詐欺罪（246条2項）：詐欺利得罪

　本罪は，人を欺いて錯誤に陥れ，その錯誤による瑕疵ある意思にもとづいて財産上の利益を取得することである。

　行為は，基本的には1項詐欺と同様であり，人を欺いて，財産上不

法の利益を得，または他人に得させることである（財産上の利益については，前述130頁参照）。

　「財産上不法の利益を得」にいう「不法の」は「不法に」という意味であって，得られた財産自体が不法であるという意味ではない。法律上取得することが正当な利益であっても，本罪の客体となる。「欺罔行為→相手方の錯誤→財産的処分行為→利益の取得」というプロセスにおいて，それぞれの経過に因果関係があることが必要である。

　財産上の利益とは，たとえば所有権移転の意思表示，労務の提供など，あるいは，債権・担保権の取得などの積極的利益でも，電気計量器の指針を逆回転させて電気料金の支払いを免れる，債務免除・支払い猶予を得るなどの消極的利益でもよい。もっとも，債務の履行や弁済の一時猶予については，これも財産上の利益にはあたるが，財物の移転と同視しうるだけの具体性・確実性が必要であるとされている。最判昭和30・4・8刑集9・4・827は，債務者が欺罔行為によって督促を一時免れたという事案に，「債権者がもし欺罔されなかったとすれば，その督促，要求により，債務の全部または一部の履行（等の）……何らかの具体的措置が，ぜひとも行われざるをえなかったであろうといえるような，特段の情況」が必要であるとの見解を示している。

　財産的処分行為の存否は不可罰の利益窃盗と2項詐欺との区別において重要であるが，問題となるのは，たとえば債権放棄の意思表示をさせたといえるか否かである。議論があるのは，無銭飲食・無銭宿泊とキセル乗車における財産的処分行為であり，そこでは，処分意思と処分行為の存否が2項詐欺罪の成否を決するのである。

　無銭飲食のうち，はじめからその意思がある場合（犯意先行型）の事例では，注文する行為が挙動による欺罔にあたり，1項詐欺罪が成立することになる。他方で，当初支払い意思があったものの飲食後に代金不払いの意思を生じ，代金債務を免脱した場合（飲食先行型）には，場合分けをする必要がある。まず，店員の隙をみて逃走する場合（単

純逃走型)には，欺罔行為も処分行為も存在しないので利益窃盗として不可罰となる（係員に気づかれないで行う無断観劇も同様である）。これに対して，店員に対して「ちょっと外出してくる」など，なんらかの虚言を用いた場合（偽計逃走型）には，詐欺罪の成立が考えられる。この場合は，被害者において代金支払いを免除する旨の処分行為は存在しないとしても，債権の存在は意識されており，被害者は少なくとも代金の支払いを一時猶予するという期限の利益を与えているのだから，上述の意識的処分行為説の立場においても2項詐欺罪の成立が肯定されてよい。もちろん，無意識的処分行為説に立てば，2項詐欺罪が肯定されうる（財産上の利益が欺く者に事実上移転するという事態にあることについての一般的な意識をもち，欺かれた者が錯誤に陥っていなければ，当然，必要な作為を行ったであろうという場合には，処分行為がなされたと法的に評価できるとして，無意識かつ不作為による財産的処分行為を認める説が有力である）。最決昭和30・7・7刑集9・9・1856は，「知人を見送る」と欺いて店先に出たまま逃走した事案について，債権者を欺罔して債務免除の意思表示をさせることが必要で，事実上支払いをしなかっただけでは足りないとしている。これは，2項詐欺罪についても，交付の客体（一時猶予という期限の利益）についての認識と意識的な（意識的不作為による）処分が必要であるとする，厳格な意識的処分行為説にたっているようである。

　キセル乗車とは，A駅からB駅，C駅を経由してD駅まで電車で移動するにあたり，A—B駅間の乗車券をA駅の駅係員Xに示して改札口を通過して電車に乗り，下車したD駅でC—D駅間の定期券を駅係員Yに示して改札口から出ることにより，途中のB—C駅間の運賃の支払いを不正に免れる行為である。現在の有力説である下車駅基準説は，下車駅改札口で，正規の運賃支払いが済んでいるかのように装ってYを欺き（挙動による欺罔行為），その結果，Yをして未払い運賃の請求をせずに通過させるという処分行為を行わせ，これを介し

て事実上の運賃の支払いを免れたと構成して，2項詐欺罪の成立を認めている（このほか，乗車駅で乗車券を示す行為がXに対する挙動による欺罔行為で，目的地までの輸送は有償的役務の提供であり，これにより財産上不法の利益を得たとする乗車駅基準説（大阪高判昭和44・8・7判時572・96），乗車駅で乗り越しの意思がある旨を申告する義務はないからXに対して欺く行為はなく，Yが支払い免除の意思表示をしないかぎり支払い義務を免れるものではないから財産上不法の利益を得たものともいえないとする詐欺罪否定説も有力である）。

　2項詐欺罪の着手時期も，人を欺く行為を開始した時点である。なお，財物交付の意思表示をさせた段階ではすでに1項詐欺は未遂となっているが，2項詐欺が成立するわけではない。

　1個の人を欺く行為で財物（無銭飲食）と財産上の利益（無銭宿泊）の両方を得た場合には，包括して246条に該当する1個の詐欺罪が成立する。上述のように，無銭飲食者が，暴行・脅迫を用いて代金の支払いを免れた場合には，詐欺罪に加えて強盗利得罪が成立し，両罪は包括一罪となる。

【設問18】を考えてみよう

　①の栄養剤の売却については，相手が本当のことを知っていれば財産的処分行為をしなかったという関係にあれば財産的損害を認める個別財産説によれば，欺く行為がなければXは買わなかったであろうから，Xが手渡した1000円が財産的損害となり，1項詐欺罪が成立する。実質的個別財産説によっても，欺罔の内容が財産的価値に還元でき，Xは得ようとしたものを得ていないから1項詐欺の成立が認められる。これに対して，缶チューハイの購入については，個別財産説によれば，酒店の店主に対する1項詐欺罪の成立が同様に認められるが，実質的個別財産説によれば，未成年者に対するアルコール販売に関する酒店の方針等をどの程度判断に入れるかによって，結論が分かれる

であろう。酒店が商品を交付した目的はあくまで代金を得ることであるとすると，財産的損害はないということも可能であるからである。

　②預金口座や預金通帳等の他人への譲渡は法令上禁止されており，行員が騙されなければ通帳等を交付しなかったであろうといえるような交付の判断の基準となる重要な事項を偽っていることから，Bには1項詐欺罪が成立することになる。

Theme 19

> 偽造した Suica カードで電車に乗ったら，何罪が成立するか。
> 脅して借金を返させたなら，犯罪となるか。

【設問 19】

①　A は，社内に落ちていた知人 X のキャッシュカードと，X の誕生日から推測した暗証番号を用いて，ATM で X の預金 20 万円を自分の口座に振替送金した。

②　B は，Y に 10 万円を貸していたが，弁済期が到来し，再三催促したにもかかわらず返済されなかったことから，仲間の C とともに Y 宅に赴き，C をして「金を返さないなら痛い目に遭うぞ」と脅させて，その場で 10 万円の返金を得た。B と C の罪責を論ぜよ。

II-9-2　準詐欺罪（248 条）

　本罪は，欺罔行為という手段は用いられずとも，未成年者の知慮浅薄または人の心神耗弱の状態を利用して，すなわち，欺罔行為にいたらない「誘惑」等の手段によって財物を交付させ，または，財産上の利益を得，もしくは他人にこれを得させる行為を処罰するもので，詐欺罪の補充的規定である。

　本罪の行為に関して，「知慮浅薄」とは，物事の全般についてではなくとも，具体的事項につき知識が乏しく思慮が足りないことをいう。「心神耗弱」とは，精神の健全を欠き，事物の判断をするのに十分な普通人の知識を備えていない状態をいうが，39 条 2 項の心神耗弱とはかならずしも同一内容ではない。なお，まったく意思能力・判断能力を有しない者は，処分行為能力を欠き，誘惑もされえないので，これらに対しては，窃盗罪の成立が考えられる。「乗じて」とは，処分行為

を行わせるために誘惑にかかりやすい状態を「利用して」，という意味である。

本罪の着手時期は，財物または財産上の利益の取得目的で，未成年者等に対して誘惑的行為を開始した時点である。

Ⅱ-9-3 電子計算機使用詐欺罪（246条の2）

本罪は，銀行業務におけるコンピュータシステムを悪用して他人の預金を自己の口座に振替送金する行為，他人のキャッシュカードを不正に使用してATMで自己の口座に振込を行う行為等にあっては，行為者は不法の利益を得ているが，実際に「財物」である現金を入手していないために，また，人の判断作用を誤らせる欺罔が存在しないために，従来，窃盗罪にも詐欺罪にもあたらないとされていた行為を，その実態を捉えて詐欺罪の一類型として処罰の対象としたものである。したがって，銀行の為替係の職員を欺き，システムに虚偽のデータを入力させて架空の送金処理をさせた場合には，本罪ではなく，2項詐欺罪が成立することになる。

(1) 客 体

本罪の客体は，財産上の利益であり，その意味で，本罪は，2項詐欺罪の補充規定としての性質を有している。

(2) 行 為

1. 前 段

まず，前段の「人の事務処理に使用する」の「人」は，自然人でも，法人その他の団体でもよい。前段の行為は，以下のⓐ，ⓑの手段でⓒを作出することである。

ⓐ「虚偽の情報を与える」とは，事実に反する内容の情報を入力す

ることである。たとえば，不正な，また，架空の入金データの入力，預金の不正な付替え，預金引出しデータを入力しないことなどである（最決平成18・2・14刑集60・2・165 は，窃取した A 名義のクレジットカードの情報をクレジットカード決済代行業者の電子計算機に送信し，名義人 A 本人が購入したとする財産権の得喪にかかる不実の電磁的記録を作成して，携帯電話で利用する電子マネーの利用権を取得した事案に，本罪の成立を肯定している。なお，金融機関の役職員によって金融機関名義で不良貸付けが行われた場合などは，貸付け自体は民法上有効であるので，これに該当しない（行為者には背任罪の成立が検討されることになる））。もっとも，預金・貸付け等なんらかの原因関係を伴わない入金・送金のデータ処理は，金融機関の支店長のような包括的権限者によってなされる場合でも，虚偽の情報にあたる。

　ⓑ「不正の指令を与える」とは，コンピュータの設置管理者が本来予定していたところに反する指令を与えることをいう（東京地判平成7・2・13 判時 1529・158 参照）。たとえば，プログラムの改変による，不実の振替入金，架空の弁済データの入力，借入金データの消去などがこれにあたる。なお，他人の ID 番号とパスワードの無権限使用によるデータベースの利用については，本罪に該当しうるとするのが判例・多数説であるが，反対説も有力である（立法担当者は反対説にたつようである）。

　ⓒ「財産権の得喪，変更にかかる不実の電磁的記録」とは，財産権の得喪，変更があったという事実，または財産権の得喪，変更を生じさせるべき事実を記録した電磁的記録であって，取引の場面においてそれが作出されることによってその財産権の得喪，変更が行われるものをいう。たとえば，オンラインシステムのもとでの元帳ファイルにおける預金残高の記録（東京高判平成5・6・29 高刑集 46・2・189），テレホンカードのようなプリペイドカードにおける残度数の記録がこれである。しかし，不動産登記ファイルなど，財産権の得喪，変更を公証

する目的で記録しているにとどまるものや，キャッシュカード，クレジットカードの磁気ストライプ部分の記録など，一定の資格を証明するために使用されているにすぎないものは除かれる。

2. 後　段

後段の行為は，「虚偽の電磁的記録を人の事務処理の用に供する」，すなわち，内容虚偽の電磁的記録を用いて他人の事務処理用のコンピュータで処理を行わせることである（なお，内容虚偽の電磁的記録は，行為者自身が作出したものにかぎられない）。たとえば，内容虚偽の銀行の元帳ファイルを作成し，正規のものと差し替えて口座残高を増加させる行為，内容虚偽のプリペイドカードや IC カードを作成し，これを使用して不法にサービスの提供を受ける行為などである（なお，東京地判平成 24・6・25 判タ 1384・363 は，自動改札機を利用したキセル乗車に電子計算機使用詐欺罪の成立を肯定している。A 駅で乗車し，B 駅，C 駅を経由して D 駅で下車する際，A ― B 駅間の乗車券を購入し，D 駅では C ― D 駅間の回数券で出場して B ― C 駅間の運賃を免れた場合は，実際の乗車駅である A 駅と異なる当該回数券の電磁的記録は虚偽のものであると判示している）。なお，偽造の Suica カードによる電車の利用は，有償的役務の提供を受けているので本罪が成立することになるが，これを用いて JR の電車の切符を自動券売機から購入することは，切符という財物を得ているので窃盗罪となる。また，拾得したテレホンカードを公衆電話で使用した場合は，虚偽の電磁的記録を用いているわけではないので，本罪にはあたらない。

本罪の成立には，「財産上不法の利益を得る」ことが必要である。たとえば，架空の入金データを入力することにより預金を引き出しうる地位を取得すること，あるいは，借入金データの消去によって債務を免脱することがこれにあたる。

(3)　実行の着手時期・既遂時期

本罪の着手時期は，前段では，虚偽の情報・不正の指令を与える行為に着手した時点であり，後段では，虚偽の電磁的記録を人の事務処理の用に供する行為に着手した時点である。具体的には，たとえば，前者については，銀行の行員がオンライン端末を操作して自己の預金口座に振替入金があったとする虚偽の情報を与えようとしたとき，あるいは，預金を付け替えるためキャッシュカードを ATM に挿入しようとしたときであり，後者については，偽造のテレホンカードを公衆電話に挿入しようとしたとき，あるいは，虚偽の記録がなされたプリペイドカードを利用しようとして所定の機器の差込口に挿入しようとしたときである。既遂時期は，財産上不法の利益を得たときである。

(4)　そのほか

本罪は詐欺罪の補充規定であるので，たとえば，上述のとおり，プログラマーを欺いて虚偽の情報を入力させたような場合に成立するのは 2 項詐欺罪であって，本罪ではない。原因関係である貸付け・弁済が背任罪等を構成しても，コンピュータに付与された情報が虚偽でなければ本罪は成立しない。虚偽の情報を数度にわたり入力した場合には本罪の包括一罪となるが，犯行日時を異にすれば併合罪となろう。本罪が成立した後，預金を引き出す行為は詐欺罪・窃盗罪を構成するが，両者は包括一罪（共罰的事後行為）となる。

Ⅱ-9-4　恐喝の罪（249 条）

恐喝の罪は，詐欺の罪と同様に被害者の瑕疵ある意思にもとづいて財物または財産上の利益を取得する犯罪であるが，恐喝行為を手段とする点で欺罔行為を手段とする詐欺の罪と区別される。また，恐喝の罪は，相手の反抗を抑圧するには足りない程度の暴行・脅迫を用いる

点で，同じく暴行・脅迫を用いる強盗の罪と区別される。

　現行刑法は，恐喝罪（249条）およびその未遂罪（250条）を規定している。

　恐喝の罪の保護法益は，被恐喝者の財産であると同時に，その自由でもある。

(1)　恐喝罪（249条1項）

1.　客　体

　本罪の客体は，他人の占有する他人の財物であり，不動産や盗品等も，また，電気もこれに含まれる（251条参照）。

2.　行　為

　本罪の成立要件は，財産を交付させる手段としての「恐喝」行為と，恐喝によって畏怖した相手方の「交付行為」，そしてそれによる財産の移転があることであり，それらに因果関係が存在していなければならない。

　まず，本罪の行為は，人を恐喝して財物を交付させることである。

(a)　「恐喝」

　恐喝とは，相手方に対してその反抗を抑圧するにいたらない程度の脅迫を加え，財物の交付を要求することをいう。脅迫罪のように害悪告知の種類が自己または親族の生命，身体，自由，名誉，財産にかぎられておらず，たとえば，家庭の平穏や私人の秘密，信用に向けられたものでもよい。また，第三者に対する加害の告知でもよい。

　害悪の告知の手段・方法は問わないが，相手方を畏怖させるに足りるものでなければならない。相手方に単に困惑や不安感を抱かせる程度では足りないが，他の事情と相俟って，畏怖させる結果が生じれば本罪にいう脅迫となる。また，相手方の反抗を抑圧するにいたらない程度の暴行も含まれる。人を欺く行為と恐喝行為を併用した場合には，判例によれば，詐欺罪と恐喝罪との観念的競合となる。

　害悪の内容は，それ自体が違法なものであることを要しない。官憲
への犯罪事実の申告や，新聞紙上への人の秘密の掲載，村八分の通告
などがこれにあたる。また，告知の内容が実現する可能性の有無，ま
た，その実現に向けた意思の存否を問わない。第三者によって実現さ
れるものとして通知される場合でもかまわない。

　恐喝行為の相手方である被恐喝者は，交付の目的とされた財産を処
分しうる権限・地位を有する者でなければならない。この点でも詐欺
罪と同様である。

　(b)　交付行為

　本罪が成立するためには，恐喝行為の結果，恐怖心を生じた相手方
の財産的処分行為にもとづいて行為者または行為者と一定の関係にあ
る第三者が財物の占有を取得すること（＝喝取）が必要となる。畏怖
し，黙認しているのに乗じて財物を奪取した場合も「交付」があった
ものとしてよい。

　3.　実行の着手時期・既遂時期

　本罪の実行の着手時期は，本罪の手段としての恐喝行為の開始時で
ある。既遂時期は，行為者または第三者が占有を設定した時点であり，
したがって，単なる譲渡の意思表示では足りない。不動産については，
登記または引渡し時である。

　恐喝行為と相手方における畏怖心の発生，そして財産的処分行為，
占有の取得の間には因果関係が必要であるが，被恐喝者と交付者が別
の場合には，恐喝行為と交付行為との間に因果関係があれば，かなら
ずしも交付者に恐怖心が生じたことは必要ではないとされている。

　4.　財産的損害

　本罪の成立にも，財産的損害の発生が必要である。恐喝者から相当
な対価の給付があった場合でも，恐喝行為がなければ財物を交付しな
かったという関係にあれば，財産的損害を肯定してよい。行為者に民
事上有効な権利があっても，相手方における財産的損害の発生は認め

られる。最判昭和30・10・14刑集9・11・2173は，3万円の債権を有
する者が6万円を喝取した事案に，正当な返済額を含む全額につき恐
喝罪が成立するとしている。

　5.　権利行使と恐喝罪

　相手方から財物を取得する権利を有する者が，恐喝行為を用いて財
物を交付させた場合の擬律については争いがある。

　まず，ⓐ相手方が占有する自己の財物を取り戻すために恐喝手段を
用いた場合である。この場合，占有説は，正当な権利行使であっても，
自救行為など違法性阻却事由のないかぎり恐喝罪が成立することにな
るとしている。つぎに，ⓑ債権者が債務の弁済を受けるために債務者
を恐喝して財物を交付させた場合については，判例は当初本権説にた
ち，それが権利の範囲内にとどまるかぎり恐喝罪の成立を否定し，そ
の後，権利の実行に藉口（しゃっこう）しての財物取得に関して，法律上可分である
場合には超過部分についてのみ恐喝罪が成立するとし，あるいは，権
利の範囲内として恐喝罪が否定されたときには脅迫罪が成立するとし
ていたが，その後，権利を実現する方法が社会観念上一般に許容でき
ないときには権利の濫用にあたり，超過部分にかぎらず全体につき恐
喝罪が成立するとして判断を変更した（恐喝罪説）。現在の判例（前掲
最判昭和30・10・14）・通説は，恐喝罪説を採っている。というのも，
恐喝が社会的相当性を有しない以上，手段としての脅迫行為と財物の
交付を受けたこととは，違法性を有する一体のものとして捉えられる
べきと考えているのである。

　人を恐喝する目的で監禁した場合には，恐喝罪と監禁罪とは併合罪
（最判平成17・4・14刑集59・3・283）となる。

(2)　恐喝利得罪（249条2項）

　本罪の客体は「財産上の利益」である。本罪の行為は「恐喝」であ
る。

「財産上不法の利益を得」とは，畏怖にもとづく被害者の財産的処分行為によって，行為者または行為者と一定の関係にある第三者が，不法に，役務の提供，債務の免除，弁済の猶予等の財産上の利益を取得することである。財産的処分行為は不作為でも可能である。飲食代金の請求者を脅迫し畏怖させ，その請求を一時断念させたときには，被害者の黙示的な支払い猶予の処分行為となる（最決昭和43・12・11刑集22・13・1469）。

本罪の既遂時期は，財物交付を受ける形式的名義を取得したときである。たとえば，米穀商を恐喝して白米を廉売することを承諾させたときであり，また，債権者を畏怖させて債務の弁済を一時免れた時点である。

:［設問19］を考えてみよう:

　①Aは，振替送金行為によって不正な利益を得ているが，財物を得ているわけではないので窃盗罪は成立しない。また，拾得したカードを用いて窓口で係員を欺いて振替送金しているわけではないから，「人を欺いて」財産上の利益を得てはいないので2項詐欺罪も成立しない。さらに，AはXのためにその事務を処理する者ではないので，背任罪も成立しない。では，246条の2の電子計算機使用詐欺罪の成立はあるか。同条にいう「財産権の得喪，変更にかかる不実の電磁的記録」とは，財産権の得喪，変更それ自体の事実，または財産権の得喪，変更を生じさせるべき事実の記録をいうところ，銀行の元帳ファイルにおける預金残高の記録は，預金債権という財産権の記録にあたる。そして，ATMを操作して，カードの所有者Xの意思に反して，名義人Xが振替送金したとする「虚偽の情報」を与えることは財産権の得喪にかかる「不実の電磁的記録」を作る行為にあたり，したがって，電子計算機使用詐欺罪を構成することになる。

　②現在の判例の立場によれば，他人に対して財物の取得にかかる権

利を有する者がその権利を行使するにあたって用いる手段・方法が社会観念上一般に許容できないものであるときには権利の濫用にあたり，恐喝罪となるとしている。本問における，「金を返さないなら痛い目に遭うぞ」という，Ｙの生命・身体への侵害行為をほのめかすＣの発言は脅迫にあたり，もはや社会的相当性を有しない以上，手段としての脅迫行為と財物の交付を受けたことは違法性を有する一体のものとして捉えて，恐喝罪の成立を肯定すべきである。

Theme 20

自分の口座から現金を引き出しても犯罪となることがあるか。
スナイパーが，報酬金を先に手にしたまま，任務を果たすこと
なく姿を消したら犯罪となるか。

【設問 20】

①　A は，X 電気店で 15 万円のカメラを 24 回の月賦払いで購入した
が，1 年後，新機能のついたカメラを購入しようと考え，手持ちのカメ
ラを 5 万円で知人に売却した。A の罪責を論ぜよ。

②　自己の経営する建設会社に対して公共事業の発注において有利な
取り計らいをしてもらう意図で県会議員に賄賂を渡すことを Y から
依頼された B は，預かった 100 万円をそのまま自己のローンの返済金
に充てた。B の罪責を論ぜよ。

第10章　横領の罪

　刑法 38 章においては，「**横領の罪**」として単純横領罪（252 条），業務
上横領罪（253 条），そして遺失物等横領罪（254 条）が規定されている。
横領の罪は，所有者の占有に属さない，自己が占有する他人の財物を
不法に領得する犯罪であり，領得罪の一種であるが，他人の占有を侵
害しない点において，窃盗罪・強盗罪・詐欺罪・恐喝罪などの奪取罪
とは性質を異にする。また，単純横領罪と業務上横領罪は，他人から
物を委託された者が，委託にもとづいて占有している他人の財物を不
正に取得する犯罪である点に本質があり，そのため両罪は委託物横領
罪と呼ばれている。この委託者との委託信任関係を破って行われる犯
罪という点においては，両罪は，同じく信任関係に違背する背任罪と

共通の性質を有している（改正刑法草案は，これらを同一の章（39 章）にまとめて規定している）。これに対して，遺失物等横領罪は，委託信任関係を前提としておらず，財物取得の原始的形態に属する犯罪とされ，むしろ窃盗罪と類似の性質を有する犯罪である。このようなことから，立法論的には，遺失物等横領罪は窃盗罪とあわせて，他方で，委託物横領罪は背任罪とあわせて規定すべきであるとされている。

　横領罪の保護法益は，物に対する所有権であり，占有は含まれない。委託物横領罪においては，物の占有は行為者に帰属しており，また，遺失物等横領罪においては占有は失われていることから，その物を領得しても占有の侵害は生じないからである。なお，公務所から保管を命ぜられた自己の物の横領も処罰されるが（252 条 2 項），この場合には，公務所の命令にもとづく物の保管の安全が保護法益となる。

　横領の罪には，255 条により，244 条の親族相盗例が準用される。この場合の親族関係は，行為者と委託物の所有者および委託者との間に存在することを要する。その場合にのみ「法は家庭に入らない」とする本特例の趣旨に合致することになるからである。したがって，裁判所から選任された未成年後見人である親族が業務上占有する未成年被後見人所有の財物を横領した場合には，未成年後見人は，未成年被後見人と親族関係があっても，その後見事務は「公的性格」を有しており，未成年被後見人のためにその財産を誠実に管理すべき法律上の義務を負っているから，親族相盗例の準用は否定されることになる（最決平成 20・2・18 刑集 62・2・37。同旨，最決平成 24・10・9 刑集 66・10・981）。他方で，遺失物等横領罪においては，当該身分関係は，行為者と所有者との間に存すれば足りる。

II-10-1　単純横領罪（252 条）

単純横領罪の法定刑は，窃盗罪・詐欺罪・恐喝罪と比べて著しく軽い

ものとなっているが，従来，その理由として，自己の支配内にある他人の財物については，他人の占有を侵害して領得する場合に比較して，犯罪形態において平和的であり，動機において誘惑的であるからであるとされている。すなわち，占有侵害がなく原状回復が図りやすいという点で違法性が軽く，動機の点で宥恕しうるという点で責任が軽いというのである。

(1) 主 体

本罪の主体は，他人の物の占有者，または，公務所から保管を命ぜられた自己の物の占有者である。本罪は，65条1項の真正身分犯である。

(2) 客 体

本罪の客体は，自己の占有する他人の物，または公務所から保管を命ぜられた自己の物である。

1.「物」

本罪にいう「物」とは財物を意味し，動産，不動産を問わない。代替物，すなわち，金銭などのように，その物の性質が，種類・品質・数量において他の物と代替しうるものも，特定して現物のまま保管された場合はもちろん，不特定物のままでも本罪の客体となりうる。しかし，権利や利益は，物に含まれない（判例）。したがって，他人の所有にかかる債権証書は物として本罪の客体となりうるが，債権自体は本罪の客体とはならない。それゆえ，他人の債権証書を保管中，勝手に債権を行使して債務者から金銭を取得すれば，横領罪ではなく，背任罪の成立が検討されることになる。

電気その他のエネルギーも本罪の客体となるとする見解もあるが（管理可能性説の立場から，電気はもちろん，それ以外の人工冷気その他のエネルギーも本罪の客体となるとする），245条の規定が準用されていな

いことを理由に否定する見解が多数説である。

　2. 「占有」概念

　「占有」とは，事実上，または，法律上，物に対する支配力を有する
状態を意味する。すなわち法律上の支配も本罪における「占有」に含
まれる（判例）。というのも，横領罪における占有は，窃盗罪のそれと
は異なり，侵害の客体ではないからである。横領罪における占有の重
要性は，その排他力ではなく，濫用のおそれのある支配力にあるとい
われている。法律上の支配が肯定される例として，たとえば，他人の
金銭を委託されて保管する者が，これを銀行等の金融機関に預金した
場合，預金者は銀行が所持している預金相当額の金銭（預金債権ではな
く現金）を法律上処分しうる状態にあることになるから，占有が認め
られるのである（もっとも，預金通帳と印鑑を預かっていた者が勝手に銀
行から預金を引き出した場合には，金銭について占有はなく，また，引き出
し権限がないので，窃盗罪や詐欺罪が成立する）。そのほか，貨物引換証・
倉庫証券・船荷証券のような，引渡しに物権的効力をもつ物権的有価
証券を所持している場合，不動産に関して登記簿上その名義人となっ
ている場合なども同様である（判例。他方，未登記の不動産については，
事実上，それを管理・支配する者が占有者である）。なお，登記簿上の名
義人以外が法律上の権限にもとづいて占有している場合，たとえば，
未成年者の親権者や後見人は被後見人である未成年者の不動産を占有
し，法人の代表理事は法人の不動産を占有することから支配力が認め
られることになる。

　ところで，誤振込み，すなわち，誤って本来意図した口座とは別の
口座に振込みがなされた場合，振り込まれた口座名義人がこれを奇貨
としてその預金を領得した場合の法的処理については注意を要する。
最決平成 15・3・12 刑集 57・3・322 は，誤振込みであることを秘して
窓口で預金の払戻しを受けた場合に，詐欺罪の成立を肯定している。
もっとも，領得の態様が，①銀行の窓口で引き出す場合，②キャッシュ

カードを使い ATM で引き出す場合，③キャッシュカードを使い ATM で振替送金する場合では，それぞれ法的評価を異にする。

　まず，誤振込みが銀行の過誤による場合には，受取人と無関係に入金記録の取消しが行われるので，①の場合には詐欺罪が，②の場合には窃盗罪が，③の場合には電子計算機使用詐欺罪が成立することに特段の問題はない。これに対して，誤振込みが振込依頼人の過誤によって生じた場合には，これを是正する組戻し等が行われ，受取人の承諾を得て振込依頼人への資金の返却が行われることになるところ，預金による占有という考え方を委託物横領罪について認め，この場合には預金の占有は預金者にではなく銀行（の支店長）側にあると解する多数説によれば，①の行為については，誤振込みがあったことを告知する信義則上の義務を受取人に認め，上記の判例と同様に，不作為による詐欺罪の成立を肯定することになり（したがって，振り込め詐欺の事例では，被害者が金銭を振りこんだ段階で 1 項詐欺が成立し，行為者が銀行の ATM から現金を引き出せば，銀行の支店長に対する窃盗罪が成立することになる），②の行為については窃盗罪，③の行為については電子計算機使用詐欺罪が成立することになる。

　3.「自己の占有」

　横領罪は，自己の占有する他人の物（または公務所から保管を命ぜられた自己の物。以下，同じ）についてのみ成立する。「自己の占有する」とは，行為者自身の占有に属し，他人の占有に属さないことをいう。この点が，窃盗罪などの他の奪取罪との区別において重要な意味をもっている。また，「占有」は，物の所有者あるいは権限者からの委託信任関係にもとづくものでなければならない。したがって，誤配された郵便物を領得するように，その占有が委託関係にもとづかないときは，遺失物等横領罪が問題となることになる。委託信任関係は，委任・寄託・使用貸借などの契約によるのが一般的であるが，そのほか，たとえば，法定代理人・後見人・会社の代表者などの地位，売買契約の

売主としての地位などにより，さらには事務管理などによって生じる。なお，委託信任関係は事実上の関係であれば足り，法律上，委託者に委託の権限があるか，受託者に受託の権限が存するかは問題ではない。

4.「他人の物」

「他人の物」とは，行為者以外の法人を含む他人の所有に属する財物の意味である。当該の物が他人の所有に属するかどうかは，民法上の所有権を基礎にしつつも，刑法的な観点からも，その保護の必要性を考慮して決せられることになる。

(a) 売買の目的物

動産および不動産は，売買契約の締結によってその所有権が買主に移転する（民法 176 条）。したがって，売買契約を締結した後，まだ引渡しをしないで占有保管中の動産を，売主が勝手に他人に売却するいわゆる「二重売買」は，横領罪を構成しうる（通説は，引渡または移転登記の段階で本罪は既遂に達するとしている。なお，後述のように，第二譲受人が単純悪意者ではなく，執拗かつ積極的に働きかけたり，加害目的や自己の利益を図るために行った背信的悪意者の場合には，行為者との共犯となりうる）。また，販売を委託された物品の所有権は，売却にいたるまで委託者に属し，割賦販売の場合，原則として代金完済にいたるまで，目的物の所有権は売主に属するのが通常である。譲渡担保，すなわち，債務を担保するために，当該目的物の所有権を債務者（譲渡担保設定者）から債権者（譲渡担保権者）に移転させるが，債務が弁済されたときには，債務者が所有権を買い戻すことができるという特約付きの契約にあっては，場合を分けて説明される。すなわち，譲渡担保の中で，ⓐその形態が売買の形式で，目的物の所有権が完全に債権者に移転する場合には，債権者が目的物をほしいままに処分しても横領罪を構成せず，背任罪が問題となるにすぎないが，債務者が他に売却すれば横領罪が成立することになる。これに対して，ⓑ目的物の所有権が，特約によって，外部的には債権者に移転するが，内部的には，弁

済期までは債務者に留保されている場合には，所有権がいまだ債務者に属する以上，債権者が担保物を処分すれば横領罪となる。

なお，他人の物には共有物も含まれる。共有物については各共有者が共同して所有権を有することから（民249条以下），共有者の1人がこれを領得したという場合，共有物全体に対する横領罪が成立する。

(b) 委託された金銭

委託を受けて債権や売掛金などの取立てを行った者，あるいは委託販売により代金を得た者が，集金した金銭あるいは販売代金を領得したときは，金銭の所有権は委託者にあるので，これを勝手に費消すると原則として横領罪が成立する（判例）。たしかに，民法上は，取引保護の必要性から金銭の所有と占有は一致すべきとされ，原則として占有している者に所有権が帰属するとされており，この考え方を推し進めると，寄託を受けて保管している金銭の消費については，横領罪の成立が否定されることになる。しかし，刑法上は，委託者の財産を保護するという視点に着目し，委託者と受託者との信頼関係が維持されているかを基礎にして，本罪の成立を論じるべきとされているので，上記のような判例・通説の解釈が望ましいといえよう。以下，具体的にみていこう。

ⓐ特定物として委託された金銭（封金）に関しては，所有権は依然として委託者にあるので，これを占有する受託者にとっては他人の物となり，横領罪の客体となる。ⓑ封金以外の，一定の使途・目的を定めて寄託された物に関しては，原則，寄託者に所有権は属することになる。判例においても，製茶の買付けのための資金（最決昭和26・5・25刑集5・6・1186）や，不動産を買い受ける資金として預かっていた金銭を，受寄者が寄託の趣旨に反して処分をしたときには横領罪が成立するとされている。しかし，金銭のもつ高度の流用性と代替性に鑑みると，ⓒ受寄者が受寄物を自由に消費することができ，これと同種，同等，同量のものを返還すればよいとする消費寄託において寄託された

金銭の場合や，不特定物として寄託された金銭の場合（銀行預金，社内預金など）には，それが流用された時点で，金銭の所有権は受寄者に移っていると解することができよう。

そのほか，前述の，一定の委託事務に関連して委託者のために受領した金銭，たとえば，ⓓ債権の取立てを委任された者が債務者から取り立てた金銭は債権者（委任者）に，ⓔ集金人（商業使用人）が取り立てた売掛金に関しては主人に，ⓕ委託販売によって得た代金に関しては委託者に，それぞれ所有権があることになる。

なお，これらの例においても，委託者の委託の趣旨に反することなく，事後に確実にその金額を補填することができ，補填する意思で金銭を一時的に他に流用・費消したという場合には，かりに使途が定められていても，金銭の代替的性質により，それが流用された時点において受託者に所有権が移転すると解し，横領行為とはならないと解するのが多数説である。

(c) 不法原因給付物・委託物

不法な原因にもとづいて給付された物については，民法上，給付者はその物について返還請求権を有しない（民法708条）。したがって，不法原因給付物の所有権は，受給者に帰属することになる（判例）。すでに婚姻している立場にある者が愛人関係を継続するために建物を贈与したという場合には，不当利得としてその返還請求を行うことはできないのである。しかしながら，不法原因給付物ではなく，不法原因委託物についても，同様に考えるべきかについては争いがある。たとえば委託を受けて保管中の贈賄資金を費消したときのように，受託者が不法な原因により委託を受けて保管中の財物を不法に領得したときにも，横領罪が成立するかという問題である。

肯定説は，委託者には，受託者に対し財物の返還請求権はないが所有権はあることを根拠とし，また，刑法上の犯罪の成立の可否は，民法上の保護の有無とは関わらないと主張する。判例は，贈賄資金を預

かりながらこれを着服した事案に、「横領罪の目的物は単に犯人の占有する他人の物であることを要件としているのであって必ずしも物の給付者において民法上その返還を請求し得べきものであることを要件としていない」(最判昭和23・6・5刑集2・7・641)として、横領罪の成立を肯定している。これに対して、否定説は、給付者は、受給者にその返還を請求しえず、受給者はその義務を負担しないのであるから、給付者には保護されるべき所有権がないとし、また、民事上の返還義務のない者に、刑罰の制裁をもって返還を強制するのは法秩序全体に不統一をきたすとして肯定説を批判する。そして、現在では、不法原因給付物と不法原因寄託物とを区別し、前者については受給者が所有者であり、後者については、給付物の場合と異なり民法708条の適用はなく、寄託者が所有者であるとして(もっとも、このように給付と寄託を区別する説に対しては、民法上、給付と寄託を区別していないとの反論がある)、先の贈賄資金に関する判例の事案ではむしろ占有を委託されたにすぎず、所有権はいまだ委託者に残っていることを横領罪成立の理由とすべきであるとする説も有力となっている。この説によれば、殺人の報酬として提供された金銭は不法な原因によって給付されたものであり横領罪の客体とはならないが、贈賄資金や覚せい剤の購入資金はあくまでも委託の対象物であることから横領罪の客体となることになる。また、このような解釈は、資金の返還を強制して、不法な目的を実現させないという犯罪抑止にも資するとされている。

(d) 盗品等の処分代金

同様の問題は、窃盗犯人から盗品の有償的な処分行為のあっせんを委託された者によるその盗品自体あるいは処分代金の取得についても生じる。この事案で、横領罪を肯定する説は、横領罪の客体は受託者の占有する他人の物(この場合には本犯(→後述247頁)の被害者の所有にかかる物)であれば足りると解し、また、窃盗犯人とあっせんを委託された者との委託信任関係も保護に値するとして、本犯の被害者との関

係で盗品等関与罪が成立するとともに，窃盗犯人との関係で横領罪が成立し，両罪は観念的競合になるという（判例）。これに対して，否定説は，委託者である窃盗犯人は処分代金について所有権を有さず，そもそもの所有者との委託信任関係は存在しないとし，また，遺失物を受託した者による領得は遺失物横領にすぎないことを根拠とする。さらに，盗品等関与罪が成立している以上，横領罪を認める必要はないというのである。

　なお，盗品の受給者が，それが盗品であることを知らずに受け取り，後に，盗品であることを認識したが，それにもかかわらずこれを取得した場合については，①横領罪説，②盗品等関与罪説，③遺失物等横領罪説，④①と②の観念的競合とする説に分かれているが，④説の立場が有力である。

　5. 公務所から保管を命ぜられた自己の物（2 項）

　自己の物であっても，公務所から保管を命じられている場合には，なお本条の客体になる。これにあたるのは，差押えを受けずに保管を命じられた自己の物，および，差押えを受けてもその占有がなお保管者に存する自己の物である。それ以外は，物の占有は公務員に属することになる。

┌─────────────────────────────┐
　【設問20】を考えてみよう
└─────────────────────────────┘

　①割賦販売においては，原則として代金完済に至るまで目的物の所有権は売主に属する。留保された所有権は刑法的に保護すべきであって，したがって，A には横領罪が成立する。返済残額がわずかである場合などは横領罪を否定する説もあるが，本問はそのような事例ではないといえよう。

　②現在の有力説によれば，贈賄という不法な原因にもとづいて財物を交付し，占有を委託した場合であっても所有権はいまだ委託者に残っているとされ，また，判例の立場によれば，たとえ委託者には受

託者に対し財物の返還請求権はないとしても所有権はあることを根拠とし，また，刑法上の犯罪の成立の可否は民法上の保護の有無とは関わらないとして，Bに横領罪の成立を肯定している。

Theme 21

他人から預かっている金銭を自己の昼食代に一時使用すること
は犯罪か。町のためを思い，町長が公金を県議会議員に賄賂と
して贈ることは犯罪か。

【設問 21】

① すでに，売買契約の締結により，X が A の土地および建物の所有
権を取得していたが，A は，上記事情を知っている B と共謀のうえ，
上記不動産が登記未了により A 名義のままであることを利用して，A
の B に対する金銭債務につき，上記不動産により代物弁済することに
し，B 名義に移転登記を完了した。A，B の罪責を論ぜよ。

② 宗教法人 S 寺の責任役員である C は，自己の経営する会社 T の
事業資金を確保するために，業務上占有する S 寺所有の土地の一部に
T 社を債務者とする抵当権を設定し，その後，C は，T 社の事業がさら
に悪化し多額の負債を抱えたため，その返済資金に充てるため，S 寺
所有の土地を第三者にすべて売却した。C の罪責を論ぜよ。

第 10 章　横領の罪
II-10-1　単純横領罪（252 条）
(1)　主　体
(2)　客　体

---

(3)　行　為

本罪の行為は，「**横領**」することである。横領とは，自己の占有する
他人の物（または公務所から保管を命ぜられた自己の物。以下，同じ）を
ほしいままに処分することである。もっとも，横領の意義をめぐって
は見解の対立がある。まず，領得行為説は，横領とは自己の占有する

他人の物を不法に領得すること，すなわち不法領得の意思実現のすべ
ての行為を指すとしている。したがって，無断使用を禁じられたカメ
ラの一時使用やその毀棄・隠匿などは，あるいは権限を超える行為で
はあっても，委託者のためにする意思で行う場合には不法領得の意思
の実現にはあたらず，横領ではないことになる。これに対して，越権
行為説は，横領とは，委託信任関係を破棄することであると理解し，
行為者が，占有物に対して，その権限を越えた行為をすることを意味
するという。この説によれば，したがって，横領罪の成立要件として
不法領得の意思は不要とされることになり，占有物の一時的な無断使
用も，あるいはその毀棄・隠匿も，さらには委託者本人のためにする
場合であっても，横領行為にあたりうることになる。この両説につい
ては，毀棄・隠匿罪と比較して，委託物横領罪の法定刑が重いのは，
そこに利欲犯的要素が認められることから，予防的考慮にもとづくも
のと考えるべきであるとされているため，したがって不法領得の意思
の存在を基礎とすべきとする領得行為説が判例・通説となっている。
もっとも，後述のように，横領罪における不法領得の意思の定義は窃
盗罪におけるそれよりも広いものとなっており，不法領得の意思の内
容の希薄化によって，領得行為説からも占有物の毀棄・隠匿について
は横領と解する判例・学説が現れていることなどをみれば，領得行為
説の結論も越権行為説のそれに接近してきていることがわかる。

　こうして，現在の判例・通説は，領得行為説にたちつつも，ただ，
不法領得の意思を実現する一切の行為とはいっても，それが内心にあ
るだけでは足りず，横領の意思を表明する客観的な処分行為がなけれ
ばならないとしている。それは，売却，贈与，貸与，交換，質権・抵
当権・譲渡担保の設定，振替などの法律的処分行為にかぎらず，費消，
着服，拐帯（持ち逃げ），隠匿，返還の拒絶などの事実的処分行為でも
よい。また，警察官が職務上保管すべき他人の物を領置の手続をせず
保管を続けた場合など，不作為による横領の場合もあり，そのほか，

自己の所有物であると虚偽の主張をして民事訴訟を提起することも横領にあたる。横領行為の実現のために人を欺く行為を行った場合には，欺く行為は単なる横領行為の手段であるとして，欺罔行為は横領行為に吸収されると解するのが多数説である。

　二重売買の問題，すなわち，物をいったん他人に売却・譲渡した後，まだ目的物の引渡しがなされていないうちに，あるいは所有権移転登記が完了する前に，売主がその物をさらに第三者に売却する行為については，第一の売買によって所有権は買主に移転しているので，その物は自己の占有する他人の物であり，横領罪が成立するとするのが従来の判例・多数説であった。もっとも，とくに不動産の売買については，第一の売買が単なる意思表示の場合には，債務不履行とし，両者に売買契約が成立していても，代金の決済が終了していなければ横領罪は成立しないというのが近時の有力説となっている。また，不動産の二重売買に関して，第二の買主（第二譲受人）の登記を経ての加功の事例において，第二譲受人が単なる悪意者の場合には，民法 177 条の「第三者」にあたり有効に所有権を取得できることから，横領罪の共犯は成立しないとされているが，第二譲受人が売主を唆すなどの背信的悪意者であれば，民法上有効に所有権を取得できないことから，横領罪の共犯が成立するとされている（不動産の二重売買に関する，福岡高判昭和 47・11・22 判タ 289・292。転質については，債権額，存続期間，転質の内容など，質権設定者に不利な結果を生ずる場合には横領罪を構成する）。

　横領罪の既遂時期については，物についての処分行為が開始されたときであり，完了を待たないとされている。領得行為説によれば，権限を逸脱する行為が開始されれば，不法領得の意思が外部に現れており，その意思を実現する行為が開始されればその時点で既遂となるのである。たとえば，動産の売却においては，行為者の意思表示で本罪は既遂に達し，相手方の買受けの意思表示は不要である。贈与，質権

の設定も同様に解せられる。集金した売掛金の拐帯については，金銭を会社に納入しない意思が外部に明瞭に現れたときに既遂となる。後に納入すべきときに納入したとしても犯罪の成否に影響しない。以上のことは，未遂を容れる余地はないという横領罪の性質から導かれるものである。なお，不動産の二重売買については，登記が対抗要件となっていることから，横領罪の既遂時期は第二譲受人への移転登記が完了した時点であるとされている。

　最後に，最大判平成15・4・23刑集57・4・467（横領後の横領事件）は，委託を受けて占有する他人の土地にほしいままに抵当権を設定し登記をして横領した後，その土地を他人に売却することによってさらに横領した事案に，横領後の横領は不可罰的事後行為であるとしていた判例変更を行い，横領罪の成立を肯定している。委託を受けて他人の土地を占有する者が，その土地に抵当権を設定した後においても，当該土地は依然として自己が占有する他人の物であることに変わりはなく，当該土地につき，ほしいままに売却等による所有権移転行為を行いその旨の登記を了したときは，委託の任務に背いて，その物につき権限がないのに所有者でなければできないような処分をしたものにほかならない，というのである。なお，先行する横領罪と後行する横領罪との罪数関係については，包括一罪説が多数説である。

(4)　主観的要件

　本罪の成立には，横領の故意の他に不法領得の意思を必要とする（前述。判例・通説）。第三者に領得させる意思も含まれる。判例によれば，「横領罪の成立に必要な不法領得の意志（思）とは，他人の物の占有者が委託の任務に背いて，その物につき権限がないのに所有者でなければできないような処分をする意志（思）をいう」（最判昭和24・3・8刑集3・3・276）とされている。学説においては，窃盗罪における不法領得の意思と横領罪におけるそれとの間には本質的に差異はないとされ

ているが，上述のごとく，また，上記の判例にも示されているように，横領罪における不法領得の意思については，窃盗罪におけるそれよりも広く理解されているといえよう。もっとも，近時の有力説は，上記の判例の定義に加えて，「その物の経済的用法に従って」という要件を入れて，さらに，権利者でなければできないような程度・態様の処分でなければならないとして不法領得の意思を限定して理解し，毀棄・隠匿行為には不法領得の意思を認めることはできないとしている。いずれの立場でも，その利用が権利者が許容しないであろう程度・態様のものである場合には，横領の意思が肯定される。他人の自動車を長時間乗り回す行為や，自己の保管する会社の営業秘密をコピーのために持ち出す場合には，たとえ事後に返還する意思があっても，不法領得の意思が認められてよいと思われる。

　本罪の不法領得の意思には，委託の趣旨に反することの認識を含むことから，毀棄・隠匿するだけの意思で行った場合にも不法領得の意思が認められるとするのが従来の有力説であった。しかし，上述のように，今日では，反対説も有力である。また，他人の物の占有者が，単に一時使用の目的で，その委託の限度を超えて目的物を使用しただけでは，不法領得の意思としては足りないとされている（使用横領）。後日に返済，または，弁償・補填する意思があっても不法領得の意思は認められる。もっとも，金銭その他の代替物についての留保については上述のとおりである。

　委託者本人のために財物を処分する意思にもとづく場合には，不法領得の意思は認められない。この場合には，前述のとおり横領罪ではなく背任罪の成立が検討される。たとえば，住職が，その代表を務める寺院の什物を寺院のために処分した場合，村長が村のためにする意思で特定の費用をその目的外の経費に転用した場合，農協の組合長が，組合のために組合事業外に組合資金を流用した場合などにおいては不法領得の意思が否定される。もっとも，委託者本人のためとはいえ，

贈賄目的のように刑法に違反するような目的で処分がなされた場合には，一般には，背任罪ではなく横領罪が成立することになる。この点に関して，最決平成13・11・5刑集55・6・546〔國際航業事件〕は，企業買収に対する防衛手段として，相手側による株買い占めと経営権取得を妨害する裏工作資金等に充てるために約9億の会社資金を支出したという事案に，交付金額が高額であること，違法行為を目的とするものとされるおそれもあったこと，自己の弱みを隠す意図等をも有していたことなどの事情から不法領得の意思を肯定したが，傍論において，「なお……行為の客観的性質の問題と行為者の主観の問題は，本来，別異のものであって，たとえ商法その他の法令に違反する行為であっても，行為者の主観において，それを専ら会社のためにするとの意識の下に行うことは，あり得ないことではない。したがって，その行為が商法その他の法令に違反するという一事から，直ちに行為者の不法領得の意思を認めることはできないというべきである」と判示している。

(5)　共　犯

　本罪は真正身分犯であることから，共犯と身分の問題が生じる。具体的には，他人の物の占有者の行為に他人の物の占有者でも所有者でもない第三者が加功して，その物を一緒に横領した場合についてであるが，この場合には，横領罪は身分犯なので，身分のない者の加功については，65条1項にしたがって，本罪の共犯として扱われる（判例・通説）。

(6)　罪　数

　本罪の罪数に関して，多数説は，委託関係違反を基礎とし，「1個の委託関係にもとづく物の所有権が一個侵害される」という場合に1罪を認めている。すなわち，委託関係が単一であり，日時の近接した行

為において犯意が継続していれば，その目的物がそれぞれ異なっていても包括一罪となりうる。また，本罪は，状態犯であることから，横領行為の後の横領物を処分しても，別罪を構成することはない。

II-10-2　業務上横領罪（253 条）

(1)　性質と加重の根拠

本罪は，他人の物を業務上占有する者を主体とする横領罪の加重類型である。加重の根拠については，法益侵害の範囲が広く法益侵害の頻発する蓋然性が高いこと，また，業務を行う者は横領罪を犯す可能性が高いことに鑑みた一般予防の観点に求める説と，責任非難の増大に求める説に分かれている。

(2)　主　体

本罪の主体は，他人の物を業務上占有する者である。本罪は，上述のように，単純横領罪の，業務者という身分による加重類型であるので，二重の意味における身分犯ということになる。

「**業務**」とは，社会生活上の地位にもとづいて反復または継続して行われる事務をいう。本罪の性質上，委託を受けての他人の物の占有・保管を内容とする職務をいい，人の生命・身体に対する危険を伴う業務上過失致死傷罪における業務とは異なる。また，かならずしも職務または職業としてなされるものにかぎらず，報酬・利益を目的とする事務であることを要しない。業務の根拠は，法令によると契約によると慣例によるとを問わない。本来の業務と密接に関わる範囲内の付随的事務もここに含まれる。本罪の成立の対象となりえる業務として，たとえば，質屋，倉庫業者，運送業者，修繕業者，一時預かり業者，クリーニング業者，職務上公金を保管する公務員，会社・団体の金銭を保管する者の業務等がある。なお，手続上不適当なものでも，かな

らずしも業務性が欠けるとはかぎらず，また，業務者たる地位（公務員たる身分，雇用契約にもとづく身分）は，その主たる職務上の地位の喪失と同時に当然に消滅するものではない。

(3)　客　体

本罪の客体は，業務上自己の占有する他人の物である。業務上の占有とは，業務者が，その業務の遂行として他人の物を占有することをいい，他人の物についての委託信任関係が占有者の業務上の地位と結びついて成立することになる。

(4)　行　為

本罪の行為は，横領することであるが，本罪においては，とりわけ，業務者の保管金銭の「流用」，すなわち，業務上の保管者が保管金銭を，その本旨に反してまったく流用しえない用途に支出した場合が問題となる。これまでの判例においては，町長および収入役が，町の公金を町行政の公共事務に属しない町会議員の宴会費に費消した場合，保管者が，その金銭を勝手に「自己の名義・計算」において（効果が自己に帰することであり，「自己の利益に」ということ）他人に貸与した場合，保管金を違法な目的のために使用した（たとえば，会社の取締役が，その占有する会社の金銭を贈賄の用に費消した）場合などについて，本罪の成立が肯定されている。もっとも，保管金の流用が，保管者の権限に照らして，社会的相当性の範囲内にある場合には，本罪を構成しない。

(5)　共　犯

横領罪は真正身分犯であり，業務上横領罪は二重の意味の身分犯であることから，共犯と身分に関する複雑な問題が生じる。

まず，同一の他人の物について，業務上の占有者と業務によらない占有者とが併存する場合（共同占有）の共犯関係についてはどうか。

たとえば, 公金を占有する村長と公金を業務上占有する会計管理者(出納長, 収入役)とが共謀して公金を横領した場合については, ① 65 条 1 項により村長と会計管理者とに業務上横領罪の共同正犯が成立し, 非身分者たる村長は単純横領罪の刑で処断されるとするのが判例・多数説である。これに対して, ② 真正身分犯として, 65 条 1 項により両者に単純横領罪の共同正犯が成立し, そのうえで, 業務者たる会計管理者には, 65 条 2 項にもとづき業務上横領罪が単独犯として成立するとする説が有力である。この見解は, ① 説に対して, 罪名と科刑との分離が生じることになると批判する。

つぎに, 同一の他人の物に関する, 業務上の占有者と業務者でも占有者でもない者との共犯関係についてはどうか。たとえば, 業務上の占有者たる夫の横領行為に非身分者たるその妻が加功した場合については, ① 65 条 1 項を適用して, 両者に業務上横領罪の共犯が成立し, 身分のない妻は, 65 条 2 項にもとづき単純横領罪の刑にて処断されるとするのが判例・多数説である。しかし, このような処理においても, 罪名と科刑が一致しないということとなることから, また, 業務上の占有者という身分が真正身分であり, かつ, 不真正身分でもあることになってしまうとして, ② 単純横領罪は真正身分犯なので, 65 条 1 項により単純横領罪の共犯が成立し, 業務者たる夫には 65 条 2 項により業務上横領罪が成立するというのが現在の有力説となっている。

II-10-3　遺失物等横領罪 (254 条)

(1)　客　体

本罪の客体は, 遺失物, 漂流物その他占有を離れた他人の物である。「占有を離れた他人の物」とは, 占有者の意思にもとづかずにその占有を離れ, いまだ誰の占有にも属していない物をいう (遺失物法 12 条参照)。遺失物, 漂流物はその例示である。そのほか, 誤配された郵便

物，誤って自分の物だと思って取得した物，電車・列車内に遺留され
た乗客の携帯品，窃盗犯人が乗り捨てた他人の自動車，風で飛んでき
た隣家の洗濯物，古墳内に納蔵されていた埋蔵物などがこれにあたる。
しかし，他人が所有権を放棄した物や所有者のいない無主物は本罪の
客体とはなりえない。

(2)　行　為

　本罪の行為は，遺失物等について不法に占有を取得することである。
当初故意なく遺失物を占有した者が，後に横領の故意を生じて，使用，
隠匿・毀棄などする場合には，反対説も有力ながら，本罪にあたると
解されており，その故意を実現する行為を行った段階で既遂となる。
なお，遺失物たる乗車券を提示して払戻しを受けても，また，それで
乗車しても共罰的事後行為として詐欺罪は本罪に吸収される。

　　【設問21】を考えてみよう

　①動産および不動産は，民法176条によれば，売買契約の締結によっ
てその所有権が買主に移転することになる。それにもかかわらず，A
は，不動産が登記簿上自己名義の所有になっていることを奇貨として，
所有権登記をBに移転している。この不動産の二重譲渡（売買）には
横領罪が成立するというのが判例の立場である。もっとも，近時の有
力説は，不動産については登記の段階で所有権が移転すると解してお
り，本問のような場合には物の「他人性」を欠いており横領罪は成立
しないとしている。悪意の第2譲受人であるBについては，単純悪意
者の行為は民法上は適法とされており，Bは適法に所有権を取得して
いることとなるので，Aの横領行為に加担しているとしても，Aの横
領罪の共犯となるものではない。

　②Cについては，委託を受けて自己が占有する他人の土地にほしい
ままに抵当権を設定し登記をすれば横領罪が成立するところ，その後，

引き続き占有するその土地を他人に売却し，所有権を移転させること
によってさらに横領したことにより，後の所有権侵害行為にも横領罪
が成立する。抵当権設定行為の後の所有権移転行為は不可罰的事後行
為にあたるとされた判例はすでに否定されている。なお，先行する横
領罪と後行する横領罪とは，包括一罪となる。

Theme 22

会社の備品を損壊すること，歯科医が不適切な治療を行うことは背任罪となるか。会社の資金難を救うために会社役員が大量の宝くじを購入することは犯罪か。

【設問 22】

　Ｂが経営者となっているＺ興業は，これまで，Ａが支店長を務めるＸ信用金庫Ｎ支店からの継続的な融資を得てきたが，２年前に債務超過に陥って以降借入金の累計は数億の額にまでのぼり，債務返済の能力はほとんど見込めず，同社はＮ支店からの本件融資を受けなければすぐにも倒産に追い込まれるという状況にあった。そのため，Ｚ興業はＮ支店に１億円のさらなる融資の申し込みを行った。Ｚ興業の経営実態はほとんど破綻というのに等しかったが，それにもかかわらず，Ｂは強硬に，また脅迫的言辞を用い，さらには迂回融資の具体的方法まで提示してＡに融資を迫ったため，身の危険を感じると同時に自己保身の意図も有していたＡの意向で，Ｚ興業へは新たに１億円の融資が行われることとなった。しかし，最終的に，融資の返済はなされなかった。ＡとＢの罪責を論ぜよ。

第11章　背任の罪

　背任の罪は，他人のためにその事務を処理する者が，自己もしくは第三者の利益を図り，または，本人に損害を加える目的で，その任務に背いた行為をし，本人に財産上の損害を加える犯罪である。背任の罪は，現行法上，詐欺罪（246条）と準詐欺罪（248条）の間に規定されており，このことは，本罪が立法当時詐欺罪の一種として理解されて

いたことを物語る。しかし，上述のように，本罪は，他人との信任関係に違背する点で委託物横領罪と共通の性質を有し，したがって，改正刑法草案では，横領罪と同一の章において規定されている（本罪は，近代社会において成立した経済取引に関して，委託物横領罪と同じく，財産を他人に委託・貸与する利用形態の発展を前提としている。なお，本罪の特別罪として，株式会社の取締役等の特別背任罪の規定がある（会社法960条以下））。また，本罪は，2項横領罪としての性質，および，毀棄罪としての性質をあわせもつ（背任の罪についても，親族相盗例（251条，244条）が準用されている）。

　背任の罪の性質については，以前より権限濫用説と背信説とに見解が分かれている。まず，権限濫用説によれば，背任の罪の本質は，本人から法的代理権を与えられた者が，その代理権を濫用して本人の財産を侵害する犯罪であり，主として対外的関係（第三者との関係）において成立し，その行為は法律行為にかぎられるとする。これに対して，現在の判例・通説である背信説は，背任の罪の本質は，信任関係に違反する，財産の侵害を内容とする罪であり，背任行為は，第三者に対する法律行為にかぎらず，本人に対する対内関係においてもみられるのであり，法律行為にかぎらず事実行為，すなわち，たとえば，帳簿への虚偽の事実の記載，財物の毀損，第三者による搬出の黙認，秘密漏示，弁済を伴わない質物の返却などの事実上信任関係を破壊する行為も含まれるとする（そのほか，権限の意味を法的代理権に限定せず，他人の財産管理権限あるいは事実上の事務処理権限というように広く解する背信的権限濫用説に対しては，「権限濫用」の意味内容は不明であり，また，事実上の権限を認めるとすると実体は背信説と変わらないという批判が存し，また，背信説を限定して，特定の高度の，あるいは内部の信頼関係を生じさせる事務に限定する限定背信説は，限定の理由や限定の意味内容が不明であって，実体は権限濫用説と変わらないと批判されている）。

　権限濫用説は，現代における財産形態の，財物から権利への移行と

いう現象を捉えて, 背任罪に独立の地位を与えようとしているのであるが, 権利に対する罪は背任罪に固有のものではない。また, 構成要件を限定的に解釈するべき根拠はなく, 法律的行為にかぎると, 本罪成立の範囲が不当に制限されることになる。それゆえに現在では背信説が通説となっている。とはいえ, 条文の文言解釈によって背任罪の主体を限定するなど, 構成要件に解釈上の限定を加えるべきであるとされている。

II-11-1　背任罪 (247条)

(1)　主　体

　背任罪の主体は, 他人のためにその事務を処理する者である(身分犯)。「他人」とは, 行為者以外の人を意味し, 法人, 法人格のない団体, さらには国または地方公共団体も含まれる。

　本罪の成立には, 他人固有の事務を本人に代わって行うという関係が認められなければならない。自己の事務は, 他人のために処理する場合でも本罪にあたらない。たとえば, 売買契約の当事者である売主が目的物を引き渡す義務や買主が代金を支払う義務などの履行は, 他人のためにする事務ではあるが, 他人の事務ではなく自己の事務であることから, それらの者は本罪にいう事務処理者にはあたらず, これを怠っても債務不履行の問題が生じるにすぎない。他人から本を借りている者がそれを古本屋に売却したという場合横領罪は成立するが背任罪は成立しないのである。もっとも, 最判昭和31・12・7刑集10・12・1592は, 抵当権設定者が抵当権設定登記に協力すべき事務は抵当権者(金融機関等)のための他人の事務であるとして, 二重抵当は背任罪を構成するとした。ここでは, 抵当権を取得しても, 登記・登録という対抗要件を備えなければ第三者に対抗できず, 権利の保全ができないため, その登記・登録に協力する任務, 抵当権の登記を妨げる行

為をしないという義務は，単なる自己の事務とは異なり，もっぱら「他人の事務」であると解されているのである。その後，債務者が負うべき財産保全義務はさらに拡張されている。最決平成 15・3・18 刑集 57・3・356 は，株式を目的とする質権の設定者（債務者）は，株券を質権者（債権者）に交付した後であっても，融資金の返済を完了するまでは，当該株式の担保価値を保全すべき任務を負い，これには，除権判決を得て当該株券を失効させてはならないという不作為を内容とする任務も当然含まれ，その任務は，他人である質権者（債権者）のために負う，としている。

　さらに，背任罪においては，行為者が，他人のためにその事務を誠実に処理すべき法律上の義務を負担し，行為者とその他人，すなわち，本人との間に法律上の信任関係が存在することを要する（そのことから，事務処理者とは，本人の組織的な財産運用活動の内部にあり，本人の経済活動の延長として事務を処理する者と定義されることもある）。背信説によれば，このような信任関係に違背して行為することが背任罪の本質であるからである。信任関係は，法令（親権者，後見人，会社の取締役），契約（委任，雇用，請負，寄託），慣習，事務管理などによって生じる。

　「事務」は，公的事務であっても私的事務であってもよく，継続的であると，一時的であるとを問わない。また，かならずしも法律行為であることを要しない。また，ある程度包括的，裁量的な内容のものでなければならず，監視や使者などの機械的事務，単純な事務は含まれない（もっとも，判例は，登記協力義務を負う抵当権設定権者などの裁量の余地のない事務処理についても本罪の成立を認めている）。さらに，行為者が直接に担当するものでなければならず，したがって，他の職員が会社の機密資料を管理し，自らは管理する任務を負っていない場合には，当該機密資料を競合会社に売却する目的で持ち出してコピーし，その後に返却したとしても，本罪は成立しない（神戸地判昭和 56・3・27 判時 1012・35。業務上横領となる）。加えて，事務は行為者が単独で処

理しうるものでなくともよく，他の補助者，代行者，そのほか，たとえば信用組合の事務員，あるいはインストラクターとしてプログラムを管理する者（東京地判昭和60・3・6判時1147・162〔総合コンピュータ事件〕）も本罪の主体となりうる。なお，当該身分は，損害発生時ではなく実行行為のときに存すれば足りる。

　本罪は財産罪であるところ，財産的事務にかぎられるかについては争いがある。現在の多数説は財産的事務にかぎられるとして，弁護士の身分法上の訴訟事務や家庭教師の事務のような非財産的事務は含まれないとする。医師が経済的損失を与える目的で不適切な治療を行った場合などにも背任罪は成立しない。本罪は財産罪であること，また，条文上背任行為は本人に財産的損害を加えることを構成要件としていることがその理由となっている。

(2)　行　為

　本罪の行為は，その任務に背いた行為をすることである。「任務に背いた行為」とは，本人との間の信任関係を破る行為，すなわち，本人の事務を処理する者として当然行うべき法律上の義務に違反した行為を意味し，右違反は，信義則にしたがい，社会通念によって判断されることになる（一般に，任務違背とは，私法上の善管注意義務違反と基本的に一致するとされている）。背信説の立場を前提にすれば，信任関係を破る行為は売買，消費貸借などの法律行為にかぎられず，保管物の毀損等の事実行為も含まれる。また，工事現場の監督者が工事が不完全であるのを黙認するなど，不作為による背任行為も認められている。

　任務違背の有無を判断するにあたっては，法令・通達，定款，内規，契約などが形式面における基準となり，そのうえで個別具体的に判断される。

　判例では，村長が納税義務者の総収入から一定金額を控除して過少

賦課をなす行為，町村長・公共組合の理事長などがその保管する公金を本人の名義で不当に貸し付ける行為，金融機関の事務担当者が回収の見込がないのに無担保あるいは不充分な担保で貸し付ける行為（不良貸付），会社の取締役が配当すべき利益が存在しないのに粉飾決済などによりそれがあるように仮装して，株主に不当な配当をする行為（いわゆる「蛸配当」），倉庫業者または運送業者が質入証券または貨物引換証との引替なしに寄託者，すなわち荷受人に当該物を引き渡す行為，自己が管理するデータの外部への流出などは，任務に違背する行為として背任罪にあたるとされている（経済犯罪の分野では，上述の不良貸付，粉飾決算のほか，債務負担，会社との自己取引などが典型的な背任罪となる）。

　株取引・商品先物取引などの冒険的取引を行うことは，それが社会生活上の一般通念に従って許される範囲内のものであるかぎり，背任行為とはならないであろう。銀行が行う追加融資に関しては，基本的には，貸し増しの停止を行うべきであるが，ただ，担保物件の保全処分や，貸付金の回収が望めるときには任務違背行為とはならないであろう。ところで，最決平成 21・11・9 刑集 63・9・1117〔北海道拓殖銀行事件〕は，銀行の代表取締役頭取が，実質倒産状態にある融資先企業グループの各社に対し客観性をもった再建・整理計画の提示も受けないまま赤字補填資金等を実質無担保で追加融資したことが，特別背任罪における取締役としての任務違背にあたるとしたが，この決定では，銀行の取締役が負うべき注意義務については，経営判断の原則（株式会社の取締役などが行った経営上の専門的判断については，原則として事後的に裁判所が審査することはないとする原則）の適用はあるが，その原則に照らしても任務違背は明白であるとした。というのも，融資先は追加融資を打ち切れば直ちに倒産する実質倒産状態に陥っていたこと，銀行の取締役の注意義務の程度は一般の株式会社の取締役の場合に比べ高い水準のものであること，などが根拠となっているといえよう。

　最後に，二重抵当について再度検討しておきたい。二重抵当，すなわち，第三者に対して自己の不動産上に抵当権を設定した者が，まだ登記のないことを利用してさらに別の第三者に対して抵当権を設定し，その登記をした場合については，詐欺罪説（大審院判例），背任罪と詐欺罪の観念的競合説，そして，前掲最判昭和31・12・7の採る背任罪説とに見解が分かれる。ここでの論点は，抵当権設定者は「他人のためにその事務を処理する者」であるかという点にあるところ，現在の通説は，登記の一件書類の交付や融資金の授受が終了し，財産の実質的な処分権が相手方に移転した段階であれば，登記協力義務は抵当権登記事務の一部であり，前述のとおり，主として「他人の事務」にあたると解している（なお，抵当権設定者が抵当権の登記に協力する事務は，「自己の事務」であるとして背任罪の成立を否定する説も有力である）。また，抵当権の順位後退は「財産上の損害」にあたり，他方で，別の第三者に対しては欺く行為もなく，財産上の損害も存在しないことから，背任罪説が判例となっている。

(3)　主観的要件

1. 故　意

　本罪の故意は，自己の行為がその任務に背くものであること，および，それによって本人に財産上の損害を加えることについての未必的な認識・認容である。財産上の損害の発生については確実に予測できないとして，その点についての認識は未必的であってもよいとするのが通説である。自己の行為の任務違背性についての認識については，背任罪は目的犯であることを根拠として確定的な認識を要するとする説もあるが，同じく未必的なもので足りるとするのが多数説である。

2. 目　的

　本罪の成立には，故意のほかに，主観的要件として**図利加害目的**が必要となる。これは，ⓐ自己もしくは第三者の利益を図る目的（利得

の目的—利得罪），あるいは，ⓑ本人に損害を加える目的（加害の目的—
財産侵害罪）である。

「自己」とは，他人の事務を処理する行為者自身をいい，「第三者」
とは，行為者自身とその事務を処理させる「本人」とを除いたそれ以
外の者を指す。共犯者も第三者にあたる。「利益」とは，本罪は財産罪
であるとして財産上の利益にかぎるとする説もあるが，それにかぎる
必要はないとして，財産上の利益のほか，身分上の利益，すなわち，
地位保全，信用の維持，自己保身などの利益を含むとするのが多数説・
判例である。

　主として本人の利益を図る目的で行為した場合には，本罪は成立し
ない。図利加害目的，たとえば追加融資により不良貸付の発覚を回避
することにおける自己保身の動機と，本人図利目的，たとえば追加融
資による貸付先の倒産の回避による事故金の回収とが併存する場合に
は，2つの目的のいずれが主たる動機か（主従の比較）にかかって本罪
の成否が決定されよう。

　図利加害の目的や動機については，現在では，加害目的が積極的に
あることを要せず，ただ，本人図利目的があれば不可罰であると理解
する消極的動機説が多数説・判例（最決昭和 63・11・21 刑集 42・9・1251
〔東京相互銀行事件〕など）となっている。図利加害目的とは，本人図利
の目的がないことを裏から示す要件であると解する同説によると，本
人図利目的が主たる動機であることが明らかでなければ，背任罪が成
立しうることになる（最決平成 10・11・25 刑集 52・8・570〔平和相互銀行
事件〕）。もっとも，これに対しては，本人図利目的の不存在は，自己図
利・第三者図利・本人加害のいずれかの目的の存在を意味するわけで
はなく，法文と一致しないという批判があり，そのことから，積極的
動機説は，結果に対する単なる認識・認容では足りず，本人に財産上
の損害を加えることが目的・動機とされていること，すなわち，図利
加害の確定的認識，意欲・積極的認容を要するとしている。

　背任罪における目的は，未必的なもので足りるとする説もあるが，犯罪の成立を明確にするために確定的なものであること，あるいは積極的意欲を要するとする説も有力である。前者は消極的動機説に，後者は積極的動機説に対応する。

(4)　財産上の損害

　本罪は結果犯であり，任務違背行為によって本人に財産上の損害が加えられたことが必要である。「財産上の損害」とは，財産的価値の減少をいう。既存の財産を減少させた場合（積極的損害）でも，財産の増加を妨害した場合（消極的損害）でもよい。「財産」とは，全体財産，財産状態の意味である。ある損害が発生しても，これに対応する反対給付がある場合には財産的損害は否定される。もっとも，財産上の損害の発生の判断は，法的判断ではなく，経済的判断による。最決昭和58・5・24刑集37・4・437〔信用保証協会事件〕も，本罪にいう財産的損害とは「経済的見地において本人の財産状態を評価し，被告人の行為によって，本人の財産の価値が減少したとき又は増加すべかりし価値が増加しなかったときをいう」としている。したがって，法律上は権利が認められても，その実行が困難であれば損害が認定されよう。倒産寸前の会社の1000万円の債権には1000万円の経済的価値はおよそ認められないのである。また，違法に不良貸付をなし，または，確実な反対債権がない状態で本人に債務を負担させれば，その時点で財産上の損害の発生を肯定できよう。最決平成8・2・6刑集50・2・129も，決済能力のないA会社が振り出した手形に対し十分な担保を徴求（徴収）することなくB銀行に手形保証をさせ，過振り行為（当座預金残高の限度額以上に小切手を振り出すこと）を継続する目的で，額面金額と同額の資金をA会社名義のB銀行口座に入金し，当座貸越債務の弁済に充てたという事案に，入金によって経済的利益が銀行に確定的に帰属したとはいえないとして，財産上の損害を認めている。

　背任罪の既遂時期は，背任行為により本人に財産上の損害を生じさせた時点である。背任行為と財産的損害との間には因果関係が必要であるが，損害額の確定・不確定，補填の有無は背任罪の成立に影響しない。本罪は侵害犯ではあるが，「財産上の損害を加えたとき」とは，財産上の実害を発生させた場合だけではなく，「実害発生の危険を生じさせた場合」も包含する。したがって，たとえば，不良貸付を行えば同時に本罪は既遂に達するとされている（もっとも，そのように解すると，背任未遂が成立する範囲はさほど広くはない）。

(5)　共　犯

　背任罪は，他人の事務処理者という身分を成立要件とする真正身分犯であるが，65 条 1 項によって，非身分者であっても身分者の犯罪に関与することで背任罪の共犯（身分なき外部共犯）は成立しうる。たとえば，他人の事務処理者の背任行為に対して非身分者が加功した場合には，背任罪の共犯が成立しうる。

　近時，議論が盛んなのが，不正融資が背任罪にあたる場合に，融資を受けた相手方に背任罪の共同正犯が成立するかの問題である。不正融資が背任罪にあたるとしても，融資自体は民法上有効な法律行為であり，また，金融機関に強く働きかけること（タフネゴシエーション）は，通常，事業者の正当な行為であり，当然なすべき努力の範囲内の行為である。そこで，それが「通常の関与形態」を超える場合には共犯として処罰できるのかが，また，どのような要件において犯罪となるかが問われているのである。この問題に関して，判例は，客観面としては，融資を受ける相手方が，事務処理者のチェック機能を乗り越えるような強い働きかけをした場合，迂回融資など不正融資に積極的に関与している場合，融資を行う者と受けた者の利害関係がなんらかの形で一体化していた場合（たとえば，最決平成 15・2・18 刑集 57・2・161〔住専事件〕）などに，主観面では，融資側の任務違背性，財産上の損

害，図利加害目的につき認識がある場合に，共同正犯の成立を肯定し
ているといえよう（肯定判例として，前掲最決平成 15・2・18，最決平成
17・10・7刑集 59・8・1108〔イトマン事件〕，否定判例として，最判平成 16・
9・10刑集 58・6・524〔北國銀行事件〕などがある）。

(6)　他罪との関係

　背任罪については，委託物横領罪との区別，とりわけ，他人のため
にその事務を処理する者が，自己の占有する他人の物を不法に処分す
る場合との区別が問題となる（通常は，背任罪は横領罪に劣後する（横領
罪が優先適用される）ので，まずは横領罪の成否を検討し，これが否定された
場合には，背任罪の成否を論じることになる）。これについて，①権限濫
用説の立場から，処分行為が行為者の抽象的権限の範囲内でなされた
場合（「権限の濫用」）には背任罪とし，特定物・特定利益に対する事実
上の行為は横領罪とする見解，②横領罪における領得行為説を採り，
自己の占有する本人の物を「自己のために領得した」場合が横領罪で
あり，そうでない場合には背任罪とする見解，③行為の客体によって
両者を区別し，自己の占有する「他人の財物」に対する場合が横領罪，
財物以外の「財産上の利益」に対する場合は背任罪とする見解，そし
て，④委託物に対する「権限を逸脱」する処分行為を横領罪と解し，
権限濫用の法律行為は背任罪と解する見解（多数説）などがある（横領
罪と背任罪とは排他的関係ではなく，両者の構成要件をともに充足する場
合がある）。一方，判例は，自己の占有する他人の財物を，自己の利益
を図って不法に処分した場合は横領罪であるが，第三者の利益を図っ
て不法に処分した場合には，その処分が，自己の計算ないし名義で行
われたときには横領罪，本人の計算ないし名義で行われたときには背
任罪となるとしている。たとえば，金融機関の役職員が行った不良貸
付を例にとれば，権限を濫用して不正に貸し付けた場合には背任罪と
なるが，かならずしも貸付が禁じられていない場合で貸付の権限がな

い場合の貸付については，ⓐ役員自身の名義・計算で行えば（業務上）横領罪が，ⓑ金融機関の名義・計算で行えば背任罪が成立するというのである（もっとも，判例では，具体的事案を基礎に，本人の利益を図るための行為であっても，あるいは，本人名義で行われていても横領罪とされてもいる）。

　つぎに，任務違背行為の手段として本人に対する欺罔行為が用いられた場合，判例は，任務違背行為は詐欺罪に包括されるとして詐欺罪のみの成立を認める。これに対して，通説は，詐欺罪と背任罪との観念的競合の成立を肯定している。詐欺罪のほかに背任罪も成立しているのであるから，通説の立場が支持されるべきである。

　最後に，背任罪は，毀棄罪としての性質を有するところ，背任行為によって本人の財物を毀棄した場合，多数説は両罪の観念的競合となるとしている。

【設問22】を考えてみよう

　まず，A について，背任罪の成否はどうか。

　本問で，A は，支店長として，「本人」たる X 信用金庫のために X 信用金庫の事務を誠実に処理すべき者にあたるので，A は背任罪の主体である「他人のためにその事務を処理する者」にあたる。また，本問で融資先は「経営実態がほとんど破綻」している企業であること，融資は違法な「迂回融資」であること等に照らせば，実質無担保の融資を続けることは，X 信用金庫の支店長の任務に違背するものである。背任罪の成立に必要な主観的要件は，背任の故意と図利加害目的である。本問では，A において，「放漫融資」であることの認識があることから，背任罪の故意を認めることに異論はないであろう。では，背任罪における図利加害目的はどうか。本問では，本件融資の背景には，自己保身目的という事情があったこと，実質無担保の「迂回融資」であり今回の融資が焦げつくであろうことの認識が A においても存し

ていたと思われることから，Aの図利加害目的は否定されえない。したがって，Aには背任罪が成立する。

　つぎに，Bについては，不正融資が背任罪にあたる場合に融資を受けた相手方に背任罪の共同正犯が成立するかが問題となる。本問では，客観面として，Bの働きかけが「通常の関与形態」を超える，すなわち，Bが事務処理者Aのチェック機能を乗り越えるような強い働きかけをし，迂回融資など不正融資に積極的に関与しており，また，主観面では，BがAの図利加害目的や任務違背性を十分認識し，自らも図利加害目的を有している場合であるから，Bにも65条1項を適用して背任罪の共同正犯の成立を肯定することができよう。

Theme 23

盗品を被害者に届けて犯罪となることはあるか。公衆トイレへの落書きは犯罪となるか。池の鯉を川に放流するのは動物傷害か。

【設問 23】

　A は，B に，「X の事務所から純金製の茶釜を盗んできたら高値で買ってやる」と申し向けたところ，B はその茶釜を盗み出し，そのままでは足がつくと考え，これを溶解し金塊にして A に売却した。その後，A は，この金塊の買い手が見つかるまで A の実母 C に預けておこうとこれを持参したところ，C はこの金塊はことによると盗品等かもしれないと思ったがそのままこれを保管した。A, B, C の罪責を論ぜよ。

第12章　盗品等に関する罪

　盗品等に関する罪（盗品等関与罪）とは，盗品その他財産犯罪により取得された物（贓物・臓物）の処分に関与して，被害者がその物に対して返還請求権を実現することを困難にさせ（追求権の侵害），また，本犯（窃盗などの前提となる財産犯）が盗品などを換金することを助け，財産的利得の意思の実現を助けるとともに，罪証の隠滅に加担するなど，犯人庇護・本犯助長の性質を強く有する犯罪である。

❖平成 7 年の法改正

　1995（平成 7）年改正前の旧規定では，「盗品その他財産に対する罪に当たる行為によって領得された物」は「贓物（臓物）」，「無償譲受け」は「収受」，「保管」は「寄蔵」，「有償譲受け」は「牙保」とされていた。

盗品等関与罪の本質をいかに把握するかについて，①判例の採る追求権説は，これを，本犯の被害者である所有者の盗品等に対する追求を困難にする犯罪であると理解する。これに対して，②違法状態維持説は，本犯の行為によって成立した違法な財産状態の維持存続を内容とする犯罪であると捉える。そして，③現在の多数説である折衷説は，①，②の両性質を兼ね備えている犯罪であるとする。折衷説は，追求権説と違法状態維持説とは排他的関係にあるのではなく，また，前者によると，民法上返還請求権（民法708条）のない不法原因給付物については盗品等である性質（盗品性・贓物性）が否定されることになって，不当であり，後者によると，本犯は財産犯にかぎられず，関税法違反によって得られた財物や密漁によって取得された鳥獣にも盗品性が認められるなど，過度に広く盗品の範囲が肯定されることになり，問題であるとしている。

II-12-1　盗品等関与罪（256条：盗品等無償譲受け罪，盗品等運搬・保管・有償譲受け・有償処分あっせん罪）

(1)　主　体

本罪の主体は，本犯の正犯者と共同正犯を除くすべての者である。本犯の教唆者・幇助者も含まれる。本犯者の本罪にあたる行為は，不可罰的（共罰的）事後行為となる。

(2)　客　体

本罪の客体は，財産犯によって得た物である。客体たる要件については，第1に，財産犯にあたる行為によって領得された財物であることが必要であるから，収賄罪や賭博罪において取得された物，通貨偽造罪・文書偽造罪における偽造通貨・偽造文書は本罪の客体とはなら

ない。第2に，本犯の犯罪行為は財産犯の構成要件に該当し違法なものであれば足りるとされている。したがって，本犯の行為について，公訴時効が完成した場合，本犯が場所的に刑法の適用を受けないために有罪としえない場合，親族相盗例の適用によって刑の免除を受ける場合でも，本犯によって得られた財物は本罪にいう「盗品等」にあたる。第3に，被害者が，その財物について法律上追求・回復権を有することを要する。したがって，第三者が即時取得した場合（民法192条），第三者である加工者が所有権を取得した場合（民法246条）には，盗品性は失われる。もっとも，前者の場合でも，所有者は盗難または遺失のときから2年間は占有者に対してその物の回復を請求しうるし（民法193条），後者の場合でも，貴金属類を溶解したように，物の同一性を失わぬ程度に盗品等に多少の工作を加えたという場合には，いまだ工作者が所有権を取得したとはいえないので，いずれの場合も盗品性は失われないことになる。第4に，盗品等とは，財産犯によって取得された財物そのものをいうことから，盗品等を売却して得た金銭，盗品等たる金銭で購入した物は盗品等にはあたらない。もっとも，盗品等が単に原形を変えたにとどまりその同一性を失わないかぎり盗品等の性格は存続する。たとえば，小切手を呈示して現金に換えた場合や通貨を両替した場合には，盗品性が失われることはない。第5に，不法原因給付物や禁制品についても，反対説も有力ではあるものの，それだけの理由で盗品性を否定すべきではないといえよう。判例も，横領罪や詐欺罪によって得られた不法原因給付物について，本罪の成立を肯定している。第6に，本犯の犯罪行為は，既遂に達していなければならない。本犯が未遂の段階にあって，盗品等関与罪にあたる行為がなされた場合には，本犯の共犯となるからである。もっとも，本犯が未遂を観念しえない横領罪の場合には，情を知って買い受ける行為は，盗品等有償譲受け罪となる。

(3)　行　為

　本罪の行為は，第1項の犯罪類型としての盗品等無償譲受け，第2項の犯罪類型としての盗品等運搬・盗品等保管・盗品等有償譲受け・盗品等有償処分のあっせんである。第1項の犯罪類型は，単に本犯の利益にあずかる行為で，交換経済を前提としない前近代的な犯罪類型であることから法定刑が比較的軽い一方，第2項の犯罪類型は，交換経済を前提とする近代的な犯罪類型であり，本犯を助長する性格が強いことから法定刑が重く，かつ，利欲犯的性格も強いので，罰金刑も併科されているとの分析がある。

　盗品等無償譲受け罪（贓物収受罪）とは，盗品等を無償で取得することである。贈与を受けることのほか，利息なしで消費貸借する無利息消費貸借にもとづき交付を受けることも本罪にあたる。

　盗品等運搬罪（贓物運搬罪）とは，委託を受けて，追求権を困難にさせる程度に盗品等を場所的に移転させることである。有償であると無償であるとを問わない。本犯と共同して盗品等を運搬した場合には，本犯者の運搬した盗品を含む全体について運搬罪が成立する。当初盗品等であることの認識（知情）がなくとも，運搬の途中で盗品等であることを知った場合には，反対説も有力ではあるが，その後の運搬行為は本罪に該当するとされている。盗品等を被害者に返還するために本犯者から委託を受けて運搬した場合には本罪を構成しないとするのが多数説であるが，判例は，被害者のためにではなく，被害者に盗品返還を条件に多額の金員を交付させるという本犯の利益のために盗品等を移転した事案につき，本罪の成立を認めている。追求権とは無償での返還を求めることができる権利であるとして，判例を支持する見解が有力である。

　盗品等保管罪（贓物寄蔵罪）とは，委託を受けて，本犯のために盗品等を保管することをいう。有償，無償を問わない。寄託のみならず，質物としての受領や，貸金の担保としての受領でも，本罪にあたる。

当初は盗品等であることを知らずに物の保管をはじめ，後にその情を知るに至ったが，さらに保管を続けたという場合，本罪を状態犯と理解して本罪の成立を否定する見解も有力であるが，本罪は継続犯と理解すべきであるとして，また，保管行為は本犯を幇助することになるとして，知情後の保管については本罪の成立を肯定するのが判例・多数説である。

　盗品等有償譲受け罪（贓物故買罪）とは，盗品等を対価を払って取得することをいう。その目的は，売買・交換，債務の弁済等のいずれでもかまわない。単に有償取得契約が成立したことだけでは本罪にあたらないが，反対に，引渡しがなされていれば代金が支払われたことは必要ではない。本犯から直接に取得しないで，他の行為者からの転売を受けてもよい。当初知情がなく譲り受けたが，その後に盗品等であることを知ったときには，本罪は即成犯であることから，犯罪は成立しないことになる。

　盗品等有償処分のあっせん罪（贓物牙保罪）とは，盗品等について，売買・交換など，法律上の処分を媒介・周旋することをいう。あっせん自体は，有償であると無償であるとを問わない。本罪が成立するためには，あっせんの時点で現に盗品等が存在していなければならず，これから窃取しようとする物の売買のあっせんは，本罪を構成しない。本罪の成立には，あっせんした事実があれば足り，そのあっせんにより売買契約が成立したことを要しないとするのが判例であるが，多数説は，契約が成立することを要するとしている（盗品等の移転も必要であるとする説もある）。最決平成 14・7・1 刑集 56・6・265 は，盗難物件である約束手形を被害者の関係者に売却する仲介をした者についても本罪の成立を肯定している。すなわち，「被害者による盗品等の正常な回復を困難にするばかりでなく，窃盗等の犯罪を助長し誘発するおそれのある行為であるから，刑法 256 条 2 項にいう盗品等の『有償の処分のあっせん』に当たる」と判示したものであるが，本件における

行為は，主として犯人側の利益のためのあっせん行為であるとして，判例を支持するのが多数説である（判例は，追求権説を基礎に，本犯助長的性格をも考慮にいれているという）。

(4)　故　意

本罪の故意が認められるためには，当該財物が盗品等であることの認識（知情）が必要である。この認識は，その財物が財産罪によって取得されたものであることの未必的なものであれば足り，具体的な犯罪の種類，本犯者・被害者を知っている必要はない。当該故意は，継続犯たる保管罪・運搬罪の場合を除いては，盗品等関与罪の実行行為の開始の時点で存することが必要であるとするのが多数説である。

(5)　罪数，他罪との関係

本罪の各行為が相次いで行われた場合には，狭義の包括一罪（典型的な包括一罪）となる。本罪の教唆者・幇助者が，本犯の取得した財物について盗品等関与罪を犯した場合には，本犯の教唆犯・従犯と本罪との牽連犯とする説も有力であるが，併合罪となるとするのが判例・多数説である。

窃盗罪など本犯である財産罪の犯人については，盗品等関与罪は成立しない。当該財産罪の刑に盗品等関与罪が不可罰的事後行為として吸収されて別罪を構成しないからである。

II-12-2　親族等の間の犯罪についての特例（257条）

本条は，第244条の親族相盗例と同様に，親族間の犯罪について特殊な扱いをする旨を定めた規定である。しかし，他の財産犯については，親族相盗例が適用（244条）ないし準用（251条，255条）されているのに対して，盗品等関与罪については，この準用ではなく，特別に

本条を設けて規定している点，また，その他の親族に関する親告罪規定が置かれていない点で，親族相盗例とは性質を異にするといえよう。そこで，有力説は，本条は，犯人隠匿罪（103 条）・証拠隠滅罪（104 条）における親族間の特例（105 条）と同趣旨のもの，すなわち，本犯者を庇護するという本罪の事後従犯的な性格から，そのような行為が一定の親族間で行われる場合には期待可能性が低い，すなわち一身的（人的）処罰阻却事由を定めた規定であると理解している。

　行為者といかなる者との間に親族関係が存在することが必要であるか。本条の適用の基礎となる身分関係，すなわち「親族の範囲」については，①盗品等関与罪の犯人と本犯者とする説（判例・通説），②盗品等関与罪の犯人相互間とする説，③盗品等関与罪の犯人と本犯の被害者とする説がある。③説は，本条につき 244 条の親族相盗例に関する規定と同趣旨のものとみるものであるが，上述のとおり，本条は 244 条の規定とは立法趣旨を異にし，また，「法律は家庭に入らない」とする考えをそのまま本罪に適用することはできず，さらに，③説の前提とする行為者間の行為が一般的な社会的行為類型と解すこともできないことから批判があり，また，②説については，本罪の本犯助長的性格に照らせば，本犯とは切り離された盗品等関与罪の犯人相互間の親族関係に本条を適用すべきではないと批判されている（近時は，期待可能性の減少という点では同じであるとして，①説と②説の併合説も有力である）。

　刑が免除される根拠についても，争いがあるが，通説は，上述のとおり，本特例を期待可能性が乏しいことを理由とする，一身的処罰阻却事由と理解している。これは，犯罪の成立までを否定するものではないこと，刑の免除は有罪判決の一種であることを根拠としている。

第13章　毀棄・隠匿の罪

　毀棄および隠匿の罪は，財物を侵害して，他人の財産権の客体となっている物の利用価値，効用を失わせること，あるいは，その物の効用を権利者に利用させないようにする犯罪である。その意味で，本罪は財産罪であるが，不法領得の意思を要件としない点で他人の財物を領得する財物領得罪と区別される。刑法における毀棄・隠匿の罪としては，公用文書等毀棄罪（258条），私用文書等毀棄罪（259条），建造物等損壊罪・同致死傷罪（260条），器物損壊等罪（261条），境界損壊罪（262条の2），信書隠匿罪（263条）が規定されている。

II-13-1　公用文書等毀棄罪（258条）

　本罪の客体は，公務所の用に供する文書または電磁的記録である。したがって，本罪は，公務執行を妨害する罪の一類型としての性質を有する。

　「公務所の用に供する文書」とは，現に公務所で使用中の文書にかぎらず，公務所において使用の目的で保管する文書をも含む。公文書であると私文書であるとを問わず，また，所有権が誰に属するものでもよい。偽造文書，違法な取り調べのもとに作成された供述録取書のような作成方法に欠陥のある文書，作成途中の弁解録取書のような未完成文書でも客体となる。「文書」とは，文字またはこれに代わるべき符号によって表示された意思または観念の記載であって，証明に供される書類をいう。「電磁的記録」とは，電子的・磁気的方法など，人の知覚によって認識できない方式で作出された記録であって，電子計算機による情報処理の用に供されるものをいう（7条の2）。具体的には，磁気テープによる自動車登録ファイル，住民登録ファイル，不動産登

録ファイルなどがこれにあたる。

　本罪の行為は，「毀棄」することである。すなわち，文書の本来の効用を毀損する一切の行為を指し（効用侵害説。財物の物理的損壊と解する物理的損壊説も有力であるが，そのような限定は不要であると解されている），したがって，文書を破り捨てる，記載事項を部分的に抹消する，印紙を剝離するなどの物理的損壊のほかに隠匿も含まれる。電磁的記録については，記録媒体を物理的に破壊したり，記録データの全部または一部を消去したり，不明にする行為などがこれにあたる。

II-13-2　私用文書等毀棄罪（259条）

　本罪の客体は，権利，義務に関する他人の文書または電磁的記録である。「権利，義務に関する」文書とは，権利，義務の存在，得喪，変更などを証明するための文書をいう。有価証券も私用文書となる。事実証明のための文書または電磁的記録は含まれず，これらは器物損壊の客体となる。「他人の」文書とは，他人名義の文書ではなく他人の所有する文書を意味し，公用文書を除く，自然人・法人が所有している文書をいう。ただし，自己の物でも，差押えを受け，物権を負担し，賃貸し，または配偶者居住権が設定されたものは本罪の客体となる（262条）。電磁的記録の例としては，銀行の口座残高ファイル，電話料金の課金ファイル，プリペイドカードの磁気情報部分などがこれにあたる。

　本罪の行為は，公用文書等毀棄罪と同様，「毀棄」することである。本罪は親告罪である（264条）。

II-13-3　建造物等損壊罪・建造物等損壊致死傷罪（260条）

本罪の客体は，他人の建造物または艦船である。「他人の」とは，他

人の所有にかかることをいう。もっとも，上述した262条の留保がある。この他人性の判断について，最判昭和61・7・18刑集40・5・438は，「他人の所有権が将来民事訴訟法等において否定される可能性がないということまでは要しない」と判示している。「建造物」とは，家屋その他これに類似する建築物であって，屋蓋を有し，周壁または柱材によって支持され，土地に定着し，少なくとも，その内部に人の出入りが可能なものをいう。器物が建造物の一部を構成するというためには，毀損しなければ取り外しができない状態にあることが必要である。したがって，天井や敷居は建造物の一部であり，畳や障子はその一部ではない。これに関して，最決平成19・3・20刑集61・2・66は，集合住宅の玄関ドアを金属バットで叩いてへこませた事案において，本件ドアにつき，適切な工具を使用すれば損壊せずに取り外しが可能であっても本罪の客体にあたるとした。「接合の程度のほか，当該物の建造物における機能上の重要性」が区別の基準とされ，この基準が満たされるとされたのである。「艦船」とは，航行能力を有する軍艦および船舶をいう。

　本罪の行為は，「損壊」することであり，建造物・艦船の効用を害する一切の行為をいう。建造物等の使用をかならずしも完全に不能にしなくても，また，主要部分を毀損しなくてもよい。本来の用途に適しない程度に美観・威容を害する行為も，本罪にあたりうる。たとえば，建造物への多量のビラ貼りは本罪にあたるとされている。また，最決平成18・1・17刑集60・1・29は，公園の公衆便所の白色の外壁にラッカースプレーで「反戦」と大書した行為につき，「本件建物の外観ないし美観を著しく汚損し，原状回復に相当の困難を生じさせたものというべきである」として，損壊にあたるとしている。

　他人の建造物等を損壊し，よって人を死傷に致した場合は，建造物等損壊致死傷罪が成立する。

II-13-4　器物損壊罪・動物傷害罪（261条）

　本罪の客体は，上述の公用文書等・私用文書等毀棄罪および建造物等損壊罪の客体以外の物である。「物」とは財物と同義であり，動物も本罪の客体となる。

　本罪の行為は，損壊または傷害することである。「損壊」とは，物の効用を害する一切の行為をいう。物を物質的に損壊する行為のほか，効用侵害説の立場から広く物の本来の効用を失わせる行為を含む。たとえば，埋設されているガソリン入りドラム缶を掘り起こす行為，ポスター内の写真や氏名にシールを貼る行為，自動車の車輪を撤去する行為等がこれにあたる。そのほか，物の外観や美観を著しく害する行為や，事実上，もしくは感情上，その物を再び本来の目的の用に供しえない状態に至らせる行為，たとえば，他人の飲食器に放尿する行為なども本罪にあたる。「傷害」とは，動物を殺傷することをいう。鳥を逃がすことや養魚池から魚を放流することも傷害に含まれる。

　本罪は，親告罪である（264条）。

II-13-5　境界損壊罪（262条の2）

　本罪は，1960（昭和35）年の刑法の一部改正により，不動産侵奪罪（235条の2）とともに新設された。

　本罪の客体は，「土地の境界」，すなわち，権利者を異にする土地の限界線である。本罪の保護法益については，土地の権利関係の明確性であるとするのが今日の支配的見解である。権利には，所有権のみならず，地上権，賃借権等の債権も含まれる。

　本罪の行為は，すでに存在する境界標を損壊，移動もしくは除去し，またはその他の方法で土地の境界を認識することができなくすることをいうが，不明確にされていれば足りるとされている。「境界標」とは，

権利者を異にする土地の境界を示すために，土地に設置された標識のことである。「その他の方法」とは，土地の境界を認識しえなくする方法として例示されている境界標の損壊，移動，除去に準ずるものでなければならないとされている。

II-13-6　信書隠匿罪（263条）

　本罪の客体は，他人の信書である。「信書」とは，特定人から特定人にあてられた文書をいう。「他人の信書」とは，他人の所有に属する信書をいい，発信人は，他人であることを要しないとされている。

　本罪の行為は，「隠匿」することである。信書の所在発見を妨げる行為を意味する。本罪の理解については，発見がかならずしも不可能ではない，軽微な態様の信書の隠匿行為をとくに軽く処罰するものと解する立場が有力であったが，今日では，効用侵害説の立場からは，隠匿も毀棄に含まれる結果，本罪は，信書の隠匿のみをとくに軽く処罰する，器物損壊罪の減軽規定と解するのが多数説となっている。

　本罪は，親告罪である（264条）。

【設問23】を考えてみよう

　まず，Xの事務所から純金の茶釜を窃取しているBには窃盗罪が成立し，Bは盗品等関与罪に関する本犯者となり，したがって，茶釜の溶解行為とあっせん行為は，窃盗罪の不可罰的事後行為となり，盗品等関与罪が成立することはない。

　つぎに，Aは，窃盗を教唆し，Bはこれにもとづいて窃盗を実行していることから，Aには窃盗教唆罪が成立する。また，Aが盗品を買い取る行為には，盗品等有償譲受け罪が成立する。というのも，なるほどBは茶釜を溶解していることから盗品性について疑義が生じるが，多少の工作がなされてもいまだ加工の程度にいたっていない場合

には，窃盗の被害者の財物に対する追求権は失われないので，金塊は
盗品にあたるからである。窃盗教唆罪と盗品等有償譲受け罪の関係は，
かならずしも常に手段と結果の関係にあるとはいいがたく，併合罪と
解されている。なお，A は有償譲受け後に，金塊を C のところまで運
んでいるが，これは有償譲受け罪の共罰的事後行為にすぎない。

　C の罪責については，盗品等関与罪の故意が検討されなければなら
ない。判例は盗品等関与罪の主観的要件である盗品性の知情は，未必
的な認識で足り，本犯が誰であるかを知る必要はないとしているので，
これによると C には盗品等保管罪が成立することになる。また，盗品
等の委託者は，本犯者でなくともよいとされている。

　ところで，257 条は一定の親族間で行われた盗品等関与罪につき，
刑を免除しているところ，設例の A と C とは直系血族の関係にあり，
C は刑の免除を受けるかが問題となる。しかし，判例によると，同条
所定の身分関係は本犯と盗品等関与罪の犯人との間に必要であるとさ
れ，盗品等関与罪の犯人相互間にかかる身分があっても特例の適用は
ないことになる。

III　社会的法益に対する罪

Theme 24

炎が発生しなくても放火既遂となるか。エレベーター内に放火したら何罪にあたるか。消火活動中の消防士の邪魔をしたら犯罪となるか。

【設問 24】

　A は，住んでいた地域が再開発対象地域となったことから，引っ越しに際して自宅の周りを整理しようと，家の裏庭に刈り取った雑草の枯れ草や枝木等を山積みにして干しておいた。また，自宅と隣人 X 宅との境界あたりに X が積んだままにしておいてあった X 所有の古タイヤ 4 本も前々から邪魔になっており，X も処分に困っているであろうと思われたことから，草を燃やして処分するついでにタイヤも燃やそうと考えた。A はまずタイヤの下に段ボール紙をはさみこんでこれに灯油をかけて火をつけ，その後に，上記干し草に火を放ったところ，枯れ草は A の意に反して，折からの強風にあおられて勢いよく燃え上がり，火のついた枯れ枝の一部が 10 メートル先の，5 階部分にのみ住民が住んでいる不燃性耐火構造の Y 所有のマンションの玄関脇の側壁まで飛ばされると，そこに仮置きしてあった旧居住者所有の家具にも燃え移り，それらの火力によって熱せられた右マンションの一階の入り口部分の側壁が 1 立方メートルの大きさで崩落した。一方，タイヤも，その後，大量の煙とともに勢いよく燃え上がって，X 宅に燃え移り，一部が焼失したところで消し止められた。A の罪責を論ぜよ。

第14章　放火・失火の罪

　「**放火及び失火の罪**」は，火力を用いて建造物その他の物件を焼損し，不特定または多数の生命，身体，または財産に対して危険を生じさせる犯罪類型であって，**公共危険罪**である（旧刑法では，フランス刑法の影響のもと，財産に対する罪に位置づけられていた）。これには，現住建造物等放火罪（108条），非現住建造物等放火罪（109条，115条），建造物等以外放火罪（110条，115条），延焼罪（111条），現住建造物等放火未遂罪・非現住建造物等放火未遂罪（112条），放火予備罪（113条），消火妨害罪（114条），失火罪（116条），業務上失火罪・重失火罪（117条の2），激発物破裂罪（117条1項），過失爆発物破裂罪・業務上過失爆発物破裂罪・重過失爆発物破裂罪（117条2項，117条の2），ガス漏出等罪（118条1項），ガス漏出等致死傷罪（118条2項）の各罪が規定されている。このうち，本書では，業務上失火罪・重失火罪までを扱うこととする。

　放火および失火の罪について，その概要は，以下のとおりである。

　第1に，刑法典は，放火罪をその侵害の客体の種類により3つに分類している。まず「現に人が住居に使用」する建造物（現住建造物）等と「現に人がいる」建造物（現在建造物）等に対して規定されているのが108条の現住建造物等放火罪であり，つぎに「現に人が住居に使用せず，かつ，現に人がいない」建造物等に対して規定されているのが109条の非現住建造物等放火罪であり，さらに「前2条に規定する物以外の物」に対する放火が110条の建造物等以外放火罪である。そして，109条，110条では，放火の客体が他人の所有物と自己の所有物に分類されている（放火罪は公共危険罪であるから被害者の承諾によって違法性が阻却されることはないが，承諾によって，たとえば108条の罪が109条の罪に，109条1項，110条1項の罪が，それぞれ同2項の罪になるよう

に，処罰規定の変更をもたらすことになる）。

　第 2 に，108 条の法定刑の高さから，同条は，公共危険罪としての性質を有するのみならず，建造物内の人の生命・身体に対する危険をも考慮して規定されたものであることが理解できる（もっとも，法定刑は殺人罪と等しいとはいえ，放火により人を死傷させても，殺人罪・傷害罪が 108 条の罪に吸収されることはない。建造物等以外放火罪と殺人罪・傷害罪とは観念的競合の関係にたつ）。

　第 3 に，上記のとおり，109 条，110 条において放火の客体が他人所有物と自己所有物とに分けて考えられているところ，後者の場合には前者に比較して刑が減軽されていることからわかるように，放火罪は，公共危険罪としての性質のほかに，個人的法益である財産に対する侵害としての性質をも有する。もっとも，個人的法益としての性質は，あくまで副次的なものとして理解されるべきであろう。というのも，自己の物の焼損であっても，公共の危険が発生すれば可罰的とするのが現行法の立場であるからである。なお，すでに示したように，目的物の所有者が承諾したときは，自己所有の物件に対する放火となる。

　第 4 に，109 条 2 項の自己所有の非現住建造物等放火罪，110 条の建造物等以外放火罪（非建造物放火罪）は文理上「公共の危険」の発生を犯罪成立の要件としている具体的危険犯であるが，108 条の現住建造物等放火罪と 109 条 1 項の他人所有の非現住建造物等放火罪は，「公共の危険」の発生が擬制されている抽象的危険犯である。

　第 5 に，過失による場合には，失火罪（116 条）と業務上失火罪・重失火罪（117 条の 2）があり，放火罪と同じく，客体の別によって具体的危険犯と抽象的危険犯に区別されている。

　最後に，放火罪の罪数関係は，放火罪が公共危険罪であることから，公共の危険が基準とされ，1 個の放火行為によって数個の目的物を焼損したとしても，公共の危険の発生が 1 個であれば，1 個の放火罪が成立する。また，放火行為によって処罰規定を異にする数個の異なっ

た目的物を焼損した場合には，そのうちもっとも重い処罰規定により包括的に評価されることになる。108条の罪が成立するときには，109条，110条の罪はそれに包括されるのである。

III-14-1 「放火」・「焼損」概念

放火罪は，「放火」して目的物を「焼損」する行為を内容とする罪である。

(1) 放 火

まず，「放火」するとは，目的物の焼損を惹起すべく火を放つこと，すなわち目的物に点火することをいう。基本的には放火用の材料（たとえば新聞紙）に点火したときに実行の着手が認められることになるが，とはいえ，ガソリンのように引火性の高い物質を散布した場合には，散布の時点で実行の着手が認められよう。作為による放火のほか，発生した火力の拡大を防止すべき義務ある者が，容易に消し止めることができるのにこれを放置するような不作為による放火も判例上広く認められている。

(2) 焼 損

つぎに，放火罪が既遂に達するためには，放火行為によって，目的物が「**焼損** (1995（平成7）年改正前の旧規定では，「焼燬(しょうき)」とされていた)」したことが認められなければならない。焼損に至ったか否かが，放火罪の既遂と未遂を区別するのである。

この焼損の意義をめぐっては，従来から学説の対立が顕著であった。①独立燃焼説は，火が媒介物を離れて目的物に移り，独立して燃焼を継続する状態になれば足りるとしており，家屋の一部である3畳の間の床板の一部と押入床板などを燃焼させた事案について，独立燃焼が

あったとして放火罪の既遂を認めているが（最判昭和 25・5・25 刑集 4・5・854），これに対して，焼損の時期について，②効用喪失説は，火力によって物の重要な部分（屋根や壁など）が消失し，その本来の効用が失われたとき，③燃え上がり説は，目的物が「燃え上がった」，すなわち，物の重要な部分が燃焼を始めたとき，④一部損壊説は，火力によって毀棄罪にいう損壊の程度に達したとき，としている。独立燃焼説は，公共危険罪の性質や，わが国ではいまだ木造住宅が大勢を占めていることを踏まえて，一方，効用喪失説は，火力による目的物の効用の毀損という財産的侵害の側面を重視しており，また，燃え上がり説は独立燃焼説に修正を加えて，同説による既遂時期の早期化に限定を付そうとするもので，効用喪失説に修正を加える一部損壊説は，効用喪失説にたって，たとえば，建造物が半焼したことが要求されることになると放火罪の既遂時期が遅くなりすぎることから，これを制限しようとするものである。しかし，効用喪失説には，あまりに放火罪の財産犯的側面が重視されることになるとの，燃え上がり説には，「燃え上がった」かどうかの判断に困難を来しうるとの，一部損壊説には，同説は実際上は独立燃焼説と差異はなく，限定を付すことにはならないのではないかとの批判がある。たしかに，独立燃焼説には，同説によると既遂時期が早まり，中止犯の認められる余地がなくなるとの批判もあるが，判例が独立燃焼説を採る中，統計上，放火罪の未遂が認められる件数は少なくないのであり，また，わが国の建造物の特徴に照らせば，やはり，独立燃焼説が妥当であろう。とはいえ，判例のいう独立燃焼とは独立に燃焼して，かつ，ある程度燃焼が継続することを意味していると解すべきである（独立燃焼継続説）。

　ところで，近時，不燃性ないし難燃性の耐火式建造物の増加に伴って，建造物本体が独立に燃焼することがなかったとしても，媒介物の火力によりコンクリート壁が崩落したり，建物が効用を失うほどにいたった場合には既遂を認め，建造物の効用を害することなく自然鎮火

することが明らかなような場合には効用喪失説にたって未遂とするという新効用喪失説も主張され，支持を集めている。しかし，建造物が独立して燃焼していなければ，たとえ108条，109条所定の建造物への延焼の危険があっても，また，有毒ガスが発生して人の生命に危険を生じさせても，やはり未遂とすべきであって，他方，建造物の効用を害することなく自然鎮火することが明らかなような場合には，独立燃焼説を除く他説からはもちろん，独立燃焼説からも未遂を認めることはできるであろう。東京地判昭和59・6・22判タ531・245は，鉄筋コンクリート造りのビルのコンクリート内壁のモルタルを剥離・脱落させたという事案につき，このような考えにたち，新効用喪失説を否定したうえで，現住建造物等放火罪の未遂の成立を認めるにとどめた。

III-14-2　現住建造物等放火罪（108条）

(1)　客　体

　本罪の客体は，「現に人が住居に使用し又は現に人がいる建造物，汽車，電車，艦船または鉱坑」である。

　「人」とは，犯人以外の者をいう。したがって，行為者が妻子とともに住んでいる家屋に放火すれば本罪が成立し，行為者1人が住んでいる家屋であれば109条の非現住建造物等放火罪が成立する。

　「現に人が住居に使用する」とは，起臥寝食する場所として，日常使用されていることをいい，そうであれば人が現住する必要はない（現住性の判断には，居住者の居住意思の放棄の問題が関わってくる。居住者全員が居住意思を放棄した場合には現住性は失われうるし，たとえば夫婦の一方が家出して帰ってこない場合には，残った1人の住居となろう）。このようなことから，本罪は，二重の意味で抽象的危険犯的性質を有していることになる。このような解釈は，形式的には，現住建造物が現在建造物と対置されているという文理解釈，実質的には，住居であれ

ばいつ何時来訪者が訪れるかわからず，それらの者の生命・身体に危険が及ぶ可能性があるという目的論的解釈から導かれている。判例では，火災による保険金の詐取を企て，放火する前に居住者を旅行に連れ出していても現住性は肯定できるとされるが（最決平成9・10・21刑集51・9・755），居住者をすべて殺害したのち家屋に放火したという場合は現住性が否定され，109条にあたるとされている。

「現に人がいる」とは，放火の際，犯人以外の者が現に居合わせることをいう。

「建造物」とは，家屋その他これに類似する工作物であって，屋根があり壁または柱で支持されて土地に定着し人の起居出入りに適する構造のものをいう。炭焼き小屋なども建造物にあたる。家の建具などについては，毀損しなければ取り外しができない物は建造物の一部であるとされているので，畳や障子，襖などは建造物ではなく，これを焼損しても本罪の未遂が問題となるのみである。

近時問題となっているのが，建造物の一体性の問題，具体的には，複合建造物の現住性の存否，そして不燃性・難燃性建造物における現住性の存否の問題である。

前者については，基本的には，一部の人が住居に使用していれば，その建造物全体が本罪の客体となるとされている。判例も，一部に人が住んでいれば，危険が波及する可能性があるかぎり物理的観点から現住建造物となるとしている（物理的（構造的）一体性）。その一室を宿直室に充て宿直員をして夜間宿泊させている校舎，人の寝泊まりしている劇場の一部をなす便所，宿直室とは別棟であるが，宿直員が巡回するのが通例となっている裁判所本館庁舎，複数の建物が回廊等により接続されており，夜間ガードマンが巡回し，建物の一部が宿直員などの起居の用に供されている神社神殿などにも現住性が認められている（最決平成元・7・14刑集43・7・641〔神社本庁事件〕）。これらはいずれも物理的一体性から現住部分への延焼の可能性があることを根拠に現

住性を肯定したものである。

　問題となるのは，利用上の機能的一体性，すなわち，人が近くを通って，あるいは，訪ねてきて，あるいは，居合わせて被害に遭う相当な危険を考慮して（機能的一体性）を建造物の一体性を肯定してよいかということである。学説では，建造物の一体性を肯定するにつき，①機能的一体性があることをもって物理的一体性を肯定し現住性を拡大することには慎重であるべきであるとする説，②物理的一体性に加えて機能的一体性が必要であるとする説，③物理的一体性，機能的一体性のいずれかが存すれば足りるとするものがある。この点，最決平成元・7・7判時1326・157は，不燃性建造物であるマンションのエレベーターのかごの内部の側壁の一部を焼損した行為につき現住建造物等放火罪の既遂を認めたが，エレベーターは，他の居住場所と一体として使用され，利用者に火災の危険が及ぶという意味で，各居住空間部分との機能的一体性があることが重視されたものと考えられる。判例は③の立場と親和性があるといえよう。

　後者の不燃性・難燃性建造物における現住性の問題は，外見上・構造上一体を構成している建造物中の非現住たる一区画につき，耐火構造をもつことから他の居住部分への延焼等による危険の伝播の可能性がなければ現住建造物から独立した建造物とみることができるか，というものである。

　この点に関しては，鉄筋コンクリート10階建マンションの1階部分にある無人の医院に放火したという事案に，「（人が居住する）他区画へは容易に延焼しない……防火構造を有する建物である」として，非現住建造物等放火罪を肯定したものと，耐火構造の鉄筋コンクリート造3階建マンションの3階の空家である1室に放火した事案につき，「耐火構造といっても……状況によっては，火勢が他の部屋へ及ぶおそれが絶対にないとはいえない」とし，現住建造物等放火罪の成立を肯定したものがある。いずれも具体的な耐火構造に照らしてどの程度

延焼の危険性が存するのかを具体的に判断したものであり，延焼の可能性がおよそ否定できないというのであれば，一体の建造物と理解してよいということになろう。

(2)　行　為

　本罪の行為は，「放火」することである。未遂は処罰される（112 条）。現住建造物を焼損する目的で，これに近接する非現住建造物に放火したところ，その一部を焼損したにとどまった場合には，現住建造物等放火未遂罪が成立し，非現住建造物に対する放火の既遂罪はそれに吸収される。

　本罪の故意は，目的物についての認識，放火してその客体を焼損することについての認識・認容である。

　最後に，罪数については，本罪と殺人罪・傷害罪とは観念的競合の関係に立つ。保険金詐取の目的で放火した場合，本罪と詐欺罪とは併合罪となる。最決平成 29・12・19 刑集 71・10・606 は，現住建造物等放火によって居住者を死亡させた事案につき，現住建造物等放火罪のほかに過失致死罪による公訴提起がなされていなくとも，前者の量刑にあたって，後者の事実を刑を重くする方向で考慮してもよいとしている。この判断は，現住建造物等放火罪と過失致死罪との関係を観念的競合ではなく，吸収関係に立つと理解することを前提にしているように思われるが，しかし，観念的競合の明示機能からすれば，また，殺人罪・傷害罪と過失致死罪を量刑において区別して扱う理由もないことから，両者については観念的競合とすべきであろう。

Ⅲ-14-3 非現住建造物等放火罪（109条）

(1) 客 体

　本罪の客体は,「現に人が住居に使用せず, かつ, 人がいない建造物等」である。108条と異なり, 汽車, 電車が除かれている。典型的なのは, 倉庫, 納屋, 物置小屋などである。動物小屋なども含まれると解されている。

　「人」とは, 犯人以外の者をいう。犯人が単独で居住し, または現在する建造物などは本罪の客体となる。現住建造物の居住者または現在者が承諾したときも, 同様である。上述のように, 居住者の全員を殺害した後, その家屋に放火したという場合には本罪に該当する。

　「自己の所有に係る」とは, 犯人自身の所有に属するということである。

　目的物が自己の所有物であっても, 差押えを受け, 物権を負担し, 賃貸し, 配偶者居住権が設定され, または保険に付したものである場合には, 他人の物と同様に扱われることになる（115条）。所有権者以外の「他人の」財産権が侵害されていることを考慮したものである。

(2) 行 為

　本罪の行為は, 放火することである。109条1項は, 客体の焼損により具体的危険が生じていなくとも既遂に達する抽象的危険犯であり, 未遂も処罰されるが（112条）, 一方, 同2項は, 客体の焼損による具体的な公共の危険の発生が必要とされる具体的危険犯であって, 焼損によって具体的危険が発生しなければ犯罪は既遂に達せず, 未遂処罰規定もないことから不処罰となる。「公共の危険」とは, 不特定または多数の生命・身体・財産に脅威を及ぼす状態のことである。最決平成15・4・14刑集57・4・445は, 公共の危険を108条, 109条1項に規定する建造物等に対する延焼の危険のみとする限定説を批判し, それにか

ぎられないとして（非限定説），市街地の駐車場で放火された自動車から付近の別の2台の自動車に延焼の危険が及んだことなどをもって「公共の危険」の発生が認められるとしている。

　具体的な公共の危険が発生したか否かの判断は，具体的状況下における一般人の判断を基準として客観的に行われなければならないとされているが，危険性の判断は，かならずしも自然的・物理的・科学的判断ではなく，一般人の危惧感・不安感などの心理的観点も考慮したものとなる。人家から遠く離れた山腹で，引火の危険のあるものは何も存在しない場所にあった自己所有の炭焼小屋を，小雨の降る中で延焼しないように監視しつつ焼燬（焼損）したというような場合には，判例によれば，延焼の危険もなく，付近の住民もその危険を感じなかったとして，109条2項および110条1項の成立は否定されている。

(3)　故　意

　本条1項の罪については，抽象的危険犯であることから，公共の危険の発生についての認識は不要であるとされているが，2項の罪については，具体的危険犯であるところ，公共の危険の発生についての認識必要説（多数説）と認識不要説（判例）との間に見解の対立がある。不要説は，「公共の危険」の発生を本項の罪の客観的処罰条件ないし結果的加重犯の加重結果と解し，また，公共の危険の発生の認識と延焼の認識は区別できないことなどをその根拠としている。他方，必要説は，「公共の危険」は構成要件要素であること，結果責任を排除すべきこと，自己の所有物の焼損は本来違法ではなく，これを焼損する意思を放火罪の故意とすることはできないことなどを理由としている。もっとも，公共の危険の認識を必要とするとしても，その具体的内容は，108条や109条1項の未必的故意との関係で「公共の危険の発生の予見はあるが，108条，109条1項の建造物等には絶対に延焼するとは思わない心理状態」ということになり，そのような意識状態を実際

に観念できるか，訴訟の場で実効性があるのか疑問とされている。また，必要説が自己の所有物を損壊することは本来違法ではないとする点については，その手段が放火であることを看過しているとの批判がある。110条1項に関してではあるが，最判昭和60・3・28刑集39・2・75は，AがBらにXの単車の焼損を命じたところ，BらがX方の庭においてXの単車を焼損し，X方に延焼させたという事案に，刑法110条1項の罪の成立には公共の危険の発生の認識は不要であるとして，Aに110条1項の成立を肯定している。

III-14-4　建造物等以外放火罪 (110条，115条)

　本罪の客体は，前2条に規定する以外の物，すなわち，建造物にあらたない門，塀，畳，建具，あるいは，自動車，航空機，人のいない汽車，電車などである。本条2項は，客体が自己所有物である場合には，財産侵害が欠如する点を考慮して法定刑を軽減している。109条2項と同じく，焼損につき所有者の承諾がある場合や無主物の場合も本条2項に該当すると解してよい。他方，自己所有物であっても，115条の規定に該当する場合には，本条1項により処罰される。これも109条1項と2項の関係と同様である。

　本罪は具体的危険犯であり，本罪の成立には「公共の危険」の発生が必要である。前掲最決平成15・4・14は，上述のように，別の2台の車両に延焼の危険が及んだことなどから，「公共の危険」の発生を肯定している。これに対しては，被害車両を含めて3台の車両にガソリンをかけて火をつけても器物損壊罪しか成立しないこととの不均衡を問題視する見方もあるが，その場合でも，本罪の成立は否定できないといえよう。

　本罪の故意については，前述の109条2項の説明に記したとおり，判例は公共の危険の発生の認識不要説を採用し，多数説は必要説に

たっている。「焼損し，よって公共の危険を生ぜさせた」とする規定に
照らせば，不要説が支持されよう。たしかに，不要説によると犯罪成
立に限定がかからなくなるのではないかという批判もあるが，本条に
ついていえば（他の具体的危険犯についても基本的には同様であるが），
火を放つ行為を，「住宅などに延焼する危険を帯びた態様で焼く意思
で点火する場合」や，その性質，態様から公共の危険が発生する類型
的な可能性がある場合にかぎるなどの限定解釈によって処罰の明確化
が図られるべきであろう。たとえば，タバコの火の不始末から自宅に
延焼させて公共の危険を発生させたとしても 110 条 2 項の問題とはな
らないし，他人の家に延焼させたとしてもつぎに述べる 111 条の問題
は生じず，単に 116 条の失火罪が成立するにすぎないというべきであ
ろう。

III-14-5　　延焼罪（111 条）

　本罪は，自己所有物件を焼損し公共の危険を生ぜしめるという基本
行為から，現住建造物等または他人所有の非現住建造物等に延焼させ
たときに成立する結果的加重犯である。「延焼」とは，行為者が予期し
なかった客体に，「焼損」の結果が生じることをいう。延焼の結果につ
いて認識がある場合には，本罪は成立せず，その客体についての放火
罪が成立することになる。

　放火の客体は，自己の所有にかかる非現住建造物等（109 条 2 項）ま
たは自己の所有にかかる建造物以外の物（110 条 2 項）であり，延焼の
客体は，111 条 1 項においては，現住建造物等（108 条）または他人所
有の非現住建造物等（109 条 1 項）であり，111 条 2 項においては，他
人所有の建造物以外の物（110 条 1 項）である。109 条 2 項，110 条 2
項の成立が前提とされていることから，放火の客体を焼損したことに
よって公共の危険が発生したことがなければならない。

　重い類型の放火罪から軽い類型の放火罪の客体に延焼した場合には，重い類型の放火罪のみが成立する。反対に，109条1項の罪を犯した結果，108条に規定する客体に延焼した場合，あるいは，110条1項の罪を犯した結果，108条または109条1項の罪の客体に延焼した場合には，そのような事態を予定する規定はなく，それぞれ単に109条1項，110条1項が成立するのみである。

III-14-6　　放火予備罪（113条）

　現住建造物等放火罪および他人所有の非建造物等放火罪の公共危険罪としての重大性を考慮して，112条で未遂を処罰するほか，113条では予備をも処罰している。
　「予備」とは，放火の準備行為で実行行為にいたらない段階の行為をいう。放火の材料を用意するとか，それを携えて現場に赴くなどがこれにあたる。

III-14-7　　消火妨害罪（114条）

　本罪は，構成要件要素として「火災の際に」という行為状況を規定している。「火災の際」とは，現に火災がある場合のほか，まさに火災になろうとしている場合もこれにあたるとされている。火災の原因（放火，失火，無過失）は問わないが，火災の規模は，公共の危険を生ぜしめる程度のものであることを要し，単に目的物が燃焼を開始しただけで，容易に消し止められる段階にあることでは足りない。
　本罪の行為は，「消火を妨害する」ことである。例示されているのは，消火用の物の隠匿，損壊のほか，「その他の方法」であるが，これには消防活動中の者に暴行・脅迫を加えることなどが含まれる。また，火災の際に公務員から援助を求められたのにこれに応じないというだけ

では，一般人の場合には軽犯罪法第1条8号の罪が成立するにすぎないが，法律上の作為義務のある住居者，警備員，消防職員，警察官が消火活動の求めに応じない場合には，不作為による消火妨害罪が成立しうる。さらに，放火罪の作為義務違反となるような重大な消火義務違反については不作為による放火罪が成立することになる。本罪は抽象的危険犯であり，妨害行為があれば直ちに本罪は既遂に達する。

III-14-8　失火罪（116条）

本罪の客体は，1項では，108条に規定されている現住建造物等および109条1項に規定されている他人所有の非現住建造物等であり，2項では，109条2項に規定されている自己所有の建造物等および110条に規定されている建造物等以外の物である。110条の客体については，自己所有，他人所有を問わない。

1項の罪は抽象的危険犯であり，2項の罪は「公共の危険」の発生が要求されている具体的危険犯である。

本罪の行為は，「失火」，すなわち過失によって出火させ，前記の客体を焼損することである。過失行為は，作為であると不作為であるとを問わない。

1項，2項とも，客体を焼損することの認識がないのが本罪の基本形であるが，2項の罪については，公共の危険の発生の認識必要説によれば，放火行為については認識していたが，公共の危険の発生について認識しなかった場合にも失火罪が成立することになる。判例は上述のように不要説の立場にたっているので，この場合，失火罪ではなく当該客体に対する故意の放火罪が成立することになる。

Ⅲ-14-9　業務上失火罪・重失火罪（117条の2）

　本条前段は，業務上必要な注意を怠って116条の罪を犯した場合の加重規定である。業務上失火罪の主体は業務者であり，本罪は身分犯である。本罪にいう「業務」とは，職務として火気の安全に配慮すべき社会生活上の地位をいうとされ，本罪の性質上，一般の「業務」概念とはやや内容を異にする。具体的には，調理師，ボイラーマン，危険物の取扱い業務者，出火の発見防止等を任務とする夜警，公衆のために出火を防止する義務を負担する劇場・ホテルの支配人などの業務がこれにあたる。

　業務上失火によって人を死傷させた場合については，業務上過失致死傷罪とするのが判例であるが，観念的競合の明示機能からすると，本罪と業務上過失致死傷罪との観念的競合と解するべきであろう。

　重失火罪にいう「重過失」とは，注意義務違反の程度が著しく，行為者としてわずかな注意を払えば結果が予見でき，結果も回避できた場合をいう。たとえば，盛夏晴天の日に，給油場内のガソリン缶から数10センチメートルのところでライターに点火する行為などに認められることになる。

【設問24】を考えてみよう

　第1に，自己所有の枯れ草や枝木等は110条2項の対象となること，およびX所有のタイヤは110条1項の客体であること，マンションの家財道具は110条1項（および111条2項）の客体となること，およびAには公共の危険発生の認識が欠けていることについては問題文から明らかである。

　第2に，枯れ草やタイヤが勢いよく燃え上がったことから，不特定または多数の生命・身体・財産を侵害する可能性がある状態が生じたということができ，したがって，公共の危険が発生したとしてよい。

　第 3 に，具体的公共危険犯とされる放火罪（109 条 2 項，110 条）が成立するためには，公共の危険発生の認識を必要とするか否かについては，「焼損し，よって公共の危険を生ぜさせた」とする規定を根拠に，不要説が判例となっている。これによれば，A には 110 条 2 項の罪が成立し，以下の第 4 における検討によってマンションの焼損が認められた場合には，さらに 111 条 1 項の延焼罪が，認められなければ家財道具に対する 111 条 2 項の延焼罪が成立することになる。

　第 4 に，建造物の一部に現住性が認められる場合に，その全体を現住建造物としてみることができるかについては，不燃性・耐火性建造物でも（複合建造物も同様），物理的構造上一体性があれば，各室間の延焼が容易でなくとも，延焼の可能性が否定されないかぎり，全体が 1 個の建造物であるとされている。また，日常生活において居住部分と一体として使用されていたという機能的一体性があれば，やはり住人等への危険があるとして，全体が 1 個の建造物と解される。このような基準に照らして，本件マンションについては上の階へ延焼する可能性が絶無ではなく，また，延焼部分は居住者が恒常的に利用する玄関であり機能的一体性も認められるから，全体として 1 個の現住建造物という評価が可能となろう。

　第 5 に，放火罪が既遂に達するためには，客体を焼損したことが要件となるところ，マンションの側壁を剥離・崩落させた行為は，マンションの延焼・焼損といいうるかが問題となる。従来，放火罪の「焼損」に関しては，判例は一貫して独立燃焼説の立場を堅持してきたが，これによれば，設問においては火力によって不燃性耐火構造のマンションの側壁が崩落したにすぎないのであるから，独立燃焼していない場合として焼損とはいえないことになる。したがって，「108 条に規定する物に延焼させた」といえない以上，111 条 1 項も成立しない（もっとも，上記のとおり，家財道具に対する 111 条 2 項の延焼罪は成立する）。

最後に，本問において焼損されたタイヤは，X 所有の物である。X も不要と考えているということは問題文中からは明らかでない以上，これを勝手に焼き払う行為は，110 条 1 項の建造物等以外放火罪に該当する。

Theme 25

浜辺の砂に書いた借用書に効力はあるか。コピーしたものは文書といえるか。母親を喜ばせるため、卒業証書を偽造し、これを見せたら偽造文書の行使罪は成立するか。

【設問 25】

　A は、知り合いの X から預かっていた運転免許証を利用して X になりすましてローンカードを手に入れちょっとした金を儲けようと考えた。そこで、X の運転免許証の写しから氏名、生年月日欄等を切り取ってこれを自己名義の運転免許証の該当箇所に重ねて置くなどした上からメンディングテープを全体に重ねて貼り付けて固定したうえ、Y 消費者金融会社の無人店舗におもむき、同店舗内の自動契約受付機に設置されたイメージスキャナーを通してこれをディスプレイに表示させて相手方に呈示し、同窓口の係員らを騙して、同係員からローンカードの交付を受けた。A の罪責を論ぜよ。

第15章　文書偽造の罪

III-15-1　意　義

　文書偽造の罪は、公文書および私文書に対する公共の信用を保護法益とする犯罪類型である。今日、公文書や私文書は、権利・義務の関係や一定の事実を証明する手段として、また、経済的取引の場面で、社会生活上きわめて重要な役割を担っている。そこで、刑法は、文書に対する公共の信用を保護し、公共の信用によって成り立っている取引や社会生活の安全を維持するために、17 章に「文書偽造の罪」とし

て，詔書偽造等罪（154条），公文書偽造等罪（155条），虚偽公文書作成等罪（156条），公正証書原本不実記載等罪（157条），偽造公文書行使等罪（158条），私文書偽造等罪（159条），虚偽診断書等作成罪（160条），偽造私文書等行使罪（161条），電磁的記録不正作出・供用罪（161条の2）を規定している。文書偽造の罪においては，文書に対する公共の信用を現実に侵害したか，その危険を生じさせたかは問わない。その意味で本罪は抽象的危険犯である。

　文書偽造の罪は，その客体において「公文書」と「私文書」とに区別され，さらにそれぞれが「有印」と「無印」に分けられ，行為については「有形偽造」と「無形偽造」に分けられる。

(1)　形式主義・実質主義

　文書偽造の罪の保護法益が文書に対する公共の信用であるとして，具体的な保護の対象を何に求めるか。文書偽造罪の立法形式のあり方については「形式主義」と「実質主義」とがある。形式主義は，文書偽造の罪の意義を，文書の作成名義の真正（成立の真正）・形式的真実の保護に，実質主義は文書の内容の真実・実質的真実の保護に求めようとするものである。すなわち，前者は偽造の意味を後述の有形偽造と解するのに対して，後者は偽造の意味を無形偽造としている。現行法は形式主義を原則とし，補充的に実質主義を採用しているが，それは，文書に対する公共の信用を保護するためには，まず，文書の形式的真正を保護すべきであって，内容の真実性を偽るよりも作成名義を偽る方が公共の信用を害するおそれが高いという理解によるものである。内容が真実であっても，作成権者の意思に反して，その名前を冒用して文書を作成することは許されないという立場である。

(2)　有形偽造・無形偽造

　偽造には，**有形偽造**と**無形偽造**とがある。前者は，（狭義の意味では）

作成権限なしに他人名義の文書を作成することをいい，後者は，作成権限のある者が真実でない文書を作成すること，すなわち虚偽文書作成をいう。現行法は，公文書については保護の必要性が高いことから，有形偽造（154条，155条）と無形偽造（156条）を処罰しているのに対して，私文書については原則として有形偽造（159条）を処罰し，無形偽造（160条）は例外的に処罰するにすぎない。

III-15-2　文書偽造罪の基本概念

(1)　文書の意義

文書とは，文字またはこれに代わるべき可読的符号を用いて，ある程度永続すべき状態において，物体上に記載された意思または観念の表示であって，その表示内容が法律上または社会生活上重要な事項について証拠となりうるものをいう。狭義の文書とは，文字その他の発音的符号を用いたものをいい，図画と区別される。

1.　可視性・可読性

文書というためには，文字または文字に代わるべき符号によって，人の意思が可視的・可読的方法で物体に表示されていなければならない。したがって，点字や，速記記号やバーコード，マイクロフィルムなどは文書といえるが，ビデオテープ，電磁的記録音符は文書とはいえない。

2.　意思・観念の表示

文書は，そこに表示された意思・観念によって社会生活上重要な事項を証明するものでなければならない。したがって，選挙の際の候補者推薦状や，郵便局の日付印などの省略文書，銀行の支払伝票などは文書であるが，到着番号札，名刺，表札，小説，絵画などはこれにあたらない。

3.　永続性

　文書は事実関係の証拠となることから，文書というためには，表示された文字はある程度永続すべき状態で書かれなければならない。黒板に白墨で書かれたものは文書であるが，砂に書かれた文字や道路や板の上に水書きされた文字などは，文書ではない。

4.　名義人

　文書は，人の意思または観念を表示したものであるから，その主体である（作成）**名義人**の存在が必要である。名義人が存在しないもの，それが誰であるか判明しないものは，文書偽造罪の客体とはなりえない。文書の責任の所在が不明であり，刑法的保護の必要性がないからである。なお，名義人は特定されなければならないが，文書の形式，内容，筆跡から名義人を特定することができれば足りる。

　名義人は，自然人であると法人であるとを問わず，また，実在することを要しない。一般人が真正に作成された文書と誤信するおそれのある文書については，死亡者・架空人名義のものにも文書偽造罪の成立を認めるべきであるとされている。名義人が実在しないことが明白で，誤信するおそれがなければ文書性は否定される。

　文書の名義人と作成者とは，名義人は文書の記載内容から理解されるその意識内容の主体であり，作成者は現実に文書の内容を表示した者をいうことから，かならずしもこれを同じくするものではない。真正文書とは両者が一致している文書であり，不真正文書（偽造文書）とは，両者が一致していない文書をいう。また，作成者を誰とするのかについて，観念説（意思説）は，作成者とは文書を記載した者またはその記載をさせた者であると解し，事実説（行為説）は，作成者とは実際に文書を記載した者をいうと解している（観念説（意思説）は，さらに，その文書が名義人の事実上の意思にもとづいているかを問題とし，文書に関する意思主体を作成者とする事実的意思説と，当該文書に表示された意思の内容について法的責任を名義人に問うことができるかを問題とし，文

書の内容から生じる法的効果が帰属する者を作成者とする規範的意思説に分けられる）。実際に誰が文章を作成したのかというよりも，誰の意思または観念を表示させたものであるのかが文書の意義に照らして重要であるとして，多数説は観念説にたっている。この観念説によれば，社長が秘書に命じて，社長名義の文書を作成させた場合，作成者は社長ということになり，真正文書となる。他方，事実説によれば，当該文書は不真正文書となるが，被害者の承諾によって行為の違法性が阻却されることになる。

　5.　文書の原本性

　文書は，名義人の確定的な意思または観念を表示した内容を有し（確定性），かつ，名義人の意思が直接記載された原本的なものでなければならない（原本性）とされ，そこで，草案，草稿，下書き等，また，認証文言の付されていない謄本も文書ではないとされてきた。

　しかし，近年，写真コピーが原本と同様，あるいはそれに類似した社会的機能と信用性を有するようになったことから，写真コピーが文書偽造罪の客体となりうるか，写真コピーの文書性をめぐり議論が繰り広げられるにいたった。

　積極説は，ⓐ写しは原本と同様の社会的機能・信用性を有すること（社会的機能），ⓑ原本に代わるものとして用いられる文書であること（原本性），ⓒ原本と同一の意識内容を保有する原本作成名義人作成名義の公文書であり，コピー上に複写されている印章，署名も，原本作成名義人の印章・署名であること（公文書性）を根拠とする一方，消極説は，ⓐコピーは再現内容を改ざんすることが容易であり，写しの一種として原本の存在とその内容を証明するための手段としての社会的機能のみ有していること，ⓑ認証文が付けられた写真コピー（合成文書）や，原本として使用する目的で作成された写真コピーは文書であるが，単なる写真コピーは文書の機械的再現であって，人の意思・観念を表示せず，また，作成名義人はコピーの作成者であり，コピー作

成者の印章・署名がないかぎり，作成名義人は特定されえないことから，写しとして使用される写真コピーは文書ではないこと，ⓒ写真コピーは誰でも自由に作ることができるのであり，公務所または公務員の作るべき文書とはいえないこと，などを根拠としている。

　このような争いがある中，今日では，複写技術を悪用し，行使の目的をもって原本と異なった写しを作成する行為は原本の社会的信用性を害することを理由として，積極説が多数説となっている。判例も，真正な供託金受領証から，供託官の記名・押印部分を切り取り，これと虚偽の供託事実を記入した供託書の合成原稿をコピー機で複写して，真正な供託金受領証の写しであるかのような外観を呈する写真コピーを作成し，行使したという事案に，「原本と同一の意識内容を保有し，証明文書としてこれと同様の社会的機能と信用性を有するものと認められる限り」，写真コピーも原本作成名義人作成名義の公文書であるとしている（最判昭和51・4・30刑集30・3・453，最決昭和58・2・25刑集37・1・1など）。また，同様の理由で，改ざんした公文書をファクシミリで送信して写しとして行使した事例について，公文書偽造罪の成立を肯定した下級審判例もある（広島高岡山支判平成8・5・22高刑集49・2・246）。

(2)　偽　造

　文書偽造の罪にいう「**偽造**」については，広狭あわせて，それぞれの意味において用いられている。まず，17章の「文書偽造の罪」という表題の意味における偽造は，ⓐ最広義の意味での偽造をいい，これには，偽造，変造，虚偽文書の作成，行使のすべてが含まれる。ⓑ広義の意味では，ⓐから行使を除いた，偽造，変造，虚偽文書の作成をいい，これには，有形偽造，すなわち，作成権限のない者が他人名義の文書（不真正文書）を作成すること（変造を含む）と，無形偽造（虚偽文書作成），すなわち，作成権限を有する者が真実に反した内容の文書（虚

偽文書）を作成すること（変造を含む）が含まれる。さらに，ⓒ狭義の意味での偽造とは，ⓑから無形偽造を除いた有形偽造をいい，ⓓ最狭義の意味では，ⓒから変造を除いた偽造のみをさす。以下，偽造という場合には，基本的にはこの最狭義の偽造の意味で用いる。

1. 有形偽造

文書の偽造とは，作成権限のない者が他人名義を冒用して文書を作成することである（これを「名義人と作成者の人格の同一性を偽ること」という）。作成権限の有無は，具体的に考察しなければならない。最判昭和25・2・28刑集4・2・268 は，上司である公務員を補助しその名義の公文書を作成している公務員であっても，とくに権限を委譲されているとか，作成権者が正当に決裁しているなどの事情がないかぎり，上司名義の公文書を作成する行為は公文書偽造罪を構成するとしている。他方で最判昭和51・5・6刑集30・4・591 は，「一定の手続を経由するなどの特定の条件のもとにおいて公文書を作成することが許されている補助者も，その内容の正確性を確保することなど，その者への授権を基礎づける一定の基本的な条件に従う限度において，これを有しているものということができる」とし，補助者であっても作成権限があると判示して，上司である市役所の課長名義の文書作成を補助する課員による手続違反の公文書作成行為につき，公文書偽造罪の成立を否定している。

2. 偽造の方法および程度

偽造の方法に制限はない。また，内容が真実か否かは問わないので（形式主義），債権者が債務者名義の借用証書を作成すれば，たとえ内容に偽りがなくても偽造となる。

偽造の程度は，作成された文書が，一般人からみて，作成権者がその権限の範囲内において作成したものである，すなわち真正な文書と誤信させる程度の形式・外観を備えることを要し，文書がその程度に達していれば偽造罪は既遂となる。大阪地判平成8・7・8判タ960・

293 は，消費者金融から融資を受けるために，他人の運転免許証の写しから氏名等を切り取ってこれを自己名義の運転免許証の該当箇所に重ねて置き，全体にメンディングテープを貼り付けて固定し，これをイメージスキャナーを通して金融会社のディスプレイに表示させた事案に，イメージスキャナー等の電子器機を通して間接的に相手方に呈示し使用するというその行使形態をも考慮して，「一般人をして真正に作成された文書であると誤認させるに足りる程度であると認められるというべきである」と説示して，公文書偽造罪の成立を認めた（もっとも，この点については，「偽造罪の成立に必要な文書の外観は，当該文書の行使方法により変化するものと解すべきでない」とする批判がある）。

(3)　変　造

変造とは，真正に成立した文書を不法に変更することをいう。変造には，ⓐ狭義の偽造（有形偽造）の一種としての変造と，ⓑ虚偽文書の作成（無形偽造）の一種としての変造がある。前者は，権限のない者が，真正に成立している他人名義の文書の非本質的部分に変更を加えることをいい，一般に変造とはこちらを意味する。

変造の主体は，したがって，既存の真正文書に変更を加える権限のない者でなければならない。作成権限のある者が真正文書を不法に改ざんすることは無形偽造行為であり，公文書であれば虚偽公文書作成等罪（156 条）にあたり，私文書であれば虚偽診断書等作成罪（160 条）をのぞき，不可罰となる。

変造の客体は，すでに成立した他人名義の真正文書である。権限なく未完成の書面に手を加えて文書として完成させるのは偽造（有形偽造）であっても変造ではない。不真正文書（偽造文書）については，その非本質的部分に変更を加えただけではいまだ変造にはあたらない。

変造においては，文書の非本質的部分に不法に変更を加えることにより，既存の文書に新たな証明力が作出されることが必要である。一

方，文書の本質的部分に変更を加えて新たな証明力を有する文書を作り出す行為は，変造ではなく偽造となる。両者の区別は，元の真正文書との同一性を失うにいたったか否かをもって決せられる。たとえば，郵便貯金通帳の記号・番号，名義，金額の変更は偽造であり，預金受入れ・払戻し年月日の変更は変造であるとされている。

文書の非本質的な部分が改変され，一般人をして，元の文書とは異なった証明力を有する文書であると誤信させる程度の形式・外観に達すれば犯罪は既遂となる。

(4) 虚偽文書の作成

虚偽文書の作成とは，作成権限を有する者が，真実に反する内容の文書を作成することをいう（**無形偽造**）。刑法では，形式主義の立場から，この類型については処罰範囲を限定していることについては，上述のとおりである。

虚偽文書の作成については，第1に，虚偽文書の作成の主体は作成権限を有する者でなければならず（身分犯），作成権限を有する者であれば，その文書は自己名義のものでも，他人名義（代理権・代表権を有する場合）のものでもかまわない。また，権限の範囲内であれば，その権限を濫用した場合でも，偽造ではなく虚偽文書の作成となる。偽造との区別は，上述のように当該文書の名義人と作成者との間の人格の同一性が偽られているかにかかっている。第2に，虚偽文書は真実に反する文書（内容虚偽の文書）でなければならない。ここでは実質主義が採られている。第3に，作成された文書が，一般人をして，内容の真実な文書であると誤信させるような程度の形式・外観を備えていることが必要である。

(5) 行 使

行使とは，偽造文書または虚偽文書を，真正な文書または内容の真

実な文書として使用することをいう。使用とは，人にその内容を認識
させ，または認識可能な状態におくことである（最大判昭和44・6・18
刑集23・7・950）。その文書の本来の用法にしたがって使用することを
要せず，偽造文書等を真正・真実な文書として使用すれば足りる。呈
示，交付，送付，備え付けなどの方法で閲覧に供するなど，その行使
の方法・態様は問わない。相手方が認識しうる状態に至れば既遂とな
る。判例によれば，登記官をして不実の記載をさせ，これを登記所に
備え付けさせること，偽造の離婚届を提出し，戸籍係員をして戸籍簿
に不実の記載をさせ閲覧可能な状態におかせることも行使にあたる。

　行使といえるためには，相手方をして，偽造文書等が真正な文書ま
たは内容の真実な文書であると誤信させうる外観を有するものでなけ
ればならず，その偽造文書等自体を相手に示すことが必要である。判
例では，偽造文書を相手側のディスプレイに表示させ相手に呈示する
行為は行使にあたるとされている（前掲大阪地判平成8・7・8）。これに
対して，偽造した運転免許証を携帯しているだけでは，いまだ相手に
示していないから行使にはあたらないとされている（前掲最大判昭和
44・6・18）。

　行使といえるためには，その相手方が当該文書が偽造文書等である
ことを知らないことが前提となる。詐欺罪の手段としての偽造文書で
あることを明らかにして共犯者に手渡すことは，行使にはあたらない。
相手が当該文書が偽造文書等であることを知らないと思って呈示した
ところ，相手が情を知っていた場合には，行使罪は未遂となる。行使
といえるためには，その相手方が当該文書についてなんらかの利害関
係を有していることを要するかについては，学説上争いがある。必要
説は，偽造文書等の保管を依頼して交付する場合，老母を喜ばせるた
めに偽造した郵便貯金通帳を見せる場合などは，行使とならないとす
る。しかし，そのような限定は不要であるとするのが多数説であり，
判例も，父親を喜ばせるために，県立高校の卒業証書を偽造してこれ

を見せたという事案について，本罪の成立を認めている（最決昭和42・3・30刑集21・2・447。偽造した内容虚偽の金銭消費貸借契約証書を司法書士が交付した事案に関する，最決平成15・12・18刑集57・11・1167参照）。

有形偽造・無形偽造の主観的構成要件要素である「行使の目的」とは，他人をして，偽造文書・虚偽文書を，真正文書・内容の真実な文書と誤信させようとする目的をいう。

(6)　電磁的記録

コンピュータ等の普及により，国や地方公共団体，あるいは民間の諸企業においては文書に代わって磁気ディスクやレーザーディスク等の電磁的記録が大きな役割を果たすようになり，自動車登録ファイル，納税者基本台帳ファイル，金融機関の顧客の元帳ファイルなどの電磁的記録の証明機能，社会的な信用性を刑法によって保護する必要性が認識された。以前は，電磁的記録もプリントアウトすれば可視性・可読性をもつことになるとして（私）文書にあたるとした裁判例もあったが，これには批判も多く，1987（昭和62）年に，電磁的記録不正作出・供用罪（161条の2）が新設された。これによって，文書には電磁的記録は含まれないことになった。

電磁的記録とは，電子的方式，磁気的方式，その他，人の知覚によっては認識することができない方式で作られる記録であって，電子計算機による情報処理の用に供されるものをいう（7条の2）。文書のように名義人を定めえないことから，偽造，変造，虚偽内容の作出を区別していないが，設置管理者が電磁的記録の作出権者であると解されており，したがって，「不正に」というのは，作出権者の本来的意思に反することを意味することになる。

電磁的記録は，その作出者の別に従って，公電磁的記録，私電磁的記録に区別される。しかし，有印，無印の区別はその性質上なされてはいない。

III-15-3　公文書偽造等罪 (155条)

公文書偽造等罪は，公文書の有形偽造等を処罰するものである（なお，154条は，詔書偽造・変造罪を規定している。「詔書」とは，天皇が一定の告示に関する意思表示を公示するために用いる文書をいう）。

公文書とは，公務所または公務員が，法令上の根拠，作成権限にもとづき作成すべき文書もしくは図画をいう。運転免許証，納税証明書，旅券，印鑑証明書などがこれにあたる。公文書は本来公正であるとみなされ，その証拠力・信用力が高いため刑法上厚く保護されており，そして，その偽造によってもたらされる被害は大きいことから，本罪の法定刑は，私文書偽造罪のそれよりも重くなっており，また，同様の理由で有印公文書偽造・変造の法定刑は，無印公文書偽造・変造のそれよりも重くなっている。

「図画」とは，意思・観念が発音的記号ではなく，象形的符号によって表示されたものをいい，判例では，専売品であることを証明するたばこの外箱や，地方法務局の土地台帳に付属した地図は公図画にあたるとされている。

本罪の客体は，公文書，公図画である。作成権限の根拠を問わない。法令内規，慣例そのいずれによるものでもよい。職務と無関係に作成された文書，たとえば退職届，挨拶文，私的な会合などの連絡文書などは，公文書ではない。もっとも，偽造文書が，一般人をして公務所または公務員の職務権限内において作成されたものと信じさせるのに足りる形式・外観を備えていれば十分である。

当該文書については，公法上の関係で作成されたか，私法上の関係で作成されたかを問わない。

本罪の行為は，有印公文書偽造（1項），有印公文書変造（2項），無印公文書偽造・変造（3項）である。

有印公文書偽造罪（1項）は，行使の目的をもって，公務所・公務員の

印章・署名を使用して公文書を偽造すること，および，偽造した公務所・公務員の印章・署名を使用して公文書を偽造することを処罰するものである。「行使の目的」とは，上述のように，偽造文書等を真正なものとして使用する目的をいう。「署名」には，自署のほか，記名（代筆，印刷）も含まれる（判例・多数説）。

　作成権限のある公務員を欺いて公文書を作成させた場合，当該公務員に公文書作成の認識がなければ公文書偽造罪の間接正犯が成立する。他方，公文書を作成することの認識はあるがその内容が虚偽であって，しかし，その認識がなければ，後述する，虚偽公文書作成罪の間接正犯の成否が問題となる。

　有印公文書変造罪（2 項）は，行使の目的で（多数説），公務所・公務員が押印もしくは署名した文書または図画を変造すること，すなわち文書の非本質的な部分に権限なく変更を加えることを内容とする犯罪である。

　無印公文書偽造・変造罪（3 項）は，行使の目的で（多数説），印章・署名を使用しないで，物品税証紙などの公文書・公図画を偽造，変造することである。

　公文書の偽造・変造・虚偽作成の罪（155 条）と行使罪（158 条）とは牽連犯となる。行使が同時に詐欺罪（246 条）における欺罔行為にあたる場合には，観念的競合ではなく牽連犯となる。

III-15-4　虚偽公文書作成等罪（156 条）

　虚偽公文書作成等罪は，行使の目的による公文書の無形偽造，すなわち，公務員の虚偽公文書作成を，有印・無印の区別にしたがって処罰するものである。具体的には，有印の公文書無形偽造・変造，無印の公文書無形偽造・変造である（そのほか，有印の天皇文書の無形偽造・変造がある）。

　本罪の主体は，職務上，当該文書を作成する権限を有する公務員である（身分犯）。作成権者の補助者（起案担当者などの公務員）が作成権者の決裁を受けずに作成することは偽造にあたるが，作成権を与えられている補助者が行うのであれば，本罪にあたる（判例・多数説）。また，機械的になしうる事務の範囲内でのみ当該文書の作成が委任されている職員（機械的補助者）がその権限を越えて文書を発行した場合については，偽造となる。

　本罪の行為は，行使の目的をもって虚偽の文書・図画を作成，または，文書・図画を変造することである。内容虚偽の公文書を作成するとは，虚偽であることを認識しつつ所有権移転を登記簿に記入することなどがその例である。変造とは，ここでは，権限を濫用して，公文書等に不当に変更を加え，その内容を虚偽のものとすることである。

　本罪の主体に関して，作成権限を有していない公務員または私人が，作成権限を有する公務員を利用して虚偽の公文書を作成させた場合に，本罪の間接正犯が成立するかについては争いがある。いわゆる「虚偽公文書作成罪の間接正犯」の問題である。まず，作成権限を有する公務員が他の権限ある公務員を利用し作成させた場合に，本罪が成立することに争いはない。また，当該公文書の作成権者を補佐して，当該文書を起案する地位にあり，実質的に当該公文書を作成する権限がある者が（上司等を利用して）作成した場合にも本罪の成立は肯定されよう。最判昭和32・10・4刑集11・10・2464も，地方事務所の所長を補佐する起案担当者である建築係が，その地位を利用して，情を知らない所長に内容虚偽の現場審査合格書に署名押印させたという事案に，本罪の間接正犯の成立を肯定している。問題は，それ以外の場合である。肯定説は，上記以外，および157（公正証書原本不実記載等罪）条の場合以外にも，虚偽公文書に対する公共的信用性を保護する必要性があるとして，本罪の間接正犯の成立を認めている。しかし多数説である否定説は，157条は本罪の間接正犯を特別な場合にかぎり処罰して

いること，また，本罪は「職務に関し」ということが要件とされている身分犯であることを理由に，間接正犯の成立を認めるべきではないとしている。

III-15-5　　公正証書原本不実記載等罪（157条）

公正証書原本不実記載等罪は，私人が当該公務員を利用して行う，間接的な虚偽公文書の作成，すなわち，公文書の無形偽造の間接正犯であって，公正証書原本不実記載罪（1項）と，免状等不実記載罪（2項）を内容とする。いずれの罪についても，未遂犯処罰規定がある（3項）。

　1項の罪の客体は，権利・義務に関する公正証書の原本または権利・義務に関する公正証書の原本たるべき電磁的記録である。前者は，公務員が職務上作成し，権利・義務に関する一定の事実を公的に証明する効力を有する文書をいう。登記簿，戸籍簿は例示であって，それ以外に土地台帳，住民票などがある。また，後者の例としては，自動車登録ファイル，住民基本台帳ファイルなどがある。

　2項の罪の客体は，運転免許証，医師免許証等の免状，犬の鑑札，質屋や古物商の営業許可証などの鑑札，そして旅券である。

　本罪の行為は，公務員に対して虚偽の申し立てをし，権利・義務に関する公正証書の原本等に不実の記載をさせることである。

III-15-6　　偽造公文書行使等罪（158条）

偽造公文書行使等罪は，公文書偽造等罪，虚偽公文書作成等罪，公正証書原本不実記載等罪（詔書偽造罪も含まれる）に規定された公文書・公図画等の行使を処罰するものである（1項）。未遂も処罰される（2項）。

　本罪の客体は，154条から157条までの文書・図画，すなわち，偽

造・変造の公文書・公図画，虚偽の公文書・公図画，不実記載の公正
証書原本等，および，157条1項の電磁的記録などである。

　本罪の行為は，行使，すなわち，上述のように，偽造文書を真正な
文書として，また，虚偽文書を内容が真実な文書として使用すること
をいう。「公正証書の原本としての用に供する」とは，公正証書の原本
である当該電磁的記録を公務所に備えて，一般人が閲覧できる状態に
おくことをいう。その段階で本罪は既遂となる。実際に公証したこと
を要しない。

【設問25】を考えてみよう

　一般に，偽造の意義に関しては，「作成名義を冒用すること」とされ
ているが，近時は，「文書の名義人と作成者との間の人格の同一性を偽
ること」とする理解が一般的である。文書の写真コピーやファックス
による文書の写しの文書性および写しが虚偽の場合の（有形）偽造の
成否については，判例・学説上争いがあるが，判例は，社会的機能・
信用性を重視する立場から，いずれもこれを積極に解している。

　さて，本問でAがXであるような外観を有する運転免許証を作成
した行為について，偽造といえるか。まず，免許証は都道府県公安委
員会が発行する公文書である。つぎに，作成権限のない者が他人名義
を冒用して文書を作成するについて，これを偽造というためには，真
正な文書と誤信させる程度の形式・外観を備えていることを要する。
本問では，テープを全体に貼り付けて固定する場合には，一般人から
みて真正に作成されたものであると誤信させるに足りる外観を有する
といえるかは，たしかに問題があるが，裁判例では，本件類似の事例
につき，イメージスキャナー等の電子器機を通して，間接的に相手方
に呈示・使用するその行使形態をも考慮し，「一般人をして真正に作成
された文書であると誤認させるに足りる程度であると認められるとい
うべきである」として，公文書偽造罪の成立が認められ，あわせて，

上述呈示・使用は「行使」にあたるとしている。もっとも，この点については，「偽造罪の成立に必要な文書の外観は，当該文書の行使方法により変化するものと解すべきでない」とする批判も有力である。

　本問における A の行為には，有印公文書偽造罪（155条1項），偽造公文書行使罪（158条1項），そして詐欺罪（246条1項）が成立し，公文書偽造罪と同行使罪とは牽連犯（54条1項後段）であり，右行使罪と詐欺罪も牽連犯となる。

Theme 26

> 自分の名前で文書を作成しても，あるいは，承諾を得て承諾者
> の名前で文書を作成しても，犯罪となる場合はあるか。

【設問 26】

①　大学受験を控えた B は，志願する X 大学に合格するだけの実力が
ないと自覚し，成績優秀な A に自分に替わって受験してくるよう依頼
したところ，A はこれを引き受け，X 大学の試験会場において解答し
た答案に B の氏名を記載して提出した。A，B の罪責を論ぜよ。

②　Y 会社の役員 C は，同会社から代表権を与えられていないにもか
かわらず，契約を有利に進めようと考え，契約書に「Y 会社代表取締
役 C」と表示し，C の印鑑を押して文書を作成した。

Ⅲ-15-7　私文書偽造等罪（159 条）

(1)　私文書偽造等罪

　私文書偽造等罪は，その 1 項において，行使の目的で，他人の印章・
署名を使用して，または偽造した他人の印章・署名を使用して権利，
義務，事実証明に関する文書・図画を偽造すること（**有印私文書偽造罪**）
を，2 項において，他人が押印・署名した権利，義務または事実証明に
関する文書・図画を変造すること（**有印私文書変造罪**）を，ならびに，
3 項において，他人の印章・署名の記載を欠く，権利，義務，事実証明
に関する文書・図画を偽造・変造すること（**無印私文書偽造罪・無印私
文書変造罪**）を処罰している。客体が有印の場合には，社会的信用力
の高さの点から，無印の場合よりも法定刑が高くなっている。本罪は，
私文書についての有形偽造を処罰するものである。私文書についての
無形偽造は，160 条の虚偽診断書等作成罪だけが処罰されている。

　本罪の客体は，私文書，私図画，すなわち，他人の権利，義務また
は事実証明に関する文書等である。他人とは私人にかぎらない。法人，
団体，外国の公務所・公務員の作成すべき文書も，本罪の客体に含ま
れる。「権利・義務に関する文書」とは，私法上・公法上の権利・義務
の発生・存続・消滅の効果を生じさせることを目的とする意思表示を
内容とする文書をいう。判例によれば，たとえば，契約書，借用書，
受領書などがこれにあたる。「事実証明に関する文書」とは，実社会生
活において交渉を有する事項を証明するに足りる文書をいうとするの
が判例の見解であり，その中で法律上あるいは取引上重要な文書に限
定すべきであるとするのが学説である。判例によれば，たとえば，衆
議院議員候補者への推薦状，政党機関誌に掲載された広告文，私立大
学の成績原簿，私立大学の入学選抜試験の答案（最決平成 6・11・29 刑
集 48・7・453）がこれにあたる。求職のための履歴書に関し，最決平成
11・12・20 刑集 53・9・1495 は，指名手配されていた A は，素性が明
らかになるのを免れるため，偽名を用いて就職しようと考え，B とい
う架空の氏名，虚偽の生年月日・住所・経歴等を記載したうえ，その
名下に B の印鑑を押して雇用主側に提出したが，その履歴書には A
自身の顔写真を貼付していたという事案に，「文書の性質，機能等に照
らすと，たとえ被告人の顔写真がはり付けられ，あるいは被告人が右
各文書から生ずる責任を免れようとする意思を有していなかったとし
ても，これらの文書に表示された名義人は，被告人とは別人格の者で
あることが明らかであるから，名義人と作成者との人格の同一性にそ
ごを生じさせたものというべきである」と判示した。もっとも，入試
答案については，それ自体が直接，社会的に重要な事実を証明するわ
けではないことから，事実証明に関する文書にはあたらないとする見
解も有力である。

　有印私文書偽造罪の行為は，行使の目的で，上述の私文書・私図画
を偽造することである。有印私文書変造罪の行為は，行使の目的で，

上述の私文書・私図画を変造することである。私文書等にいう「署名」は，自署にかぎるとするのが多数説である。

　無印私文書偽造・変造罪は，行使の目的で，他人の印章および署名のない上述の私文書・私図画を偽造・変造する行為を処罰するものである。本罪の客体としては，銀行の出金票・支払伝票などがある。

(2)　他人名義の冒用，代理資格・代表資格の冒用，肩書の冒用

　私文書の「有形偽造」の理解をめぐっては，以下のような点について争いがある。

　有形偽造とは，作成権限のない者が他人名義を冒用することをいうところ，前述のように，作成者の意義については，通説は観念説にたって，文書に記載をさせた意思の主体であると理解している。

　そこで問題となるのが，代理権・代表権のない者が代理資格・代表資格を冒用して文書を作成した場合の，文書偽造罪の成否である（代理資格・代表資格の冒用）。たとえば，Xの代理権を有していないAが，「X代理人A」という名義で文書を作成した場合，私文書の有形偽造は成立するであろうか。かつての有力説は，Aは自分の意思を文書に証明しているのでAが作成者であり，かつ，文書の名義人もAであるから，作成者と名義人が一致するので有形偽造にはあたらず，ただ，AはXの代理人ではく，肩書き，資格が冒用され，代理資格を偽った点に内容の虚偽が存するから，無形偽造罪が成立すると解していた（私文書についての無形偽造は，前述の通り，原則として不可罰である）。これに対して，判例は，以前から，代理・代表名義の文書は文書内容にもとづく効果が代理・代表された本人Xに帰属する形式のものであるから，その名義人はXであり，X代理人という代理名義を冒用して文書を作成する行為は，有形偽造にあたるとしている。最決昭和45・9・4刑集24・10・1319は，学校法人の理事であるAらは，無権限で，理事会でAが理事長に専任されたなどの虚偽の事実を記載した「理事

会決議録」を作成し，「理事録署名人 A」と記名し A の印を押して文書を作成したという事案につき，代理名義の文書は，その効果が代理された本人（理事録署名人）に帰属する形式のものであることを根拠に，その名義人は本人であるとして，私文書偽造罪の成立を認めている。このように，今日の判例・通説は，「法的効果の帰属する主体が（代理・代表された）本人である」ことから，名義人は本人であるとし，当該文書の成立につき責任を負うべき者の表示意思にもとづかないという理由で，当該文書に対する公共の信用を害していると理解し，有形偽造の成立を肯定している。なお，最決平成 15・10・6 刑集 57・9・987 は，ジュネーブ条約にもとづく国際運転免許証の発給権限を有しない「国際旅行連盟」という実在の団体名義で国際運転免許証に酷似した文書1 通を作成したという事案に有形偽造の成立を認めた。上記発給権限を有する者が作成したということが当該文書に対する公共の信用の基礎になっているのであって，現実の作成者はそのような権限がないのであるから，名義人（発給権限を有する団体）と作成者（発給権限のない団体）との人格の同一性のそごが肯定できるとしているのである。

　同様の問題は，代理・代表権を与えられている者が，その権限を不当に行使した場合にも生じる。この問題については，一般に，代理権・代表権を有する者が，その権限を越えて本人名義の文書を作成した場合（越権代理）には文書偽造にあたり，その権限の範囲内で，権限を濫用して文書を作成した場合（代理権限の濫用）には，文書の公共の信用を害していないとして，（背任罪の成立はともかく）文書偽造にはあたらないとしている（最決昭和 33・4・11 刑集 12・5・886 参照）。

　さらに，肩書の冒用が文書の偽造にあたるかについても争いのあるところであるが，これに関しては，当該文書の性質を考慮して，本質的な属性に関する偽りがあって，人格の同一性にそごが認められるかによって決せられることになる。たとえば，会社の「課長」である A が見栄を張って「部長」という肩書を同窓会名簿に記載しても偽造と

はならないが，Aが「部長」決裁文書を作成した場合は偽造となろう。判例においても，ある弁護士と同姓同名であることを利用して，その弁護士の名義で文書を作成・行使したときには，その名義人は当該弁護士であって，弁護士資格を有しない行為者とは別人格の者であるから，「文書の名義人と作成者との人格の同一性にそごを生じさせたものという」ことになり，私文書偽造罪・同行使罪が成立するとされている（最決平成5・10・5刑集47・8・7）。

　最後に通称名の使用と偽造罪の成否についても同様の理解が妥当する。たしかに，行為者がペンネームを使用して文書を作成しても，それが一般に通用している場合には，文書偽造にあたらないであろう。もっとも，一定の地域でその通称名が通用していても，自己以外の名前を使用することで別の人格を表示することになる場合には，名義人と作成者との人格の同一性が偽られたことになる。判例では，交通反則切符中の供述書を作成する際に，かぎられた範囲で通称として使用していた義弟の名前を使用したという事案で，通称を用いて特定の文書を作る行為が文書の信用性を害するときには，他人の名義を冒用したといえるとされ（最決昭和56・12・22刑集35・9・953），また，密入国者が他人名義で発行された外国人登録証明書を取得し，その後登録事項確認申請を繰り返し，その名称が相当広範囲で定着していても，その通称を用いて再入国許可申請書を作成・行使したときには，私文書偽造，同行使罪が成立するとされている（最決昭和59・2・17刑集38・3・336）。

(3) 名義人の承諾

　名義人の承諾があれば，文書に示された意思または観念の主体と作成者との間に人格の同一性について偽りがなく，私文書偽造罪の構成要件該当性が阻却され，文書偽造罪は成立しない。有効な承諾があれば，名義人の名義を冒用しておらず，真正文書にほかならないからである。欺罔手段に用いるなど，違法な目的にもとづく承諾であっても，

作成名義の冒用がないかぎり偽造ではない（このような承諾による可罰性の否定は，私的自治の原則が適用される私文書にかぎられる）。

　もっとも，判例は，本来その名義人自身によって作成されることだけが予定されているような文書については，承諾があっても偽造罪が成立するとしている。たとえば，交通反則切符中の違反者が作成すべき供述書の末尾に，違反者 A が（運転免許証は自宅に置き忘れてきたと欺き）あらかじめ承諾を得ていた友人 B の氏名を用いて署名する場合（最決昭和 56・4・8 刑集 35・3・57，最判昭和 56・4・16 刑集 35・3・107），また，甲私立大学に入学を希望している D に合格点を取らせるため，いわゆる替え玉受験を行うという共謀のもと，C が答案用紙の氏名欄に D と記入などして，D 名義の答案を作成した場合（東京高判平成 5・4・5 高刑集 46・2・35），いずれも私文書偽造罪が成立するとしている。この判断に対しては，表示内容について責任の引受けが B や D には不可能であり，名義人への責任の転嫁・効果の帰属がありえないことから，承諾を与えた者は作成者とはなりえず，名義人（B，D）と作成者（A，C）との間に人間の同一性のそごが生じていることを理由として支持する立場が多数説であるが，承諾がある以上，当該文書はその意思表示にもとづいて作成されていることを理由に，また，名義人である B，D が文書の内容（交通違反の事実，答案に示された内容）について責任を引き受けていることを理由に，有形偽造は成立しないとする批判もある。なお，多数説の立場に立てば承諾を与えた者，依頼者には，共同正犯か幇助犯が成立しうる。

III-15-8　虚偽診断書等作成罪（160 条）

　虚偽診断書等作成罪は，医師（歯科医師を含む）が公務所に提出すべき診断書等に虚偽の記載をすることで成立する。信用度が低い私文書の無形偽造は一般に犯罪とはならないなかで，本罪は，虚偽の私文書作

成（無形偽造）を例外的に処罰するものである。

本罪の主体は，私人としての資格の医師であり，したがって本罪は真正身分犯である。公務員である医師が虚偽の診断書を作成すれば，虚偽公文書作成罪が成立することになる。

本罪の客体は，診断書・検案書（医師の診察を受けないで死亡した者の死亡を確認する医師の証明書＝死体検案書）・死亡証書（埋葬許可証を得るための証明書＝死亡診断書）である。これらは，権利，義務の発生・変更に重大な影響を与える法律関係の証明書類として重要な文書であり，その内容の真実性がとくに要求されていることから，このような規定が設けられている。

本罪の行為は，行使の目的をもって（通説），事実や判断に関して虚偽，すなわち真実に適合しない記載をすることである。死亡の原因を偽る，死亡の日時を変更するなどの行為がこれにあたる。内容が真実であるのに，行為者が虚偽であると誤信した場合には，本罪は成立しない。既遂時期は，診断書等が作成された時点であり，提出されたことは要件ではない。

III-15-9 偽造私文書等行使罪（161条）

偽造私文書等行使罪は，私文書偽造等罪における偽造・変造された私文書・私図画，および，虚偽診断書等作成罪における虚偽の記載がなされた診断書等を行使した場合に成立する（1項）。未遂も処罰される（2項）。本罪と私文書偽造等罪，および本罪と詐欺罪とは牽連犯となる。

III-15-10 電磁的記録不正作出罪（161条の2①，②）・不正電磁的記録供用罪（161条の2③）

私電磁的記録不正作出罪（1項）は，私電磁的記録を不正に作ること

（不正作出）により成立する犯罪である。本罪の保護法益は，上述のように，電磁的記録の証明機能である。

　本罪の客体は，人の事務処理の用に供する権利・義務または事実証明に関する電磁的記録である。「人」とは，行為者以外の私人をさし，法人もそれに含まれる。したがって，企業の経営者が，脱税の目的で，その管理する電磁的記録に虚偽のデータを入力しても，本罪にはあたらない。「事務」とは，その性質を問わず，財産的なものでも身分的なものでもかまわない。「権利，義務または事実証明に関する」とは，私文書偽造と同様，その電磁的記録の内容が，権利，義務の発生，存続，変更，消滅に関する事実にかかり，または社会生活上の重要な利害に関し，かつ，法的になんらかの意味がある事実にかかることをいう。権利，義務に関する電磁的記録の例としては，銀行の預金元帳ファイルの残高の記録，自動改札機用定期券・乗車券の磁気記録部分などがあり，事実証明に関する電磁的記録の例としては，キャッシュカードの磁気ストライプの記録，ホストコンピュータ内の顧客データベースファイルの記録などがある。

　本罪の行為は，電磁的記録を不正に作ることである。「不正に作る」とは，多数説によれば，作成権限なく，または，作成権限を濫用して，電磁的記録作出権者の本来的意図に反する電磁的記録をほしいままに作出して，存在させることをいう（したがって，自営業者が脱税の目的で虚偽の帳簿等の記録を作り出すことは，記録の作成権者によるものであるから，本罪にあたらない）。これに対して，そのような前提にたつと，私文書について無形偽造を広く処罰することになってしまうとして，不正作出については，「作成権限なく」の意味に限定して解するべきであるとする理解もあるが，公文書虚偽作成に対応する場合が処罰されないことになることから少数説にとどまっている。したがって，私文書においては原則として不可罰とされていた無形偽造に相当する類型も，電磁的記録においては可罰的となっている。本罪にあたるのは，権限

がないのに，あるいは，一定の権限を有する者がこれを濫用してデータを勝手に入力し，あるいは既存のプログラムに改変を加えてコンピュータの設置運営主体の意図しない電磁的記録を作り出す場合などである。

本罪の故意は，作出権者の本来的目的に反することの認識・認容である。本罪にいう目的は，人の事務処理を誤らせること，すなわち，当該電磁的記録にもとづいて行われる他人の事務処理を妨害し，他人が本来意図していたところとは違うものとすることである。したがって，他人の電磁的記録の不正コピーによる入手などは，本罪にあたらない。

公電磁的記録不正作出罪とは，公電磁的記録を不正に作成することである。公電磁的記録は，私電磁的記録よりもその社会的信用性が高く，その証明力も高いことを理由とした加重処罰規定である。公電磁的記録の例としては，自動車登録ファイル，住民基本台帳ファイルがある。

不正電磁的記録供用罪は，不正に作られた権利，義務または事実証明に関する電磁的記録を，人の事務処理を誤らせる目的で，人の事務処理の用に供した場合に成立する。

本罪の客体は，不正に作られた権利・義務または事実証明に関する電磁的記録である。供用者自身が不正に作出したものでなくてもよい。

本罪の行為は，「人の事務処理の用に供する」ことである。たとえば，不正に作出された電磁的記録を電子計算機にかけ，事務処理のために使用しうる状態におくことをいう。文書偽造罪にいう行使に対応する。具体的には，不正に作出したキャッシュカードを CD（現金自動支払機）に差し込む場合などがこれにあたる。

不正な電磁的記録を他人の事務処理に供し，これが使用しうる状態に達すれば既遂となる。

本罪は目的犯であるが，その目的とは，人の事務処理を誤らせることである。

第16章　有価証券偽造の罪

　有価証券は，今日の社会における経済取引の手段として，通貨に準じる重要な決済手段であることから，その公共の信用を保護するため，刑法 18 章に有価証券偽造の罪が規定されている。これには，有価証券偽造等罪（162 条 1 項），有価証券虚偽記入罪（162 条 2 項），偽造有価証券行使等罪（163 条 1 項），そして同未遂罪（163 条 2 項）が含まれる。有価証券偽造の罪の保護法益は，有価証券の真正に対する公共の信用である。

III-16-1　有価証券偽造等罪（162 条 1 項）

(1)　客　体

　本罪の客体は，公債証書，官庁の証券，会社の株券，その他の有価証券である。「有価証券」とは，財産上の権利が表示された証券であって，証券上表示された権利の行使または処分については，その証券の占有を必要とするものをいう。公債証書の例としては国債証書，地方債証書が，官庁の証券の例としては郵便為替証書などがある。その他の有価証券には，手形，小切手，貨物引換証，倉荷証券，鉄道乗車券，宝くじ，商品券などが含まれる。鉄道乗車券，勝馬投票券などにおけるように，かならずしも流通性を必要としない。

　テレホンカードについては，かつて，判例においては，有価証券にあたると解されてきた。しかし，有価証券は文書であり，人に対して行使するものであるところ，磁気情報を含むテレホンカードには可視性，可読性がなく，機械に使用するものであることを理由として，批判が少なくなかった。そこで，2001（平成 13）年の刑法の一部改正で支払用カード電磁的記録に関する罪が新設され，これによって，立法

的な解決がなされるに至った。

(2) 行　為

　本罪の行為は，行使の目的で，偽造，または変造することである。

1. 偽　造

　本罪における「偽造」とは，行使の目的で，作成権限のない者が他人の名義を冒用して有価証券を作ることをいう。一般人をして真正な有価証券であると誤信させる程度の形式・外観を有すれば足り，かならずしも法律の定める要件をすべて備えていることを要しない。

　有価証券の一般的な作成権限を有する者でも，その権限の範囲を越えて，ほしいままに有価証券を作成する行為は偽造となるが，他方で，代理権・代表権を有する者が，その権限の範囲内で，単に権限を濫用して自己または第三者の利益のために有価証券を作成しても，本罪は成立しない。最決昭和43・6・25刑集22・6・490は，上司の決裁を受けることなく組合長振出名義の融通手形を作成したという事案で，被告人は単なる起案者，補佐役として手形作成に関与していたにすぎないものであって，実質的には手形の作成権限そのものがなかったことから，有価証券偽造罪の成立を肯定している。本決定では，多数説と同様に，実質的に有価証券を作成する権限があるかという基準に照らして，内部的制約によって作成権限がないと判断されたものということができる。

　偽造される有価証券には，原則として作成名義人が存在しなければならないが，一般人が真正に成立した有価証券であると誤信するに足りる程度に作成されていれば，発行名義人の記載はなくても，あるいは架空人名義のものであっても偽造となるとされている（判例）。

2. 変　造

　「変造」とは，行使の目的で，権限を有しない者が，真正に成立した他人名義の有価証券に，ほしいままに変更を加えることをいう。有価

証券の本質的部分に変更を加えて，新たに有価証券を作成したとみられる場合には，偽造にあたることになる。たとえば，通用期間が経過して無効となった定期乗車券の期日に変更を加えて，新たな効力を有するように見せかけた場合には，偽造にあたる。

III-16-2　　有価証券虚偽記入罪（162 条 2 項）

(1)　客　体

本罪の客体は，有価証券であるが，かならずしも私法上有効なものであることを必要とせず，一般人をして真正の有価証券と誤信させる程度の外観を具備するものであれば足りる。

(2)　行　為

本罪の行為は，行使の目的で，「虚偽の記入」をすることであるが，虚偽の記入の意義の理解については，見解の対立がある。判例は，有価証券の発行，振出など基本的証券行為についての無形偽造（現実には物の引渡しがないのに貨物引換証を発行するなど，作成権限のある者による内容虚偽の有価証券の作成など）のほか，裏書，引受，保証という付随的証券行為に関する無形偽造ならびに有形偽造（権限なく，小切手に裏書をすることなど）をも含むと解している。これに対して，多数説は，虚偽記入とは，基本的証券行為であると付随的証券行為であるとを問わず，作成権限を有する者が，有価証券に内容虚偽の記載をなすことをいうと理解している。前者によれば，付随的証券行為に関する有形偽造は「虚偽の記入」となるが，後者によれば「偽造」にあたることになる。いずれにしても，162 条の適用を受けるのであるが，理論的明確性は，多数説の側にあるといわれている。

Ⅲ-16-3 偽造有価証券等行使罪（163 条）

本罪の客体は，偽造・変造された有価証券または虚偽の記入がある有価証券である。

本罪の行為は，偽造の有価証券等を行使すること，または行使の目的で，偽造の有価証券等を人に交付し，もしくは輸入することである。

「行使」とは，偽造有価証券を真正なものとして，また，虚偽記入の有価証券を真実を記載した有価証券として使用することをいう。通貨偽造の罪におけるように流通におく必要はない。

本罪は，他人の認識しうる状態におくことで既遂に達する。

「交付」とは，情を明かして，偽造・変造された，または虚偽の記入をした有価証券を他人に与えることをいう。

第17章 支払用カード電磁的記録に関する罪

対面的取引での支払い手段として，クレジットカードのような支払用カードが広く普及している現在，このような支払用カードの社会的信頼を保護することは刑法上の重要な課題となっている。そこで，支払用カード電磁的記録に関する罪は，クレジットカード，プリペイドカードなどの支払用カードの磁気情報を機械的手段を用いて不正に取得し，それによって得た磁気情報を用いたカードを偽造することや，カード作成用の器機や原料などを準備する行為を処罰するものである。たしかに，このような電磁的記録の不正作出行為は，161 条の 2 第 1 項（電磁的記録不正作出罪）によっても処罰しうるが，ⓐ同項の法定刑は有価証券偽造罪に比して低いこと，また，ⓑ電磁的記録不正作出等罪には輸入・交付罪がないこと，ⓒカード情報の不正取得自体の処罰が必要であること，ⓓ不正なカードの所持を処罰する必要性があった

こと，により新設された（刑法 2 条の改正（国外犯）と附則 2 項（関税定率法：輸入禁制品）参照）。

　支払用カード電磁的記録に関する罪の保護法益は，支払いシステムの安全かつ円滑な運用，そして支払いシステムに対する社会的信頼である。

III-17-1　支払用カード電磁的記録不正作出等罪（163 条の 2）

(1)　意　義

　1 項は，人の財産上の事務処理を誤らせる目的で，その事務処理の用に供する電磁的記録であって，ⓐクレジットカードその他の代金または料金の支払用のカードを構成するもの，ⓑ預貯金の引出用のカードを構成するものを，それぞれ不正に作った場合（不正作出）を処罰する。

　2 項は，不正に作られた 1 項の電磁的記録を，人の財産上の事務処理を誤らせる目的で，その事務処理の用に供した場合（供用）を処罰する。

　3 項は，不正に作られた 1 項の電磁的記録を構成部分とするカードを，人の財産上の事務処理を誤らせる目的で，譲り渡し，貸し渡し，または輸入した場合を処罰する。

　なお，これらの未遂も処罰されている（163 条の 5）。

(2)　保護法益

　本罪の保護法益は，支払用カードを構成する電磁的記録の真正，それを保護することによる支払用カードを用いて行う支払い決済システムに対する社会の信頼である。

(3) 客 体

　1項の客体は，人の財産上の事務処理の用に供する電磁的記録であって，支払用カードを構成する電磁的記録および預貯金の引出用のカードを構成する電磁的記録であり，2項の客体は，不正に作られた支払用カード電磁的記録であり，3項の客体は，不正に作られた電磁的記録を構成部分とする支払用カードである。

　「代金又は料金の支払用のカード」とは，商品の購入代金や役務の提供等の取引の対価を現金で支払うことに代えて決済するために用いられるカードである。例示されているクレジットカードのほか，プリペイドカード，ETC（電子料金収受システム）カード，商品購入などの対価を支払うためのカードも含まれる（おサイフケータイは，カードの形態を有していないので，含まれない）。

　「預貯金の引出用のカード」とは，郵便局，銀行などの各種金融機関が発行する預金または貯金にかかるキャッシュカードを意味する。デビット機能（即時振替決済機能）のついたキャッシュカードも含まれる。これに対し，生命保険カード，証券カード，貸金業者が発行するローンカード，航空会社のマイレージカード，量販店のポイントカードなどはこれに入らない（ポイントカードについては，その現金決済の一手段として利用されている現状に照らして，本罪の客体にあたるとする説が有力である）。

(4) 行 為

　本罪の行為は，1項では，支払用カードを構成する電磁的記録の不正作出，2項では，不正に作られた電磁的記録を人の財産上の事務処理の用に供すること（供用），3項では，不正に作られた電磁的記録の譲り渡し，貸し渡し，輸入である。これらの行為は，いずれも「人の財産上の事務処理を誤らせる目的」で行うことが必要であり，本罪は目的犯である。

　「人の財産上の事務処理を誤らせる目的」とは，不正に作られた支払用カードを支払いシステムの中で機械に対して使用し，他人の財産上の処理を誤らせる目的のことをいう。

　「不正作出」とは，権限なく，または権限を濫用して電磁的記録を作り出すことをいう。一般人が真正なものと誤信するような外観を備えている必要はない。

　「供用」とは，不正に作られた支払用カードの電磁的記録を他人の財産上の事務処理のため，それに使用される電子計算機で用いうる状態におくこと，すなわち，他人の事務処理のために用いることである。たとえば，テレホンカードを電話機に挿入したり，キャッシュカードを CD（現金自動支払機）や ATM に挿入したりすることである。カードを挿入後，その電磁的記録の内容を電子計算機が読み取り可能となった時点で本罪は既遂となる。

　「譲り渡し」とは，不正に作られた電磁的記録カードの処分権限を相手方に与えることをいう。「貸し渡し」とは，そのようなカードの使用のみを許可することである。「輸入」とは，不正に作られた電磁的記録カードを国外から国内に輸入することをいう。

III-17-2　不正電磁的記録カード所持罪（163条の3）

　本罪は，人の財産上の事務処理を誤らせる目的で，不正に作られた電磁的記録カードを所持した場合を処罰するものである。本条が立法された理由は，不正に作られた電磁的記録カードは反復的な使用が可能であるため，その所持による法益侵害の可能性が高いこと，不正に作られた電磁的記録である支払用カードは，その内容・外観ともに真正なものとまったく異ならないため，それが機械に挿入された段階では，それを発見し犯人を検挙することも，カード使用を未然に防ぐことも困難であることによる。

　本罪の行為である「所持」とは，カードの保管について事実上の実力的支配をしていることをいう。したがって，自宅で保管していることも所持にあたる。所持は，「人の財産上の事務処理を誤らせる目的」で行うことが必要である。なお，所持の対象は，完成したカードでなければならない。未完成品を所持した場合は，本罪は成立せず，163条の4第3項の準備罪に該当する。

III-17-3　支払用カード電磁的記録不正作出準備罪（163条の4）

　本罪は，ⓐ163条の2第1項の犯罪行為の用に供する目的で，同項の電磁的記録の情報を取得した場合（1項前段），ⓑ情を知って，その情報を提供した場合（1項後段），ⓒ不正に取得された163条の2第1項の電磁的記録の情報を，同項の犯罪行為の用に供する目的で保管した場合（2項），ⓓ163条の2第1項の犯罪行為の用に供する目的で，器械または原料を準備した場合（3項）を処罰する。なお，ⓐとⓑの未遂は処罰される。

　本罪の客体は，「支払用カードを構成する電磁的記録の情報」である。これをカードに印磁すれば直ちに真正な支払用カードとして利用が可能となる情報をいう。

　本罪の行為は，カード情報のⓐ取得，ⓑ提供，ⓒ保管，そして，カード情報を取得する目的でのⓓ器機・原料の準備である。ⓐの典型的な例は，カード情報をスキマー（電子器機）を用いてスキミングする（盗む）ことである。ⓑは，カード情報を相手方の利用できる状態におくことをいう。ⓒは，カード情報を自己の実力的支配関係内におくことをいう。ⓓは，支払用カードの不正作出に必要な器機，原料を買い入れるなどして，これを利用してその目的を遂行することができる状態におくことをいう。

:【設問26】を考えてみよう:

　①名義人の承諾があれば，文書に示された意思または観念の主体と作成者との間に人格の同一性についてそごがなく，文書偽造罪は成立しない。しかし，判例・通説は，本来その名義人自身によって作成されることだけが予定されているような文書については，承諾があっても偽造罪が成立するとしている。たとえば，交通事件原票中の供述書や，本問におけるような大学入試答案などがこれにあたる。本問において，Ｂには答案についての責任の引受けができないことから，名義人と作成者が一致しないとして，Ａには，有印私文書偽造，同行使罪が成立する。

　②今日の判例・通説によれば，「法的効果の帰属する主体が本人である」との理解から，代理・代表名義の文書は，文書内容にもとづく効果が代理・代表された本人Ｙに帰属する形式のものであり，その名義人はＹであるとされることになる。したがって，ＣがＹ代理人という代理名義を冒用して文書を作成する行為は，名義人がＹ，作成者がＣとなることから，有形偽造にあたることになる。Ｃには，有印私文書偽造罪が成立する。

IV 国家的法益に対する罪

Theme 27

> 悪いことをしていないとの確信があれば，警察官の逮捕に反抗
> してよいか。強盗犯人が自身の家族に逃走資金を都合させた場
> 合，犯罪となるか。

【設問27】

① 警察官 X と Y が，通報を受けて，公園で A と一緒にいた B を銃刀
法違反の現行犯人として逮捕しようとしたが，A も何かを隠そうとす
るなど挙動不審であったため，X らは A をも逮捕しようとしたところ，
A は，やましいところはなく，逮捕されるいわれはないとして X らに
殴るなどの暴行を加えて抵抗した。A の罪責を論ぜよ。

② 殺人を犯した C は，愛人 D に真実を話したうえで，犯行当日は D
宅にいたと口裏をあわせてほしいと依頼し，さらに，配下の E に，C の
身代わり犯人として警察に出頭するように申し向けた。その後，C が
警察によって殺人事件の被疑者として逮捕・勾留されると，参考人と
して警察に呼ばれた D は，C の依頼どおり虚偽の供述をし，作成され
た供述調書の末尾に署名押印を行い，また，E も C の依頼に応じて警察
に出頭し自分が犯人であると申し述べたが，D や E の試みは奏功せず，
C の逮捕・勾留が解かれることはなかった。D と E の罪責を論ぜよ。

第18章 公務の執行を妨害する罪

刑法 5 章の「公務の執行を妨害する罪」は，国家および地方公共団体

が行う，立法・司法・行政といった公務の適性かつ円滑な遂行を保護しようとするものである。現行法は，そのために，狭義の公務執行妨害罪（95条1項），職務強要罪・辞職強要罪（同2項），封印等破棄罪（96条）を規定している。本章には，そのほかに強制執行妨害目的財産損壊等罪（96条の2）などの犯罪も規定されているが，これらの罪は，今日では国家的法益とあわせて個人的法益を保護するという側面が強いと解されている。ここでは，公務の執行を妨害する罪の中でもっとも典型的である，公務執行妨害罪と職務強要罪・辞職強要罪を取り上げることにする。

IV-18-1 　公務執行妨害罪（95条1項）

(1)　保護法益

公務執行妨害罪の保護法益は，公務員によって執行されている公務，すなわち，国または地方公共団体の公務の円滑な遂行である。公務員は行為の客体であって，保護法益ではない。

本罪は，職務を執行している公務員に対して暴行・脅迫を加えることによって成立する，公務妨害罪の抽象的危険犯である。

(2)　職　務

本罪の対象となる「職務」には，強制的な公務にかぎらず，一般的事務取扱いも含まれる。問題は，業務妨害罪によって保護される非権力的・私企業的・現業的公務をも含むかどうかであるが，判例・多数説はそれらを含むと解している一方，そのような公務を業務妨害罪と公務執行妨害罪とで二重に保護する必要はないとする否定説も有力である（前述114頁参照）。

(3)　「執行するに当たり」

　本罪は，公務員が職務を「執行するに当たり」，すなわち職務を執行する際に公務員に暴行・脅迫を加えることにより成立し，職務の執行の開始前やその完了後である場合には成立しない。職務行為の範囲内にあるか否かの判断は，「当該職務の執行と時間的に接着しこれと切り離しえない一体的な関係にあるとみることのできる範囲内の職務行為」といえるかによって判断される（最判昭和53・6・29刑集32・4・816〔長田電報局事件〕）。たとえば，職務の執行中に職務を一時停止したり，中断している場合，職務の執行のための待機・準備行為，業務終了後に事務引継ぎ場所に向かう行為，議会の委員会で委員長の休憩宣告後における退室行為（最決平成元・3・10刑集43・3・188）などは職務執行の範囲内とされている。他方，職務を完全に中断し休憩する場合や仮眠中の場合は，職務執行に含まれない。

(4)　職務執行の適法性

　本罪の保護を受ける職務執行は，適法なものにかぎられる。この職務執行の適法性については，当該公務員がその種の行為を行う抽象的職務権限（一般的権限）を有すること，および，当該職務行為をなす前提条件が備わっているという意味での具体的権限があること，さらに，その職務を行うにつき定められた法律上重要な手続・方式を履践していることが必要であるとされている。逮捕状が出ているのにこれを告げなかったり，その旨は告げたが犯罪事実の要旨を告げない場合には，逮捕行為は違法となる。もっとも，わずかな手続的瑕疵が存するにすぎないという場合には，その職務行為の適法性はかならずしも否定されるものではない。

　職務執行の適法性の判断基準については，法令に照らして客観的に判断されるとする客観説が判例・多数説であり，当該公務員の判断によるとする主観説や，一般人の判断によるという折衷説は，いずれも

少数説にとどまっている。なお，事後的に誤認逮捕であったことが判明しても，行為時に相当な理由があれば，その逮捕は違法となるものではないとするのが多数説である（行為時基準説）。

(5) 暴行・脅迫

本罪における実行行為は，いわゆる広義の暴行・脅迫をいう。すなわち，暴行は，公務員に向けられた不法な有形力の行使であればよく，かならずしも直接に公務員の身体に対して加えられる必要はなく（間接暴行），また，当該公務員に対するものでなく，その補助者に向けられたものでもよい。判例は，差し押さえられた物件（覚せい剤注入アンプル）を投棄・破壊する行為でも本罪にいう暴行にあたるとしているが，公務員の身体に対する物理的影響は必要であるとする批判もある。

なお，本罪の保護法益は公務であるから，罪数は妨害された公務の数によって決定される。複数の暴行・脅迫がなされても妨害された公務の数が1個であれば，包括して1個の公務執行妨害罪が成立するにすぎず，1個の暴行・脅迫により複数の公務が妨害された場合には，複数の公務執行妨害罪は観念的競合の関係に立つことになる。

(6) 適法性に関する錯誤

公務員による適法な職務執行に対して，行為者がそれを違法なものと誤信して暴行・脅迫を加えた場合の取扱いについては，見解は分かれている。判例は，違法性の錯誤であって故意を阻却しないとするが，学説では，適法性を基礎づける事実と適法性評価そのものとを区別し，前者についての錯誤を事実の錯誤（警察官を暴漢と誤認した場合），後者についての錯誤を違法性の錯誤（警察官であってもそのような職務執行は許されないと誤信した場合）とする二分説が多数説となっている。

IV-18-2 　職務強要罪・辞職強要罪（95 条 2 項）

　公務執行妨害罪が現実の職務の執行を保護の対象とするのに対して，**職務強要罪・辞職強要罪**は，公務員の将来の職務を保護の対象とし，これを害しうる暴行・脅迫が行われた段階で処罰するものである。公務執行妨害罪の補充的規定の意味をも有し，そのため本罪は目的犯となっている。

　本罪の行為は，公務員にある処分をさせるため，もしくは，ある処分をさせないため，または，職を辞めさせるためという目的のうち，いずれかの目的をもって暴行・脅迫をなすことであり，その時点で本罪は直ちに既遂となる。その目的が実現したか否かは問わない。

　違法な処分をさせる，あるいは，適法な処分をさせないという場合と異なり，問題となるのは適法な処分をさせるために行う場合であるが，適法な処分とはいえ，暴行・脅迫という違法な手段を用いて強制することは許されるべきではないので，一般には本罪の成立が肯定されよう。一方，違法な処分をさせないために行うときは，公務執行妨害罪の場合と同様，当該処分の適法性が本罪の成立要件となるので，本罪は成立しないと解されている。

第19章　司法に対する罪

　本章では，国家の作用に対する罪の中で，**司法に対する罪**として，犯人蔵匿・証拠隠滅の罪と偽証の罪を扱う。前者は，刑事司法の対象となっている人の身柄の確保や証拠の保全・利用に対する妨害行為，後者は，刑罰権・懲戒権の誤った発動に結びつく妨害行為を処罰の対象とするものである。

　まず，刑法 7 章の「犯人蔵匿及び証拠隠滅の罪」は，国家の刑事司

法作用の適正な実現を害する行為をその対象とする。したがって，保護法益は国家の刑事司法作用である。これらの罪は，かつては共犯の一種である事後従犯として考えられていたが，現在では，犯罪がすでに終了した後の行為を内容としているので共犯ではないと解されている。なお，親族が犯人庇護のためにこれらの犯罪を犯すことが少なくないことから，この場合に関する特例が定められている（105条。1958（昭和33）年に証人の保護のために証人威迫罪（105条の2）が設けられたが，その目的は，暴力団によるいわゆる「お礼参り」を防止することである）。

❖**刑事司法の適正化**

　　刑事司法制度の適正化によって，時代に即した，適正かつ新たな刑事司法制度の構築と，その円滑な運営を図ることを目的として，2016（平成28）年に刑事訴訟法等の一部を改正する法律が成立した。これによって，取調べの録音・録画制度，合意制度が導入されるとともに，刑法との関係では，犯人蔵匿等罪（103条），証拠隠滅等罪（104条）などの法定刑が引き上げられた。

IV-19-1　犯人蔵匿等罪（103条）

　本罪の客体は，「罰金以上の刑に当たる罪を犯した者」および「拘禁中に逃走した者」である。「罰金以上の刑に当たる罪」とは，法定刑として罰金以上の刑が含まれている罪をいう。「罪を犯した者」に関し，学説では，本条の文言を根拠として，また，真犯人でない者を匿うことは違法性も期待可能性も低いことから，真犯人にかぎるとする見解が多数説であるが，そのほか，嫌疑を受けている者，強く疑われている者をも含むと解する説もある。判例は犯罪の嫌疑によって捜査中の者も含むと解している。本罪の客体たるには，罰金以上の刑にあたる罪を犯した者であれば，すでに捜査が開始されていることは必要ではなく，その可能性があれば足りる。

　本罪の行為は，蔵匿および隠避である。蔵匿とは，官憲による発見・逮捕を免れるべき隠匿場所を提供し，犯人などをかくまうことである。

隠避とは，蔵匿以外の方法により官憲による発見・逮捕を免れさせる
手だてとなる一切の行為をいう。たとえば，逃走資金や変装用具を提
供する，身代わり犯人を立てて出頭させる（最決平成元・5・1刑集43・
5・405）などの有形的方法のほか，逃走の勧告，捜査情報を知らせる，
逮捕の義務のある警察官がことさら逮捕を怠るなどの無形的方法もあ
る。最決平成29・3・27刑集71・3・183は，犯人との間の口裏合わせ
にもとづいて，参考人として警察官に対して事故車両は盗まれたこと
にする内容の虚偽の供述をすることも犯人隠避にあたるとしている。

　本罪は故意犯であるから，以上の客体・行為についての認識が必要
である。「罰金以上の刑に当たる罪」であることについて正確に認識
している必要はないが，その程度の重さのある犯罪であることの認識
は必要である。

　なお，本罪の個数は，保護法益に照らして，客体たる犯人等の数に
よって決せられる。蔵匿と隠匿は，包括一罪となる。

IV-19-2　証拠隠滅等罪（104条）

　本罪の客体は，「他人の」刑事事件に関する証拠である。自己の刑事
事件の証拠を隠滅する行為については，期待可能性がないことから不
可罰である。争いがあるのは，それが同時に他人の刑事事件の証拠で
あるときにも本罪の成立が肯定されるかについてである。学説では，
他人の刑事事件であることを理由として本罪の成立を肯定する説と，
自己の刑事事件であり，期待可能性がないという点で変わりはないこ
とを理由として否定する説とがある。現在では，共犯者間において利
害が対立する証拠が存する場合もあることから，もっぱら共犯者のた
めにする意思で隠滅する場合には本罪にあたるとする折衷説が多数説
となっている。

　「刑事事件」に関する証拠にかぎられるので民事事件などの証拠は

本罪の客体とならないが，刑事事件には，現に裁判所に係属している被告事件，捜査中の事件，捜査開始前の事件のすべてが含まれる。

「証拠」とは，犯罪の成立，刑の量定に関する一切の証拠資料をいい，また，物的証拠，証拠書類，人的証拠としての証人・参考人も証拠に含まれる。

本罪の行為は，ⓐ証拠の隠滅，ⓑ証拠の偽造・変造，ⓒ偽造・変造された証拠の使用である。証拠の隠滅とは，証拠の顕出を妨げ，またはその証拠としての価値を滅失・減少させる行為である。証拠である物の物理的滅失・隠匿，あるいは，証人・参考人の隠匿などがその例である。偽造とは，存在しない証拠を新たに作成すること，変造とは，真実の証拠に加工してその証拠としての効果に変更を加えること，使用とは偽造・変造の証拠を真正のものとして提出することをいう。

参考人の虚偽供述が証拠に該当するかについては，争いがある。判例は，取調べの際の虚偽供述それ自体は証拠にはあたらないとし，また，虚偽が含まれる供述を捜査官が録取し作成された供述調書も一般には証拠にはあたらないとしつつも，上申書等の供述書や供述調書において積極的に虚偽の証拠が作出された場合には，本罪にいう証拠に該当するとしている（最決平成 28・3・31 刑集 70・3・58 参照）。

IV-19-3 犯人蔵匿罪・証拠隠滅罪についての関連問題

犯人あるいはその親族が第三者に犯人の蔵匿・隠避行為を教唆した場合，また，犯人あるいはその親族が第三者に犯人の刑事事件にかかる証拠の隠滅を教唆した場合，本罪が成立するかについては，見解の対立がある。①肯定説（最決令和 3・6・9 裁判所時報 1770・24）は，他人を罪に陥れるものであり，もはや期待可能性がないとはいえないこと，あるいは，防御権の濫用であることを理由とし，②否定説（多数説）は，犯人は正犯としてすら期待可能性がない以上，それよりも軽い犯罪形

式である共犯の場合には，なお一層期待可能性がないことを理由としている。

❖教唆犯へ「格下げ」されての処罰

　わが国では，共謀共同正犯が，有罪とされた共犯人員の 98％を占め，教唆犯は 0.2％，幇助犯は 1.9％にすぎないが，教唆犯については，そのほとんどが，正犯処罰を予定していないところの，したがって，共同正犯としても処罰できないとされる犯人蔵匿罪（103 条），証拠隠滅罪（104 条），偽証罪（169 条）に関するものである。いわば，教唆犯に格下げされて処罰が肯定されているのである。もっとも，犯人がこれらの罪を自ら行った場合には不可罰であるとしても，共同正犯として行った場合にもやはり不可罰とすべきかについては，今後，検討されるべきであろう。

　犯人自身による蔵匿・隠避あるいは証拠隠滅行為は不可罰であるが，その親族の行為についても，同様に適法行為の期待可能性が少ないという親族間の心情を考慮して，犯罪自体は成立するものの，刑の任意的な免除が規定されている（105 条）。争いがあるのは，親族と第三者および，親族と犯人の共犯関係の取扱いである。

　前者のうち，第三者が親族を教唆した場合については，親族に対する刑の免除は期待可能性の減少にもとづくのであり，また，責任評価は個別的になされるべきであるから，親族でない第三者にはその考慮は及ばず，第三者である教唆者に犯罪は成立し，刑の免除は認められない。逆に，親族が第三者を教唆して犯人蔵匿等の行為をさせた場合については，犯人蔵匿罪の共犯関係におけると同様に，防御権の濫用などを理由として，共犯者たる親族に 105 条の適用を否定するのが判例・多数説であるが，反対説も有力である。

　つぎに，後者のうち，犯人がその親族を教唆し証拠隠滅等を行わせた場合については，親族の正犯行為は犯罪として成立し，ただ 105 条の適用を受けて刑の免除が可能となり，他方，犯人自身の教唆行為については，そもそも教唆犯は成立しない，あるいは，刑が免除されると解されている。逆に，親族が犯人に証拠隠滅等を教唆した場合には，

犯人も親族も不可罰となる。

Ⅳ-19-4　偽証の罪（169 条）

　刑法 20 章の**偽証の罪**は，訴訟などの場で証人が偽りの証言をするな
ど，国の審判作用の適性さを害する行為を対象とする抽象的危険犯で
ある。したがってその保護法益は国の審判作用の適正である（このよ
うに解すると，現行刑法が偽証罪を通貨・文書偽造等の各種偽造罪の後に規
定していることは，体系的位置づけとしては不適切であるとされている）。
現行法は，狭義の偽証罪（169 条）と虚偽鑑定・虚偽通訳罪（171 条）を
規定している。刑を比較的重くしている一方で，自白による刑の任意
的減免の政策規定をおいている。以下では，狭義の偽証罪について検
討する（虚偽鑑定・虚偽通訳罪は，法律により宣誓した鑑定人，通訳人，
または翻訳人が，虚偽の鑑定，通訳，または翻訳することを処罰の対象として
いる）。

(1)　主　体

　本罪の主体は，「法律により宣誓した証人」である（身分犯）。宣誓は，
法律による，すなわち法律上の根拠にもとづくもので，かつ，有効な
ものでなければならない。宣誓は証人として陳述する前になされなけ
ればならないかについては，争いがある。判例・通説は，審判作用の
適正な運用に対する危険が事前宣誓の場合と異ならないことなどを理
由として，事後の宣誓（民訴規 112 条 1 項ただし書参照）の場合にも本
罪は成立するとしている。これに対して，「宣誓した証人」という文言
や宣誓の時期によって非難の程度に明らかな相違があることなどを理
由として，事前宣誓にかぎるとする反対説もある。

　証言拒否権を有する者がこれを行使しないで偽証した場合には，本
罪が成立しうる。共犯者や共同被告人が，被告人としてではなく，証

人として宣誓のうえ，証言拒否権を行使しないで偽証した場合も同様である。刑事被告人は証人になりえないので，かりに構成要件的行為を行っても，本罪は成立しない。

(2) 行　為

本罪の行為は，「虚偽の陳述」をすることである。虚偽の意味について，主観説（判例）は，陳述の内容が証人の記憶に反することをいうと解し，客観説は，陳述の内容が客観的事実に反することをいうと理解している。前者は，体験しない事実，記憶に反する陳述をすること自体に国の審判作用を誤らせる抽象的危険があるというのである。この立場では，証人が体験した事実を自己の記憶に従って陳述している以上，それが客観的事実に反していても本罪にあたらず，反対に，自己の記憶に反して陳述した以上，陳述内容がたまたま客観的事実に合致していても本罪が成立することになる。後者は，証人がその記憶に反する陳述を行っても，その陳述内容が客観的真実と合致しているかぎり誤判の具体的危険はなく，本罪を構成することはないという。主観説は，客観説にあっては，本罪の故意の内容は陳述内容が真実に反していることの認識ということになるが，証人が記憶に反する事実を真実と信じて陳述したが，客観的には虚偽であった場合も，構成要件的事実についての錯誤として本罪の故意が否定されることになりかねないと批判している。

なお，宣誓した証人が記憶しているにもかかわらず「記憶にない」との虚偽の陳述をなした場合には，本罪にあたる。事実をまったく黙秘している場合には，本罪ではなく証言拒否罪（刑訴161条，民訴200条）となる。

本罪の実行行為は，事前宣誓の場合には虚偽の陳述の開始時期に，事後宣誓の場合には宣誓の開始時期に認められる。既遂時期は，1回の尋問手続における陳述全体が終了したときである。したがって，そ

れまでに虚偽の陳述を訂正したときは，本罪は成立しない。

(3) 共 犯

刑事被告人自身は，自己の事件では証人にならないが，自己の刑事被告事件につき他人を教唆・幇助して虚偽の陳述をさせた場合の擬律については，見解の相違がある。偽証教唆・幇助罪の成立を否定する説が，被告人には期待可能性がないこと，証拠隠滅の場合と同じく正犯としては処罰されないのであるから共犯としてもその罪責を問われるべきではないこと，被告人の偽証教唆は自己の刑事被告事件に関する証拠隠滅の性格を有することなどを根拠とするのに対して，肯定説（判例・多数説）は，他人を罪に陥れてまで自己の利益を図ることは許容されない，また期待可能性がないとはいえない，憲法38条は自己に不利益な供述を拒否する権限を与えたにとどまり，虚偽の陳述をすることまでを許すものではないことなどを根拠としている。

(4) 自白による刑の減免（170条）

本特例は，偽証にもとづいて審判作用が害されることを未然に防止するための政策的な規定である。自白は自首にかぎらず，偽証の事実を認めることで足りることから，尋問されて自認する場合でもよい。本特例は，偽証教唆者にも適用される。

【設問27】を考えてみよう

①公務執行妨害罪にいう「職務」執行は適法な職務であることを要する。職務の適法性の判断基準については法令に照らして判断するという客観説が判例の立場であり，その判断は，行為時における事情を基礎になされるべきである。本問では，Bが現行犯逮捕されており，Aも不審事由があったというのであるから，Xらの現行犯逮捕行為は，適法な職務行為といえよう。これに対するAの抵抗行為は，公務執

行妨害罪にいう暴行にあたるが，Aは自分は逮捕される理由はないと考えていることから，Aには同罪の故意が欠けるのではないかが問題となる。判例は適法性に関する錯誤を違法性の錯誤として故意を阻却しないとしているが，有力説に従っても，錯誤について相当な理由があるとはいえないので，故意は阻却されない。Aには，公務執行妨害罪が成立する。

　②Eは，Cが「罰金以上の刑に当たる罪を犯した者」としてすでに逮捕・勾留された後に，真実の犯人であると偽って出頭している。このような行為も隠避にあたるかが問題となるが，判例は，本罪の保護法益を国家の刑事司法作用と理解し，隠避とは，蔵匿以外の方法により官憲による発見・逮捕を免れさせる手だてとなる一切の行為をいうとして，すでに逮捕・勾留された者にも隠避は可能であるとして，Eに犯人隠避罪が成立するとしている。Dについては，犯人隠避罪が成立するが，そのほか，参考人の虚偽供述が証拠偽造にあたるかが問題となる。この点については争いがあるところ，判例は，取調べの際の虚偽供述それ自体は証拠にあたらず，また，虚偽供述を捜査官が録取し作成された供述調書も証拠にはあたらないとしている。Dに対して虚偽供述を，Eに対して身代わり犯人になるように唆したCについては，他人を罪に陥れるものであり，もはや期待可能性がないとはいえないこと，あるいは，防御権の濫用であることを理由として，犯人隠避罪の教唆犯が成立することになる。

Theme 28

> お中元を子どもの担任の先生に贈ることは賄賂にあたるか。国
> 立大学の教授が，授業で使用する機材を学生が購入することの
> あっせんする行為は，賄賂罪にあたるか。

【設問 28】

　大手タクシー会社の社長であり，地域のタクシー協会の理事でも
あった B は，タクシーの燃料に新たに課税することを内容とする法案
が国会に提出され，衆議院国土交通委員会で審査中であったことから，
当該委員会の委員であった国会議員 A に対し，同法案の廃案を表明す
るとともに他の議員に対しても説得・勧誘することを依頼した。これ
を受けて A は他の議員に積極的に働きかけた結果，同法案は成立に至
らなかった。その後，A は，農林水産委員会の委員となったが，その
際，B はこれまでのお礼として 100 万円を A に手渡した。A の罪責を
論ぜよ。

第20章　賄賂の罪

　刑法典は，**賄賂の罪**として，収賄の罪と贈賄の罪とを規定している。
前者は，単純収賄罪（197 条 1 項前段），受託収賄罪（197 条 1 項後段），
事前収賄罪（197 条 2 項），第三者供賄罪（197 条の 2），加重収賄罪（197
条の 3 第 1 項，同 2 項），事後収賄罪（197 条の 3 第 3 項），あっせん収賄
罪（197 条の 4）であり，後者は，贈賄罪（198 条）である。旧刑法では，
収賄罪のみを規定し，明治 40 年の現行刑法制定時にも，収賄罪，加重
収賄罪および贈賄罪の規定が存するにすぎなかったが，その後徐々に
各規定が修正され，また，あっせん収賄罪という新たな犯罪類型も規

定され，さらに，加重収賄罪，事後収賄罪，あっせん贈賄罪（その後，
贈賄罪に統合された）などの法定刑が引き上げられて，今日にいたって
いる。

　なお，収受した賄賂については，収賄者から剥奪し，収賄者に不正
の利益を得させないとするのが法の趣旨であり，そのため，現行刑法
は，没収・追徴（197条の5）の法制度を整備し，総則における任意的
没収・追徴に関する19条，19条の2の規定の特則を定めている。

IV-20-1　保護法益

　賄賂の罪の保護法益については，公務員の職務の公正およびそれに
対する社会一般の信頼と理解する①信頼保護説が通説・判例である。
信頼保護説は，賄賂罪は，単純収賄罪においてそうであるように職務
行為の正・不正を問わず成立し，不正な行為にあっては刑が加重され
ることを根拠とする。しかし，この説には，そこで理解されている保
護法益は抽象的で，明確性に欠けるとの批判がある。一方，その保護
するところは公務員の職務行為が賄賂をもってして左右されることは
ないという点に存するとする②不可買収性説があるが，この説には，
あっせん贈収賄罪のようにかならずしも職務行為が利益の対価となっ
ていない犯罪の説明が困難であるとの批判がある。さらに，③職務の
不可買収性および公正であるとする説があり，そのなかでも，本罪の
保護法益を職務行為の公正に純化させる④純粋性説は有力で，この立
場は職務関連性を厳格に解する点に特徴がある。もっとも同説に対し
ては，この立場では，加重収賄罪が賄賂罪の基本類型となって，単純
収賄罪はその危険犯ということになってしまうとの批判がある。最後
に，⑤本罪の保護法益を公務員の清廉義務と理解する説があるが，こ
れにも，清廉義務違反のみでは本罪を説明しえず，清廉義務という保
護法益の概念はその内容が漠然としているとの批判がある。

　判例は，上述のごとく信頼保護説を採用し，そして，職務関連性に関しては他説よりも緩やかに解している。たとえば，最判平成7・2・22刑集49・2・1〔ロッキード丸紅ルート事件判決〕では，「賄賂罪は，公務員の職務の公正とこれに対する社会一般の信頼を保護法益とするものであるから，賄賂と対価関係に立つ行為は，法令上公務員の一般的職務権限に属する行為であれば足り，公務員が具体的事情のもとにおいてその行為を適法に行うことができたかどうかは，問うところではない。けだし，公務員が右のような行為の対価として金品を収受することは，それ自体，職務の公正に対する社会一般の信頼を害するからである」と判示している。

IV-20-2　　賄賂の意味

　賄賂とは，公務員の職務に対する不正な報酬としての利益をいう。賄賂は不正な報酬であるが，職務行為は不正であることを要しない。賄賂には，職務行為の対価として提供されたものであるという対価関係がなければならない。

　賄賂として供される利益は，金品その他の財産上の利益にかぎらず，およそ人の需要または欲望を満たす利益であれば，いかなるものであるかを問わない。したがって，たとえば，謝礼金，物品，債務の弁済，保証・担保の提供，芸妓の演芸，飲食物の饗応，異性間の情交，就職のあっせん，ゴルフクラブの会員権なども賄賂となる。そのほか，値上がりが確実であり，一般人において取得することが困難な未公開株式を公開価格で取得できる利益（最決昭和63・7・18刑集42・6・861〔新規上場株式取得事件〕）も賄賂となりうる。売買代金が時価相当額であったとしても，土地の売買による換金の利益が賄賂にあたるとされた事例も存する（最決平成24・10・15刑集66・10・990）。

　もっとも，中元・歳暮における社交的慣習ないし礼儀の範囲内にあ

る贈与はのぞかれる。たとえば，判例は，保護者からの教師に対する5000円の小切手の贈与が職務から離れた私的学習指導に対する感謝の趣旨等から出たときには賄賂にあたらないとしている（最判昭和50・4・24判時774・119）。

　賄賂の目的物となりうるか否かの判断に際しては，当該公務員と贈与者の関係，社会的地位，財産的価値，利益授受の経緯等が考慮されることになる。

IV-20-3　　賄賂罪の故意

　賄賂罪の主観的要件としては，目的物がその職務に関する不正な報酬としての対価であることの認識が必要である。しかし，この認識は意味の認識であって，刑法上の賄賂であることを認識する必要はない。客観的にも対価関係にあると認めうる一定の利益が交付された場合には，「それが賄賂であると認識することが困難であると解される特段の事情がない以上」賄賂性の認識があったということができるとするのが判例（最決平成11・10・20刑集53・7・641〔リクルート事件政界ルート〕）の立場である。

　行為者が正当な報酬であると考えていたり，対価性の認識がなかったり，あるいは社交儀礼の範囲内の贈与であるとの認識であった場合には，賄賂収受罪は成立しない。この場合には，贈賄側においても，賄賂供与罪ではなく，賄賂申込罪が成立するにすぎない。

IV-20-4　　職務関連性

　判例・通説である信頼保護説によれば，賄賂が職務に対する報酬であること，すなわち賄賂の**職務関連性**があってはじめて職務の公正に対する信頼が害されることになり，また，他説によっても，その理解

に広狭の差異はあれ，職務関連性は賄賂罪の成立にとって不可欠な要
件とされている。

(1)　「職務に関し」の意義

　賄賂罪は，公務員が，その職務に関し，賄賂を収受等することで成
立する犯罪である。その成立要件は，当該公務員が，その職務と対価
関係を有する金銭等の報酬を受け取ることであるが，そこにいう「職
務に関し」とは，職務行為（具体的職務権限および一般的職務権限内の行
為）自体に対する場合のほか，職務と密接な関連を有する行為（職務密
接関連行為）に対する場合も含むとされている（最判昭和25・2・28刑集
4・2・268）。前者にいう「職務」とは，公務員がその地位に伴い公務と
して取り扱うべき一切の執務を指称するとされており（最判昭和28・
10・27刑集7・10・1971），その範囲は，原則としては法令によって定め
られているが，かならずしも，法令に直接の規定があることを要しな
い。一般的な職務権限に属するもの，たとえば所属する課の仕事等で
あればよく，現に具体的に担当している事務であること（具体的権限・
事務分配）は必要ではない。また，後者の「職務密接関連行為」とは，
準職務行為または慣行上担当する職務行為とも称される行為である
（最決昭和31・7・12刑集10・7・1058，最判昭和51・2・19刑集30・1・47）。
この類型としては，本来の職務ではないが，慣行上担当している場合
の行為などのほか，市会議員の会派内における市会議長の候補者の選
定，国立芸大の教授による学生に対するバイオリン購入のあっせんな
ど，自己の職務権限にもとづいて事実上の影響力を及ぼしうる場合に
おける行為が挙げられている。これに対して，職務との密接関連性が
否定された例としては，農林大臣が，復興金融公庫から融資を受けよ
うとする者に，融資に必要な文書を作成する権限のある県の食料事務
所長へ紹介の名刺を交付する行為，工事誘致に関する事務担当者が，
希望に沿う土地が見つからなかった者にかねてより売却処分を依頼さ

れていた別の私有地をあっせんする行為などがある。

　職務行為の意義に関しては，判例では，さらに，警察官の職務上，座敷業者または芸娼妓等の営業または稼業に関して，刑事上または行政上の取締りもしくは警察権の行使をなすべき一般的職務権限を有している以上，その内部的事務分掌はかならずしも右一般的職務権限を制限するものではないとされ（大判大正 9・12・10 刑録 26・885），県の地方事務所農地課で開拓関係の事務と庶務一般を担当していた被告人が，同農地課農地係の事務分掌に属する事項に関して賄賂を収受したという事案では，「刑法 197 条にいう『其職務』とは，当該公務員の一般的な職務権限に属するものであれば足り，本人が現に具体的に担当している事務であることを要」せず，「たとえ，日常担当しない事務であっても，同課の分掌事務に属するものであるかぎり……その全般にわたり……これを処理し得べき一般的権限を有していたものと解するを相当とする」とされている（最判昭和 37・5・29 刑集 16・5・528）。

　これらの判例に徴すれば，職務関連性については，法令がその公務員の属する組織等に与えた一般的職務権限に属する職務行為であるか否かが重要であり，それゆえある具体的な行為が法令に照らして一般的職務権限に属していれば，現にその事務を担当していることはかならずしも必要ではなく，内部的な事務分掌もまた重要ではないということになろう。したがって，特定の事務の分担をその公務員がその当時担当していなかったとしても，また，その職務行為が事実上行われなかったとしても収賄罪の成立を妨げるものではないということになる（最判昭和 24・12・3 集刑 15・87）。加えて，将来行うべき事務，過去に担当した事務でもかまわないとされている。

　このように，具体的権限はなくとも，一般的職務権限があれば職務関連性が認められてきたが（前掲最判昭和 37・5・29 など），一方で，一般的職務権限を同じくしていればそれだけで「職務に関し」といえるものではなく，勤務する官署を異にし，あるいは，職務権限の対象た

る事務の性質が地域課と刑事課というように,「課」単位で異なっていたという事情が存していれば, 一般的職務権限の理論は適用されない, とされてきた。これに対して, 最決平成 17・3・11 刑集 59・2・1〔警察官収賄事件〕において, 最高裁は, 警視庁調布警察署地域課に勤務する警部補が, 同庁多摩中央警察署長に告発状を提出していた者から, 告発状の検討, 助言, 捜査情報の提供, 捜査関係者への働きかけなどについて便宜を図ってもらいたいとの趣旨で現金の供与を受けたという事案に,「課」単位で異なっていたという事情が存しても, 一般的職務権限は否定されないとして, 一般的職務権限の理論により単純収賄罪の成立を肯定している。これは, 判例上これまで認められてきた範囲を超えて一般的職務権限を認めたものである。

　なお, 一般的職務権限の範囲は, 法令全体の趣旨に照らして合理的に解釈されることになる。具体的には, 所掌事務分配の法的性質, 当該公務員の地位・官職, 担当の可能性などを総合して判断されることになる。判例では, 民間航空会社の機種選定について運輸大臣に行政指導の権限があり, 内閣総理大臣に運輸大臣に対する指揮権等が認められる以上, 総理大臣には, 運輸大臣に対し指示する職務権限が認められるとされ(したがって, 内閣総理大臣が運輸大臣に対し民間航空会社に特定機種の選定購入を奨励するよう働きかける行為については, 職務関連性が認められる。前掲最判平成 7・2・22), 内閣法の定めに従って行政各部の総合調整に関する所掌事務をつかさどる内閣官房長官には, 公務員の青田買い防止問題に関する職務権限が認められるとされ(前掲最決平成 11・10・20), 国会議員が, 本会議における代表質問において, ある施策の実現のための質問をしてもらいたい旨の請託を受けて金員を受領することは, 受託収賄罪にあたるとされている(最決平成 20・3・27 刑集 62・3・250)。他方で, 国会議員が, 自己の属しない委員会で審議されている法律案の発議・審議・評決にあたって他の議員に対して説得・勧誘することは, 職務密接関連行為というべきであるとされ

（最決昭和63・4・11刑集42・4・419〔大阪タクシー事件〕），大学設置審議会の委員が，大学設置の認可申請の関係者らに対し教員予定者の適否をあらかじめ判定してやる行為は，右審議会の職務に密接な関係のある行為にあたるとされ（最決昭和59・5・30刑集38・7・2682），県立医科大学教授兼同大学附属病院診療科部長が，自己が長を務める医局に属する医師を外部の病院へ派遣する行為に職務密接関連性が肯定されている（最決平成18・1・23刑集60・1・67〔奈良県立医科大学事件〕）。

(2)　過去の職務と将来の職務

　一般的職務権限を異にする他の職務に転じた後に，転職前の職務に関して賄賂罪が成立するかについては，争いがある。

　肯定説（判例・多数説）は，刑法典が，過去の不正職務行為や過去のあっせん行為についても加重収賄罪，あっせん収賄罪を規定していること，過去の職務と賄賂とが対価関係にたつことにより過去の職務の公正が害されたのではないかとの疑念を招き，同時に，現在担当している職務の公正さについての社会一般の信頼をも害することになること，否定説にたてば，事後収賄罪の場合と均衡を失することになることなどを根拠とする。一方，否定説は，賄賂の罪は過去の職務の公正に対する侵害ではないと考えるべきところ，肯定説によると，賄賂が現在の職務に関するものでなくとも成立することとなり，収賄罪の成立範囲が不当に拡張することになること，事後収賄罪の場合との均衡の点については，公務員が退職後に退職前の職務に関して不正な利益を収受してもかならずしも事後収賄罪になるわけではないことなどを理由として，転職によって具体的権限が異なっても，一般的職務権限に相違を生じないかぎりは賄賂罪の成立を肯定すべきであるが，一般的職務権限をも異にした場合には，転職前の職務に関しては，もはや賄賂罪は成立しないとする。

　大審院の判例では，転職によって職務に変更が生じたか否かを基準

として賄賂罪の成否が論じられていたが，最高裁は，たとえば，岸和田税務署の直税課員から浪速税務署直税課に転職した場合（最決昭和28・4・25刑集7・4・881），大阪府土木部特別建設課工事係長から同府建設部指導課処分係長に転職した場合（最判昭和28・5・1刑集7・5・917）などにつき，「いやしくも収受の当時において公務員であった以上は収賄罪はそこに成立し，賄賂に関する職務を現に担当することは収賄罪の要件でない」として，これまでの態度を変更するに至った。さらに，最決昭和58・3・25刑集37・2・170〔県の建築部職員汚職事件〕は，県職員から県住宅供給公社に出向しているみなし公務員が県職員当時の職務に関して賄賂を収受した事案に，「公務員が一般的職務権限を異にする他の職務に転じた後に前の職務に関して賄賂を供与した場合であっても，右供与の当時受供与者が公務員である以上，贈賄罪が成立するものと解すべきである」とし，肯定説の立場を採ることを明確に示している。

　一方，将来の職務に対して賄賂罪は成立するかについても見解の対立がある。これについては，一般の公務員が将来担当する可能性のある職務であれば賄賂罪にいう職務にあたるが，そのためには，職務を担当する蓋然性があること，現在の職務と将来の職務との間に一般的職務権限を同じくし，その職務の具体的行使が時期の到来など一定の条件にかかっていることを要するとされている。このような観点から，最決昭和36・2・9刑集15・2・308は，専売公社地方支局長によって任命されれば葉たばこ納入時の鑑定人としての具体的職務権限を有することになる者が，将来予期される鑑定に関して不正の利益を収受することは収賄罪にあたるとした。また，最決昭和61・6・27刑集40・4・369は，目前に控えた選挙に立候補しようとしている現職の市長が，再選された場合にその職務の執行にかかる入札等につき請託を受けて賄賂を収受したという事例に受託収賄罪が成立するとした。これらの判例の趣旨は，一般的職務権限を同じくするかぎり職務関連性がある

としたものであるが，学説では，事前収賄罪か現在の職務に関する単純収賄罪のいずれかとすべきであったとする見解も有力である。

(3)　不作為による職務行為

　不作為による職務行為を肯定することができるかも問題となっている。判例において不作為が職務行為とされたのは，請託があることで対価性の立証が容易である受託収賄罪や加重収賄罪に関するものがほとんどである。たとえば，欠席して議事に加わらないよう請託を受けた議員が，また，賭博事件の取調べをしないよう請託を受けた巡査が，また，闇物質の輸送を黙認するよう請託を受けた鉄道警備係が，それぞれ現金等を収受した事例がこれである。単純収賄罪に関しても，最決平成 14・10・22 刑集 56・8・690〔リクルート事件文部省ルート〕では，文部事務次官甲が，進学指導情報誌の発行につき，高校生の名簿収集にまつわる諸弊害を認識しながら，右情報誌事業の遂行に支障を及ぼすことを配慮して，上記問題に対処するための実態調査を含む行政措置をとらなかったという事案に，「甲において積極的な便宜供与行為をしていないことは，同罪の成否を左右するものではない。所論は，不作為につき職務関連性を認めるためには，何らかの行政措置を採るべき作為義務が存在する場合でなければならない旨主張するが，そのように解すべき根拠はない」とし，職務に関する行政措置をとらないという不作為が，賄賂の対価たる職務行為となりうるとして，収賄罪の成立を認めた。

IV-20-5　犯罪類型

(1)　単純収賄罪（197 条 1 項前段）

　単純収賄罪の主体は，公務員である（真正身分犯）。身分を有しない私人も，また，公務員であっても職務権限のない者も，65 条 1 項によっ

て本罪の共犯となりうる。

　本罪の行為は，賄賂を収受し（**賄賂収受罪**），またはその要求をし（**賄賂要求罪**），もしくは約束すること（**賄賂約束罪**）である。要求罪にあっては，要求があれば，相手が応じなくても，直ちに本罪の既遂罪が成立し，事後に撤回しても犯罪の成立に影響しない。約束罪にあっても，いったん約束がなされたならば本罪の既遂が成立し，事後に約束解除の意思表示をしても本罪の成立に影響しない。その意味で，賄賂要求罪，賄賂約束罪は，実質的には賄賂収受罪の未遂処罰の役割を果たしている。収賄行為は，職務行為の前である場合はもちろんのこと，その後に行われてもかまわない。

　賄賂要求罪・約束罪と収受罪は，包括一罪の関係にたつ。また，公務員が恐喝的方法を用いて金品を得た場合，公務員に職務執行の意思があれば，恐喝罪と収賄罪との観念的競合となるとするのが判例・通説である。詐欺罪と収賄罪に関しても，同様である。

(2)　受託収賄罪（197条1項後段）

　受託収賄罪は，請託を受けたことを根拠とする単純収賄罪の加重類型である。請託がなされると賄賂と職務行為との対価関係が明瞭となり，公務の公正に対する社会一般の信頼が害される程度が高まるというのが，通説的理解にたった場合の加重の根拠である。

　「請託」とは，一定の職務行為や特別な計らいを依頼することであり，その職務の正・不正を問わない。請託は，明示的であっても，黙示的であってもよいが，請託の対象となっている職務行為は，ある程度特定されていなければならない（なお，前掲最決昭和61・6・27参照）。「何かと世話になった謝礼と併せて将来も好意ある取扱を受けたい趣旨」にとどまるかぎりにおいては，請託にはあたらない（最判昭和30・3・17刑集9・3・477）。「請託を受け」るとは，依頼を承諾することである。

(3)　事前収賄罪（197条2項）

事前収賄罪の主体は，公選による議員の候補者のように，公務員になろうとする者である。

本罪の行為は，担当すべき職務に関して，請託を受け，賄賂を収受・要求・約束することである。「公務員となった場合」にはじめて本罪は成立するが，このことから，右要件は客観的処罰条件であるとするのが多数説の理解である。これに対して，公務員に就任してはじめて法益の侵害があることを理由に，構成要件要素と解する説も有力となっている。

「その担当すべき職務に関し」とは，将来，相当程度の蓋然性をもって担当する可能性がありうる職務行為・職務密接関連行為との間に，対価関係があることをいう。

(4)　第三者供賄罪（197条の2）

第三者供賄罪の行為は，職務に関して依頼を受け，第三者に賄賂を供与させ，またはその供与の要求もしくは約束をすることである。

「第三者」とは，当該公務員およびその共同正犯者以外の者をいう。公務員と無関係な第三者に対する供与でもよいとするのが判例の立場である。狭義の共犯は「第三者」にあたる。自然人のほか，法人，法人格のない団体・社団，地方公共団体などの組織，たとえば，農業協同組合支部や警察署なども「第三者」に含まれる。したがって，警察署長に対しその職務に関し請託をなし，警察署で使用する自動車の改造費用の負担を申し込む場合の警察署は，「第三者」にあたる。

「第三者」は，供与される目的物が賄賂であることを知らなくてもよい。「供与させ」，「供与を要求」，「約束」については，単純収賄罪の箇所を参照。

(5)   加重収賄罪（197条の3第1項，同2項）

　　加重収賄罪（枉法（法を枉げる）収賄罪）は，上述の罪，すなわち，単純収賄罪，受託収賄罪，事前収賄罪，第三者供賄罪の犯罪に加えて，不正な職務行為（職務違反行為）を行うことが加重の根拠である。1項は，収賄行為の後に不正な職務行為が行われる類型であり，不正な職務行為を行った時点で犯罪は既遂となる。法文にある「よって」の文言から，両者の間に因果関係が存することが必要とされる。2項は，不正な職務行為の後に，賄賂の収受，要求，約束などの収賄行為が行われる類型である。

　　「不正な行為をし，又は相当の行為をしなかったとき」とは，その職務に違反する作為・不作為の一切を指す。たとえば，入札に際して最低予定価格を通報するなどは，「不正な行為」の例であり，警察署長が被疑事実を検察庁に送付しないとか，議員が議場を欠席するなどは，「相当の行為」をしない例である。

(6)   事後収賄罪（197条の3第3項）

　　事後収賄罪は，その者が，その在職中に請託を受けて職務上不正な行為をしたこと，相当の行為をしなかったことに関して，退職後に賄賂を収受するなどの行為を処罰の対象とする。本罪の主体は，過去において公務員であった者である。一般的職務権限を異にする他の職務に転職した公務員が収賄をした場合もまた本罪にあたるとする有力説もあるが，通常の収賄罪が成立するというのが判例の立場である。判例では，防衛庁（当時）の調達実施本部在職中に請託を受けて不正な便宜を図り，その対価として，退職後に委託した企業の顧問に就任し，顧問料の提供を受けた場合に本罪にあたるとされたものがある（最決平成21・3・16刑集63・3・81）。

　　公務員が在職中にその職務に関して賄賂を要求・約束し，退職後に収受した場合については，通常の収賄罪に本罪が吸収される。

(7)　あっせん収賄罪（197条の4）

あっせん収賄罪は，公務員が，その地位を利用して，他の公務員の職務行為について，あっせん行為，すなわち，ある事柄について，他の公務員への仲介，働きかけ，依頼などをし，それに対する報酬として賄賂を収受することを内容とする犯罪であり，自己の職務行為の対価として賄賂を収受するものではない点で，他の収賄罪とは性格を異にする。主体は公務員にかぎられるが，公務員でも私人としての立場であっせんするかぎり本罪には該当しない。職務上の地位を利用した場合が本罪の典型であるが，かならずしもそれに限定されず，公務員としての立場であっせんすることで足りるとするのが判例である。

「請託を受ける」とは，公務員が，他の公務員に，職務上不正な行為をさせ，または相当の職務行為をさせないようにあっせんすることの依頼を受けてこれを承諾することである。「あっせんをすること又はしたこと」とは，あっせん行為の前に賄賂の収受等があっても，あっせん行為の後に賄賂の収受等があってもかまわないとする趣旨である。

本罪の成立が認められたものとして，国会議員が他の議員の委員会における質問を取りやめるようにあっせんすること（東京地判昭和46・9・20判時648・28），衆議院議員が，公正取引委員会が独占禁止法違反の疑いで調査中の審査事件について，公正取引委員会の委員長に対し，独占禁止法違反で告発しないように働きかけること（最決平成15・1・14刑集57・1・1）などがある。

(8)　贈賄罪（198条）

贈賄罪は，公務員に賄賂を供与することなどによって，公務員の職務の公正およびそれに対する社会一般の信頼を害する犯罪である。主体は，非公務員であることが多いが，公務員であっても私人として行えば，本罪の主体となる。

本罪の行為は，収賄罪に対応して，賄賂の供与，申込み，約束であ

る。「供与」とは収受させることをいい，相手方に賄賂である認識が必要であり，これが欠ければ申込みとなる。「申込み」とは，賄賂の収受を促すことをいい，相手方に賄賂である認識があることも，相手方が申込みを受諾することも不要である。公務員の妻に賄賂を提供することも申込みにあたる。「約束」とは，贈収賄者間において賄賂の授受について合意することである。

供与と約束はいずれも必要的共犯であるが，賄賂を提供した者は，収賄罪の教唆・幇助ではなく，贈賄罪として処罰される。

賄賂の申込み・約束をし，その後に供与したときには，包括して贈賄罪一罪が成立する。

■IV-20-6■　没収・追徴（197条の5）

197条の5の没収・追徴の規定は，刑法19条，19条の2の任意的没収・追徴の特則として，収受された賄賂を必要的に没収・追徴することを定めたものである。もっとも，その没収・追徴の相手方の理解に関しては，本条は収賄者に不法の利益を保有させない趣旨であるから，収賄者（および情を知った第三者）のみが対象となるとする説と，本条は収賄者・贈賄者を問わず不法の利益を保有させない趣旨であるから，現に不法の利益を保有しまたはこれを費消した収賄者・贈賄者が対象となるとする説が対立している。贈賄者側に戻ってきた場合については，これを不法の利益とするのは妥当でないとして，前者の説が多数説となっている。

本条の没収・追徴の対象となるのは，「犯人又は情を知った第三者が収受した賄賂」である。「犯人」には共犯者も含まれる。起訴されていなくとも事実認定によって犯人と認められれば本条にいう「犯人」にあたる。「情を知った第三者」とは，犯人およびその共犯者以外の者で情を知った者を指し，法人の代表者が情を知っていれば，法人も第三

者となる。「収受した賄賂」とは，かならずしも収受罪が成立する場合にかぎられない。公務員である間に賄賂の要求があり，退職後に賄賂を収受した場合の賄賂も本条の対象となる。もっとも，提供されたが収受されなかった賄賂は本条ではなく，19条による任意的没収の対象となるにすぎない。

　没収の対象となるのは，金銭その他の動産，不動産，株券や小切手などの有価証券である。賄賂が「物」としての性質を有しないときには，追徴の対象となる。たとえば，芸妓の演芸，饗応を受けた酒食，ゴルフクラブの会員権などである。

　追徴は，没収が不可能なときに行われる。「没収することができないとき」とは，上述した酒食の接待を受けたときやゴルフの会員権を収受したような性質上不能の場合と，賄賂が消費されたり第三者に譲渡されたときのような収受後の不能の場合である（情交のように金銭に換算することができない賄賂などは，追徴することも不可能である）。

　追徴価額の算定時期は，賄賂が収受された当時の価格であるとする収受時説が判例（最大判昭和43・9・25刑集22・9・871）であり，学説の有力説である（なお，最決平成16・11・8刑集58・8・905（共犯者が共同して収受した賄賂についての追徴方法）参照）。

【設問28】を考えてみよう

　Aが自己が属する委員会で審議中の法案に反対を表明すること，また，他の議員に働きかけた行為は「職務に関し」といえる。「職務に関し」とは職務密接関連行為を含むからである。しかし，Aは現在では一般的職務権限を異にする農林水産委員会の委員となっている。とはいえ，一般的職務権限を異にする他の職務に転じた後に，転職前の職務に関して利益を授受すれば，過去の職務と賄賂とが対価関係にたつことにより過去の職務の公正が害されたのではないかとの疑念を招き，同時に，現在担当している職務の公正さについての社会一般の信頼を

も害することになることから，「職務に関し」賄賂を収受したことになる。A は職務に関する請託を受け，これを了承して賄賂を授受していることから，A には受託収賄罪が成立することになる。

■ 事項索引

■ 判例索引

著者紹介

只木　誠（ただき　まこと）

1956 年　生まれ
1981 年　中央大学法学部卒業
現　　在　中央大学法学部教授　博士（法学）

主要編著書
『罪数論の研究〔補訂版〕』（単著，成文堂，2009 年）
『刑事法学における現代的課題』（単著，中央大学出版部，2009 年）
『コンパクト刑法総論〔第 2 版〕』（単著，新世社，2022 年）
『刑法演習ノート——刑法を楽しむ 21 問〔第 3 版〕』（編著，弘文堂，2022 年）

コンパクト 法学ライブラリ=11

コンパクト 刑法各論

| 2022年 3 月25日© | 初 版 発 行 |
| 2023年 3 月10日 | 初版第 2 刷発行 |

著 者 只木 誠	発行者 森平敏孝
	印刷者 山岡影光
	製本者 小西惠介

【発行】 　　　　　　　　 株式会社 新世社
〒151-0051　　東京都渋谷区千駄ヶ谷1丁目3番25号
編集 ☎(03)5474-8818(代)　　　サイエンスビル

【発売】 　　　　　　　　 株式会社 サイエンス社
〒151-0051　　東京都渋谷区千駄ヶ谷1丁目3番25号
営業 ☎(03)5474-8500(代)　　　振替 00170-7-2387
FAX ☎(03)5474-8900

印刷 三美印刷　　製本 ブックアート
《検印省略》

サイエンス社・新世社のホームページ
のご案内
https://www.saiensu.co.jp
ご意見・ご要望は
shin@saiensu.co.jp　まで.

ISBN978-4-88384-341-1
PRINTED IN JAPAN

法学叢書 刑法総論

橋本正博 著

A5判／392頁／本体2,800円（税抜き）

著者の長年の講義経験を踏まえ，刑法総論において基盤となる知識を整理し，必要項目を体系的に解説した基本書。たんに結論をまとめていくのではなく，それぞれの考え方の長所/短所を丁寧に述べ，結論にいたる思考過程や判断根拠を説き明かして斯学の諸問題を考える道筋を示した。「教場での語り」の雰囲気も残し，読者の日常的な感覚等から理解のヒントが得られるよう配慮している。刑法分野において精密な議論を行うための素養を身に付けたい法学部生・法科大学院生の必携書。

【主要目次】
第1編 基礎理論（刑法の基本原理・基本原則）　第2編 犯罪論（構成要件／違法性／責任／未遂犯／正犯と共犯／犯罪の個数および競合）第3編 刑罰とその量定・執行（刑罰論）

発行　新世社　　発売　サイエンス社

法学叢書 13

法学叢書 刑法各論

橋本正博 著
A5判／576頁／本体3,600円（税抜き）

多様な犯罪類型について，設例を交え具体的なイメージを喚起しながら解説し，刑法各論における考え方の論理を明示した法学部生・法科大学院生必携の基本書。伝統的な教科書の構成を踏襲しつつ，初学者に向けて刑法学の基礎知識を概説した章を設け，各論から刑法を学び始める場合にも配慮。同著者既刊『法学叢書 刑法総論』との併読で刑法学への理解を一層深めることができる。

【主要目次】

発行　新世社　　　　発売　サイエンス社

ライブラリ 現代の法律学 A13

刑法総論
第2版

小林憲太郎 著
A5判／416頁／本体2,900円（税抜き）

本書は，気鋭の刑法学者による刑法総論の基本書の改訂版である。講義を受けた学生・読者からの「より親切な教科書を」との要望に応えて，改訂にあたっては個々の問題に関する説明を初版よりもはるかに詳細かつ分かりやすくした。また，発展的な問題についてはコラムを設け，本文とは別に解説した。

【主要目次】
刑法および刑法総論の意義／刑法（刑罰）の目的および基本原理／構成要件論──総説／構成要件論──各説／違法性とその阻却／故意／過失／責任とその阻却／未遂／共犯／罪数／刑法の適用範囲／刑罰論

発行 新世社 発売 サイエンス社

ライブラリ 現代の法律学 JA13

重要判例集 刑法総論 第2版

小林憲太郎 著
A5判／240頁／本体2,300円（税抜き）

本書は，2015年に刊行された『重要判例集 刑法総論』の改訂版である。改訂に際しては，新たに出された判例を既存の判例と差し替え，解説全般をできるだけ分かりやすくなるように書き直した。『刑法総論　第2版』の副読本としてだけでなく，判例ベースの独立した教科書としても最適の一冊になっている。2色刷。

【主要目次】

発行　新世社　　　　発売　サイエンス社

コンパクト 法学ライブラリ 3

コンパクト 民法Ⅰ
民法総則・物権法総論
第2版

角紀代恵 著

四六判／288頁／本体2,250円（税抜き）

親しみやすい記述と多くの設例・図解によって民法の基礎項目をやさしく説き明かした，好評入門テキストの最新版。2017年の民法（債権関係）改正に対応し，旧規定との比較をまじえてその変更点を丁寧に解説する。2色刷。

【主要目次】
Ⅰ 民法総則
「民法」とは何か？／私権の主体——権利能力／法律行為——契約を中心として／代理／法人／時効／私権の客体——物
Ⅱ 物権法総論
物権とは何か？／所有権／占有権／物権変動

発行 新世社　　　発売 サイエンス社

コンパクト
商法総則・商行為法
／手形・小切手法

小川宏幸 著

四六判／232頁／本体2,000円（税抜き）

大学学部生・法科大学院未修者向けの商法総則・商行為法／手形・小切手法のテキスト。各領域のエッセンスをコンパクトにまとめ，わかりやすくかつ正確に解説。新司法試験の出題傾向について検討し，多数の重要判例を網羅。試験対策としても非常に有用となっている。さらに，債権法改正の動向も考慮し，商行為法にかかわる種々の論点についても紹介・解説を行った。また，電子記録債権法の要点についても手形・小切手法との比較をしながら説明した。2色刷。

【主要目次】

Ⅰ 商法総則
適用範囲／商業登記／商号／営業譲渡／商業帳簿／商業使用人／代理商

Ⅱ 商行為法
商行為一般に関する通則／商行為に関する特則／商事売買／交互計算／匿名組合／仲立営業／問屋営業／運送取扱営業／運送営業／寄託

Ⅲ 手形・小切手法
有価証券／手形行為／手形の記載事項／白地手形／他人による手形行為／裏書／手形抗弁／約束手形の支払／手形保証／為替手形／小切手／手形・小切手訴訟

発行 新世社　　　発売 サイエンス社

コンパクト　法学ライブラリ　12

コンパクト 刑事訴訟法
第2版

廣瀬健二 著
四六判／368頁／本体2,480円（税抜き）

平成28年の大幅な法改正に対応した改訂版。取調べの可視化，証拠収集等への協力及び訴追に関する合意制度，刑事免責制度や，国選弁護，犯罪被害者及び証人を保護するための措置の導入などについて述べ，その重要性・法制全般に及ぼす影響を理解できるよう解説。最新の裁判例の追加や統計データの更新も行った。読みやすい2色刷。

【主要目次】
序説／手続の流れ・関係者／捜査総説／証拠の収集／身体の拘束／取調べ／被疑者の防御・捜査の終結等／公訴／審判の対象／公判手続／証拠法総論／証拠法則／公判の裁判／救済手続／裁判の執行

発行　新世社　　　発売　サイエンス社